教育部人文社会科学研究一般项目

"基于发展成果共享的合理有序收入分配格局研究"

（15YJA790025）

基于发展成果共享的
合理有序收入分配格局研究

JIYU FAZHAN CHENGGUO GONGXIANG DE
HELI YOUXU SHOURU FENPEI GEJU YANJIU

黄新华 等 著

厦门大学出版社 国家一级出版社
XIAMEN UNIVERSITY PRESS 全国百佳图书出版单位

图书在版编目(CIP)数据

基于发展成果共享的合理有序收入分配格局研究/黄新华等著.—厦门:厦门大学出版社,2019.12
ISBN 978-7-5615-7666-3

Ⅰ. ①基…　Ⅱ. ①黄…　Ⅲ. ①收入分配-分配格局-研究-中国　Ⅳ. ①F124.7

中国版本图书馆 CIP 数据核字(2019)第 283951 号

出 版 人	郑文礼
责任编辑	高　健
封面设计	李嘉彬
技术编辑	朱　楷

出版发行　厦门大学出版社

社　　址	厦门市软件园二期望海路 39 号
邮政编码	361008
总　　机	0592-2181111　0592-2181406(传真)
营销中心	0592-2184458　0592-2181365
网　　址	http://www.xmupress.com
邮　　箱	xmup@xmupress.com
印　　刷	厦门市金凯龙印刷有限公司

开本	720 mm×1 000 mm　1/16
印张	14
插页	2
字数	244 千字
版次	2019 年 12 月第 1 版
印次	2019 年 12 月第 1 次印刷
定价	69.00 元

本书如有印装质量问题请直接寄承印厂调换

厦门大学出版社
微信二维码

厦门大学出版社
微博二维码

目 录
Contents

引言　发展成果共享必须形成
合理有序收入分配格局

收入分配格局指一个国家或地区的政府、企业和居民三者在国民收入初次分配和再分配中的分配比例关系。收入分配格局是否合理,对一个国家或地区投资消费比例、协调统筹发展、效率和公平认知等具有重要影响。① 维护和实现社会公平与正义,实现发展为了人民、发展依靠人民、发展成果由人民共享,必须深化收入分配制度改革,形成合理有序的收入分配格局,为逐步实现共同富裕奠定物质基础和制度基础。

一、合理有序的收入分配格局是发展成果共享的内在要求

《中华人民共和国国民经济和社会发展第十三个五年规划纲要》明确提出,共享是中国特色社会主义的本质要求,必须坚持发展为了人民、发展依靠人民、发展成果由人民共享,作出更有效的制度安排,使全体人民在共建共享发展中有更多获得感,增强发展动力,增进人民团结,朝着共同富裕方向稳步前进。从经济分析的角度上看,发展成果共享体现了公平分配社会物质财富、形成合理有序的分配格局、逐步消除贫富差距、最终实现共同富裕的物质追求。换言之,形成合理有序的收入分配格局,就是要合理分配社会财富,扶持低收入、限制过高收入、取缔非正常收入,促进社会阶层良性流动。只有一个由全体人民共享发展成果的社会,才能够激励社会成员发展生产、创造财富的热情。如果发展成果共享不足,就会削弱人们创造财富的积极性。

改革开放以来,我国经济持续增长,财富不断累积,但是经济高速发展的成果并没有为多数人所共享或共享比例不合理,收入差距的扩大与实现社会主义共同富裕的目标不相符合,必须加大再分配调节力度,使发展成果更多更公平惠及全体人民,按照人人参与、人人尽力、人人享有的要求,建立合理有序的收入分配格局,才能增强经济发展动力,尤其是在经济发展进入新常态后,

---

① 黄新华:《建构橄榄型分配格局研究》,《中国高校社会科学》2016 年第 4 期。

要克服经济下行压力,实现中高速度的发展,必须要强化发展成果共享提升内需,增强发展动力。换句话说,发展成果共享是推动经济持续发展的不竭动力,解决了"为了谁、依靠谁"这一深刻命题。党的十八大以来,习近平总书记反复要求多谋民生之利、多解民生之忧,解决好人民最关心最直接最现实的利益问题,使改革发展成果惠及全体人民。只有保证人人享有发展机遇、享有发展成果,全体人民推动发展的积极性、主动性、创造性才能充分调动起来。

形成合理有序的收入分配格局,实现发展成功共享也是对发展实践的总结、反思和超越。长期以来,世界各国在共享发展方面有过深刻教训,一些国家在发展中不注重发展成果共享,一部分人的"获得感"建立在另一部分人的"失落感"甚至"被剥夺感"基础上,造成不同社会群体对立,甚至社会被撕裂。习近平总书记深刻指出:"国家建设是全体人民共同的事业,国家发展过程也是全体人民共享成果的过程。""中国执政者的首要使命就是集中力量提高人民生活水平,逐步实现共同富裕。"①实现"两个一百年"的奋斗目标,决胜全面建成小康社会,必须"坚持以人民为中心的发展思想,这是马克思主义政治经济学的根本立场。要坚持把增进人民福祉、促进人的全面发展、朝着共同富裕方向稳步前进作为经济发展的出发点和落脚点。"②

二、合理有序的收入分配格局是发展成果共享的必由之路

实现发展成果共享与形成合理有序的收入分配格局具有内在一致性。不能形成合理有序的收入分配格局,就谈不上实现人民共享发展成果。这是因为发展成果共享意味着收入差距合理,社会和谐稳定。但是在市场经济条件下,收入差距是不可避免的,然而差距过大则易导致心理失衡,引发社会不满。强调共享发展成果,实质是对发展成果进行更加公平的分配,使每一个劳动者都能够享有与自己贡献相应的回报,消除城乡、区域、行业之间的收入差距,把个体利益与整体利益有机地结合起来,建立一种新型的利益协调分配机制,鼓励每一个个体在共享发展成果中努力追求自己的经济社会利益,使每一个劳动者充分发挥自己的聪明才智,从而促进经济不断增长和国民财富增加,因此

---

① 《习近平总书记谈共享》,《人民日报》2016 年 3 月 3 日第 14 版。
② 王明生:《牢牢坚持马克思主义政治经济学的根本立场——深入学习贯彻习近平总书记关于坚持以人民为中心的发展思想的重要论述》,《经济日报》2017 年 6 月 16 日第13 版。

要始终把实现好、维护好、发展好最广大人民的根本利益作为党和国家一切工作的出发点和落脚点,尊重人民主体地位,发挥人民首创精神,保障人民各项权益,走共同富裕道路,促进人的全面发展,做到发展为了人民、发展依靠人民、发展成果由人民共享。

形成合理有序的收入分配格局,实现发展成果共享,国民收入的初次分配和再分配都要处理好效率和公平的关系,再分配要注重公平,通过政府调控,采用综合的社会政策和手段,建立有效的分配和保障机制,使所有的人都富裕起来,第三次分配要遵循道德原则,即社会责任,通过社会机制,如慈善事业等方式,让先富起来的人们在自愿的基础上,贡献出自己的财富,回报社会。

初次分配兼顾公平和效率是形成合理有序收入分配格局,实现发展成果共享的基础环节。在初次分配领域,市场机制发挥着比政府更重要的作用,而市场机制内生的效率倾向容易导致分配领域出现公平正义问题,但是初次分配是居民收入分配的基础和主体渠道,其公平程度对于收入分配结果的公平具有决定性的影响,因此初次分配环节的社会公平值得关注。

再分配中的公平是形成合理有序收入分配格局,实现发展成果共享的重要环节。再分配中的公平指的是在国民收入在初次分配的基础上,各收入主体之间通过各种渠道实现现金或实物转移的一种收入再次分配过程,通过这一过程调节地区之间、城乡之间、部门之间、不同群体之间等收入分配关系。

第三次分配是形成合理有序收入分配格局,实现发展成果共享的补充环节。第三次分配是在道德力量的作用下,通过个人收入转移和个人自愿缴纳和捐献等非强制方式再一次进行分配。[①] 第三次分配为形成合理有序的收入分配格局,促进发展成果共享发挥了重要作用。初次分配的公平主要是建立在市场经济条件下的机会公平、等价交换和平等竞争为内容的公平正义观,这种公平只是有限的公平。再次分配所解决的就是由初次分配所造成的社会不公平的问题,因此再次分配是由政府通过转移支付等一系列政策实现社会公平正义的重要的收入分配举措。但是,再次分配对收入的调节不可能满足每个人的需求,形成合理有序的收入分配格局,实现发展成果共享,第三次分配的补充作用不可或缺。

---

① 厉以宁:《股份制与现代市场经济》,江苏人民出版社 1994 年版,第 79 页。

三、合理有序的收入分配格局是发展成果共享的应有之义

形成合理有序的收入分配格局,实现发展成果共享,不但要有一起分享的权利,还要保证每个人都能享受到应有的成果。更进一步说,要实现发展成果共享,必须关注成果共享的过程,而如何实现共享就体现在分配制度上。我国当前收入分配领域存在的突出问题是收入差距扩大、分配不公,包括城乡差距、区域差距、行业差距等。从城乡之间看,城乡二元结构使得收入分配差距日益加大;从区域之间看,沿海城市收入水平明显高于内陆城市收入,地区之间收入分配差距日益凸显;从行业之间看,由于占据较多的公共投资和垄断地位,信息传输、保险、烟草、电力、煤气、供水、房地产等行业收入,要普遍高于农林牧渔、零售批发、餐饮、纺织等行业。缩小居民收入分配差距最根本的办法就是要形成合理有序的收入分配格局,在做大"蛋糕"的同时分好"蛋糕"。党的十八大报告因此明确提出,必须坚持社会主义基本经济制度和分配制度,调整国民收入分配格局,加大再分配调节力度,着力解决收入分配差距较大问题,使发展成果更多更公平地惠及全体人民。这是因为改革开放以来,我国经济快速发展,社会财富快速上升,人民的生活水平得到了很大的提高,但是不合理的收入分配格局造成了很多的社会问题,对社会稳定构成了复杂而深刻的影响。[①]

从社会心理上看,收入分配是社会心理稳定的物质基础,只有形成合理有序的收入分配格局,社会心理的稳定才有可能。换言之,对收入分配格局的认同分为收入分配格局形成原因的认同和收入差距的度的认同,这种认同会对社会心理稳定产生影响,低收入群体与高收入群体、弱势群体与强势群体、农村居民与城镇居民、公务员与公司职员等不同群体对收入分配格局的认识不同,社会心理稳定不同。尤其是随着经济社会的发展,人们对物质文化需求不断增长,社会满意度日益上升,如果社会满意度很低,那么社会稳定性存在很大问题,而社会满意度在很大程度上是由人们的收入决定的。合理有序的收入分配格局有利于社会满意度的提升,并最终对社会心理稳定产生影响。

从社会秩序上看,不合理的收入分配格局影响社会秩序,特别是会诱发违法犯罪活动,危害人民的生命财产安全,恶化社会治安形势。虽然导致犯罪的

[①] 胡联合、胡鞍钢:《贫富差距是如何影响社会稳定的?》,《江西社会科学》2007 年第 9 期。

个体原因各不相同,但绝对贫困和相对贫困依然是产生犯罪的主要根源之一,一个社会收入分配不平等,蔑视社会秩序的倾向也就越严重,而蔑视社会秩序最极端的表现——犯罪行为也会随着贫困现象的增长而增长。[1] 合理有序的收入分配格局能够解决收入不平等问题,维护社会稳定。国际经验表明,两头小、中间大的合理有序收入分配格局,即"橄榄型"分配格局,有利于社会的稳定和经济的发展。

从社会制度上看,社会制度是一个社会赖以运行的规则体系。不合理的收入分配格局将使社会制度的公正性和权威性受到损害,严重时会危及国家政权和国家统一。"在社会组成上,必然会引起每一种其他弊害的严重缺点就是财富的极端不平等。只要允许这一严重缺点存在,就不能建立任何自由的制度和公正的法律;即使建立起来也不能维持下去。"[2]这就是说,不合理的收入分配格局会影响社会制度的公正性,削弱社会稳定的根基和基础,严重时甚至会危及国家安全与统一,可见收入分配格局对社会制度有着重要的影响。形成合理有序的收入分配格局,实现发展成果共享,是完善和发展中国特色社会主义应有之义。

四、合理有序的收入分配格局是发展成果共享的关键环节

形成合理有序的收入分配格局,实现发展成果共享,是因为我国现阶段的诸多社会矛盾和冲突,在很大程度上是由于未能实现发展成果由人民共享所致。2000 年我国的基尼系数就已超过 0.40 的警戒线,2016 年国家统计局发布的数据显示,2015 年我国基尼系数已达 0.462。[3] 如果不能有效地解决收入差距问题,实现发展成果由人民共享,社会风险将因积累而不断放大。因此缩小差距、协调利益分配、促进社会和谐发展,必须将形成合理有序的分配格局置于发展成果共享的核心环节上考虑,抓住了发展成果共享这个关键和要害,也就找到了促进合理有序分配格局形成的良方。也只有让全体国民共享国家改革开放的发展成果,才能逐步建立健全的合理有序的橄榄型分配

---

① 胡联合、胡鞍钢、王磊:《影响社会稳定的社会矛盾变化态势的实证分析》,《社会科学战线》2006 年第 4 期。

② 威廉·汤普逊:《最能促进人类幸福的财富分配原理的研究》,何慕李译,商务印书馆 1987 年版,第 182 页。

③ 《基尼系数降至 13 年来最低》,《第一财经日报》2016 年 1 月 20 日。

格局。[①]

中国共产党第十六次全国代表大会以来,实施了一系列重大举措改善民生,加强社会建设,在为谁发展、靠谁发展、发展成果如何分配等问题上实现了重大转折。十六届六中全会明确要求加强收入分配宏观调节,在经济发展的基础上更加注重社会公平,到 2020 年基本形成合理有序的收入分配格局。十七大报告提出要健全劳动、资本、技术、管理等生产要素按贡献参与分配的制度,逐步提高居民收入在国民收入分配中的比重,提高劳动报酬在初次分配中的比重,创造条件让更多群众拥有财产性收入。十八大报告进一步阐明了实现发展成果由人民共享,必须深化收入分配制度改革,调整国民收入分配格局,使发展成果更多更公平惠及全体人民,努力实现居民收入增长和经济发展同步、劳动报酬增长和劳动生产率提高同步。十九大报告指出增进民生福祉是发展的根本目的,必须多谋民生之利、多解民生之忧,在发展中补齐民生短板、促进社会公平正义。

随着经济增长从高速转向中高速,经济发展进入了新常态,深化收入分配制度改革,形成合理有序的收入分配格局,实现发展成果共享,有助于经济结构的调整,提高居民的消费支出比例,通过让低收入群体有更多的收入,社会消费倾向的上升,实现经济增长方式的转变。更为重要的是,深化收入分配制度改革,形成合理有序的收入分配格局,意味着国民收入在政府、企业和公民之间分配比例是合适的,有助于实现经济可持续增长,避免陷入“中等收入陷阱”(middle-income trap)。中等收入陷阱指落后国家进入中等收入国家以后可能失去发展动力,陷入长期的经济停滞的现象。[②] 中等收入国家不能转换经济增长动力机制的原因,在于随着与发达国家的技术差距缩小,模仿而非研发的技术进步方式不再能为经济增长提供助力,缺乏有效制度约束的政治交易成本进一步阻碍了社会分工的持续深化。[③] 因此,在不同的经济发展阶段,驱动增长的机制应适时切换。在较低发展水平上,物质资本的形成、人力资本的累积与经济开放度的提升有助于实现快速增长,但中高收入与高收入国家

---

① 黄新华:《建构橄榄型分配格局研究》,《中国高校社会科学》2016 年第 4 期。

② Gill, H.J.Kharas, *An East Asian Renaissance: Ideals for Economic Growth*. World Bank, 2007, p.399.

③ 张德荣:《“中等收入陷阱”发生机理与中国经济增长的阶段性动力》,《经济研究》2013 年第 12 期。

的经济增长则主要依靠制度因素和原创性技术进步推动。① 目前,我国已经进入世界银行定义的中等收入行列,形成合理有序的收入分配格局,实现发展成果共享有助于促进技术进步、转换经济增长动力机制,进而克服"中等收入陷阱"的怪圈。随着经济发展水平提高,技术要素对产出的贡献持续增长,要素所有者得到的经济报酬随之增长,增加对技术要素的持有也会成为新的要素增长方向。

---

① 张德荣:《"中等收入陷阱"发生机理与中国经济增长的阶段性动力》,《经济研究》2013 年第 12 期。

第一章 政府与市场在收入分配
格局形成中的作用

收入分配包括初次分配和再分配。初次分配是在市场中进行的,它所遵循的是要素报酬原则,政府、企业和居民分别得到各自的原始收入。再分配是政府通过税收、社会保障、社会福利和转移支付等手段对要素收入进行调节,各收入主体获得可支配收入。收入分配格局是初次分配和再分配的结果,要揭示收入分配格局的成因,必须考察国民收入分配过程的不同环节,全面分析政府与市场在收入分配格局形成中的作用。

一、收入分配格局形成中市场的作用与市场失灵

市场作为资源配置的一种有效方式,在收入分配格局的形成中发挥了重要作用,但市场自身也存在着固有的缺陷,要明确市场的作用,就要先厘清市场作用的方式以及市场失灵的表现、原因与影响。

1. 收入分配格局形成中市场作用的方式

收入分配格局的形成是一个整体过程,市场贯穿始终,从四个方面发挥了对收入分配格局形成的作用(见图 1-1)。市场对收入分配格局形成发挥作用主要是依靠市场的供求机制、价格机制和竞争机制来进行的。[①]

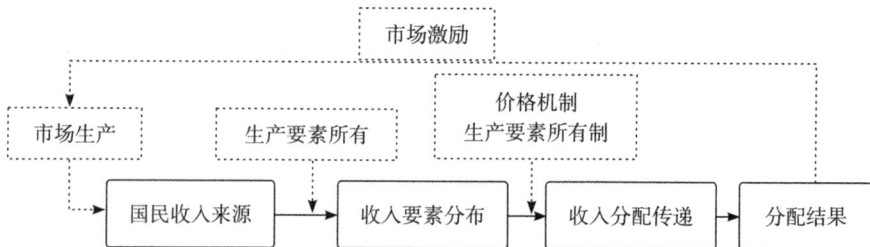

图 1-1 收入分配格局形成中市场的作用

[①] 徐平华:《政府与市场:看得见的手与看不见的手》,新华出版社 2014 年版,第 8～10 页。

一是市场生产提供了收入分配的物质来源。要进行收入分配就必须先获得可供分配的物质资料。在市场经济中,资源配置主要是靠市场来实现的,市场的资源配置引导着物质资料的生产,为收入分配提供了物质来源。市场作用对物质资料生产的调节以生产要素所有制为基础,通过市场经济的供求机制、价格机制共同作用来实现。在社会主义市场经济下,基本经济制度以公有制为主体,多种所有制经济共同发展,决定了生产要素分布在不同主体之中。市场为生产要素流动提供了交易场所,市场中不仅形成了消费品市场,还产生了各种要素市场,不同的生产要素市场如生产资料市场、劳动力市场等各自对不同的生产要素进行交易。由于生产要素属于不同的市场主体,造成了生产要素在各个地区、行业之间分布的差异。由于要素分布不均,自然有了供给和需求的产生,市场的供求机制发挥作用,供给和需求的变化决定了资源配置的方向,而供求关系变化体现在市场价格的变动,并通过价格的变动调节了资源在不同地区、主体之间的组合,各种市场主体在价格的指导下进行生产,根据价格的变动调节生产的内容,扩大或者缩小生产的规模,并通过市场进行交易。正是通过这样的方式,市场以最高的效率、最优的组合生产出最多、最符合消费者需求的物质资料,这也是最基础的物质资料生产过程,使国民生产产生了最大的国民收入,从而提供了收入分配格局中供国民进行分配的物质资料。

二是市场作用决定了收入分配的要素分布。在物质资料产生之后,国民收入从市场中分配到每一个体手中还必须有一定的依据,这种依据也是由市场决定的。市场主体在市场的资源配置下进行生产,并产生了可供收入分配的物质资料,在市场调节下,物质资料在市场主体之间需要按照拥有的要素不同进行分配,收入分配中不同要素的构成也是由市场来决定的。在市场经济中,生产要素分布在不同市场主体手中,不同的市场主体投入自己拥有的生产要素进行生产,并凭借生产要素的多少进行分配,决定生产要素在市场主体之间分布的力量就是市场。首先,市场机制决定了生产要素的不同种类。由于商品经济和工业化生产的产生,为了最大化配置资源、扩大生产,在市场资源配置的引导下,按照生产要素在市场中所起作用的不同,逐渐被划分为劳动要素、资本要素、土地要素、技术要素等各种不同的生产要素。其次,在市场作用下,形成了生产要素的所有制制度,资本、土地要素等分布在不同的市场主体手中,由于市场经济中的竞争机制,不同市场主体拥有的要素数量也存在差别。最后,通过市场交易,生产要素在不同市场主体间流动,在自由竞争的市场环境中,生产要素由于供求机制的影响,可以在市场中进行自由流动,最终形成了生产要素在市场主体之间的分布。通过对市场主体拥有生产要素的影响,市场机制为国民收入在不同个体间的分配提供了依据。

三是市场作用推动了收入分配的传递过程。在市场决定了每个市场主体所拥有的生产要素数量的基础上,市场机制决定了收入分配的具体传递过程,并在此基础上形成了收入分配格局的基本形态。市场对收入分配的传递过程是通过市场价格变化进行的,价格机制是市场经济传递生产信息的核心。在市场经济条件下,价格决定单位要素的报酬,并和市场要素所有制一起决定生产要素所有者的收入水平。[①] 由于生产要素在不同产业、不同行业、不同地区之间分布不同,不同产业、不同行业、不同地区之间的生产要素必然通过生产要素市场进行流动,生产要素流动的结果就是产生了要素所有者的供给和需求。供给和需求在市场上的反映就是价格。由于生产者和消费者之间的信息不对称、信息滞后等障碍,理想的均衡价格在真实的市场中是不存在的,生产者所生产的产品与消费者所需求的产品总是面临着供给和需求的不平衡,当供给大于需求时,价格低于均衡水平,生产者获得的价格较低;当供给小于需求时,价格高于市场均衡水平,生产者获得的价格较高。每个生产要素所有者就是通过这一市场机制,获得最后的要素价格。更进一步说,价格与拥有生产要素的多少是衡量生产要素所有者所获得最终收入的指标。当拥有的生产要素数量一定时,市场价格越高,就代表单位生产要素所获得的报酬越高,要素所有者最终的收入水平也就越高;当市场价格一定时,要素所有者拥有的生产要素越多就代表单位市场价格的价值越高,最终的收入水平也就越高。正是通过这两者的结合,国民生产过程中所生产的物质资料最终传递到了每个要素所有者手中。这种通过市场机制所获得的物质资料就是收入分配过程中每个市场主体所获得的收入,也就是一般意义上收入初次分配过程的结果。由此可见,按照市场作用下的收入分配结果,根据要素拥有数量和生产能力的不同而存在差异。

四是市场激励提高了收入分配的分配效率。市场作为一种有效的资源配置方式,在决定收入分配格局中收入的产生、划分和传递,提高收入分配过程的效率之后,又通过收入分配结果的激励,反过来促进经济运行的效率,并由此产生更多的收入分配物质来源。一方面市场通过供求机制和价格机制的灵敏反应,配置生产要素的流向,使资源合理地流向不同的产业、地区和生产企

[①] 赵学清:《论我国收入初次分配中市场和政府的作用》,《河南社会科学》2015年第1期。

业内部,并决定生产要素在这些生产单位的实际流量,使国民经济能够创造更多的物质资料,从而提高了收入分配资源的总量。另一方面,市场的竞争机制和价格机制也提高了收入分配过程的效率。各市场主体为了获得更多的资源以参与市场竞争,不得不在收入分配过程中争取更多的物质资料的分配,同时价格机制作为一种反映资源配置方向的灵敏机制,可以使生产要素自发地在市场中进行流动,使生产要素流入不同市场主体手中,也使得生产要素能够更高效率地在市场主体间进行分配。此外,市场调节收入分配的结果也对每一个参与者具有激励作用。在市场的初次分配中,每个人所获得的收入水平是不同的,收入水平较低的市场主体会受到收入差距的激励,提高自身的生产效率,改进技术,增强自身的竞争优势,通过这一过程,进一步促进了市场经济的发展。

2. 收入分配格局形成中市场失灵的表现

市场虽然是一种有效的资源配置方式,但市场的作用有其局限和缺陷,也就是市场失灵。在收入分配格局的形成中,市场失灵会导致收入分配背离公平的原则,加剧市场运行的低效率。

一是市场运行中的相互竞争恶化收入分配的差距。在市场经济中,由于市场主体的个体差异、不同地区的差异以及各种不确定性因素的存在,收入分配的结果必然存在差距,合理的收入分配差距的存在,可以对市场主体的行为产生激励作用,对生产效率的提高具有积极作用。但是,市场中的相互竞争会使得收入分配差距不断扩大,过于悬殊的收入差距不仅不能达到激励作用,还会成为威胁市场的潜在因素。具体而言,市场竞争恶化收入分配差距主要表现在两个方面:一方面,市场对收入进行分配是通过每个人拥有生产要素的多少进行的,拥有更多生产要素的市场参与者会获得更多的收入,而相对拥有较少生产要素的市场参与者获得的收入也就比较少。由于每个个体先天所掌握的生产要素数量是不同的,在市场作用下,会产生收入差距。另一方面,在市场的竞争中,掌握生产要素较多的市场参与者可以投入更多的资源参与生产,掌握生产要素较少的参与者能够投入的资源也就比较少,由于不同市场个体掌握的生产要素种类不同,掌握不同种类生产要素的市场主体获得的收入也存在差异,如资本要素的要素报酬高于劳动要素的报酬,在不断竞争中这种差距会变得越来越大,也就是富者越富,贫者越贫。正是这种市场中掌握的生产要素数量差距以及由此带来的后续生产能力差异,造成了收入分配差距不断扩大,最终造成各种社会问题。

二是市场运行的自身缺陷无法调节收入分配差距。在收入分配差距不断扩大的背景下,希望依靠市场自身运行来调节收入分配差距的想法是不现实的。首先,市场对经济运行的调节是通过对微观个体的影响实现的,市场主体的决策是分散进行的,市场只能调节微观个体的行为,即通过影响个体利益,使得分散的市场资源在地区、行业等各个领域进行流动,这在资源配置中具有精确、快速的优点的同时也存在很大的不足,市场无法从整个宏观经济总体对资源配置进行调节,市场没有能力对个人的私有生产要素和收入进行调节和再分配,因此市场只能决定市场要素在每个个体之间的分配,却无法决定宏观上由不同地区、不同行业等原因造成的资源分布不均,这也就造成了不同地区、不同行业之间的收入差距。其次,市场无法调节收入分配差距也表现在市场主体都是追逐自身利益的经济人,每个市场主体做出决策的依据是对自身利益的影响,市场机制之所以能发挥作用,根源就在于追求利益所带来的对个人行为的激励,在这种机制下,富有的个体为了自身利益没有动力去帮助贫穷的个体,穷者只会越来越穷,也就无法实现要素在贫富之间的自发流动。因此,在市场作用的环境下,收入分配差距会自发产生并不断扩大,进而造成严重的贫富差距并从宏观上导致资源错配,最终不仅会影响合理有序收入分配格局的形成,还会对经济的正常运行造成影响。

三是市场运行中的垄断扩张导致价值价格的背离。由于市场运行的自发性和竞争性,财富在市场主体之间集聚,不可避免地会产生垄断现象,即市场中某一个或几个主体掌握的生产要素数量过大,以至于可以独自决定市场价格。垄断扩张在自然的市场运行过程中是不可避免的,由于市场生产依靠市场参与者掌握的生产要素进行,收入分配依靠市场主体投入的生产要素的多少进行,掌握生产要素比较多的参与者可以把自身掌握的生产要素投入市场生产过程,以获取更多的产出,最终实现财富的集聚。与此同时,在市场竞争中,掌握生产要素比较多的参与者也可以利用手中的资源同其他较小的市场参与者展开竞争,挤出市场中的其他竞争者,最终实现垄断。[1] 在垄断发生的情况下,市场中的价值和价格会发生背离。垄断的企业可以利用生产资源的垄断对产品进行定价,使得产品价格远远高于市场的均衡价格,获得远超其实际价值的收益。这一方面使得垄断者获得了远超自身实际投入生产要素数量的收入,另一方面使得市场消费者需要付出远超实际价值的生产要素进行交易,间接减少了最后的收入。换言之,垄断使得收入分配格局中的少数垄断者

---

① 黄新华:《从市场失灵到政府失灵——政府与市场关系的论辩与思考》,《浙江工商大学学报》2014 年第 5 期。

获得了收入分配的较大部分,而其他大部分市场主体只能获得收入分配的较少部分,事实上造成了市场价格机制的失效,最终不仅削弱了市场运行的效率,也造成了收入分配的不公平。

四是市场运行的周期性无法提供稳定的收入来源。在市场运行中,供求关系的失衡以及追逐利益而产生的盲目性,会产生周期性的经济危机,并最终导致收入分配格局的不稳定。资本主义世界的数次经济危机就是市场周期性的集中体现。市场运行的周期性是由市场的自身特点决定的,其产生具有必然性。首先,在市场经济的运行中,生产者受自身利益的驱动,在价格信号的引导下,会不断扩大生产,使得供给量不断增加,由于市场运行中信息的滞后性,以及生产者掌握的信息有限,供给量大大高于需求量,最终引发供大于求的通货膨胀,同时,在相对应的情况下,消费者需求在价格信号和信息滞后的影响下,盲目减少消费量,使得供给量远远小于需求量,也会引发供小于求的通货紧缩,这一过程是无法避免的。其次,由于市场参与者是以自身利益为导向的经济人,在供求关系失调的情况下没有动力收缩自身的生产要素投入,或者缩小投入的经济损失大于继续投入生产要素,市场无法根据自身的调节机制改变资源的配置,最终无法避免周期性的经济危机。在市场运行周期性的影响下,物质资料的生产也就具有不稳定性,并直接导致市场无法为收入分配提供稳定的来源。最后,由于市场主体对于利益的追逐,对于某些利润较少或者盈利周期较长的产品缺少生产的激励,也导致了市场主体对一些关键性的公共物品如国防、教育、公共卫生等方面的供给不足,通过享受公共物品的差异,最终导致了社会上的收入分配来源不足。

3. 收入分配格局形成中市场失灵的原因

在理想的市场环境中,市场可以充分发挥配置资源的作用,实现收入分配的帕累托最优,但是由于市场自身存在的诸多问题以及受到现实环境中各种影响因素的制约,收入分配格局中市场的作用会面临失灵。

一是市场的不完全竞争。市场有效资源配置的前提是市场竞争是完全的,但是在实际的市场运行中,完全竞争的市场是难以存在的,现实世界的市场运行都是在不完全竞争的条件下进行的,市场的不完全竞争会导致价格机制的扭曲。[①] 在不完全竞争下,不可避免地会产生垄断。在工业化的生产中,存在着规模经济的现象,许多产品的生产需要大规模的生产设备和劳动力,只

[①]　赵学清:《论我国收入初次分配中市场和政府的作用》,《河南社会科学》2015 年第 1 期。

有掌握大量生产要素的生产者才能组织这些产品的生产,而大规模的工业化生产会产生规模报酬递增的效应,生产规模越大,单位成本越低,所能获得的产出会实现指数式增长,最终使得这类企业在市场中的规模越来越大,成为市场中的垄断者。在一个行业中产生垄断之后,垄断企业不仅会对本行业中的其他生产者进行竞争,挤出这些竞争者,还会利用手中掌握的生产要素在其他行业进行扩张,导致垄断的规模越来越大,最终使市场中的资源掌握在少数几个垄断者手中。由此可见,垄断是在市场的不完全竞争下产生的,垄断产生之后又会对市场竞争秩序产生影响,加剧不完全市场竞争,在不完全的竞争市场中,由于市场中正常价格机制的扭曲,普通的市场主体难以通过在市场中的竞争实现生产要素的正常流通,也难以通过收入分配机制进行生产要素的循环,最终导致供求机制和激励机制的失效,这也是收入分配格局形成中收入差距扩大、收入分配价格和价值背离问题产生的直接根源。

二是市场中信息不对称。信息不对称,或信息不完全现象在人类社会中普遍存在,在人类的政治、经济活动中,由于个体差异,一些个体掌握着其他个体所无法掌握的信息,这就是信息不对称现象。在市场经济中,从市场个体的角度来看,由于不同市场主体掌握的信息数量不同、信息结构不同等原因,在生产和交易中,掌握信息较多的个体可以有能力做出更符合自身利益的选择,从而在生产和交易中获得更多的要素回报,相反,掌握信息较少的市场主体在生产和交易中处于不利地位,可能需要付出更多的要素支出,同时减少了自身的收入。从市场整体的角度来看,不同市场参与个体所能掌握的市场信息都是有限的,在经济运行中也会产生整体的供求关系失衡,影响市场的正常运行。从市场竞争的角度来看,掌握信息较多的个体可以利用自身信息在竞争中获得优势地位,导致市场竞争的不完全,间接导致了垄断的产生。简言之,从市场运行的结果上看,信息不对称导致了经济效率的损失,造成了收入分配差距的扩大,掩盖了市场运行中真实的供求关系,不利于市场作用的正常发挥,是收入分配格局形成中各种问题产生的重要原因。

三是要素先天禀赋差异。在市场经济中,市场主体进行竞争的前提是各主体都能依靠自身拥有的生产要素投入市场生产,通过对生产过程的投入,最终获得要素报酬,实现国民收入在个体之间的分配。但是,先天要素禀赋的差异会导致竞争机制的结果趋于收入分配不公平。在生产要素的占有上,每个个体所拥有的生产要素既包括资本、土地要素,也包括劳动力、技术等要素。对于个体来说,首先,每个个体之间存在先天差异,导致每个人拥有的劳动要素数量不平衡,例如由于先天残疾等因素造成的劳动能力缺陷以及先天智力因素带来的知识要素差异;其次,由于财产私有、家庭、社会因素的影响,每个个体先天掌握的资本、土地要素也是不平衡的,个人家庭环境、社会环境较好的个体先天掌握了更多的资本、土地要素,并有更好的条件获得更多的劳动、技术要素。由此导致了个体的要素先天禀赋差异。在此基础上,拥有生产要素的数量差异导致最终的收入分配结果差异,逐步扩大了最终的收入分配差距,通过收入分配差距带来的要素先天禀赋差异不断累积,要素先天禀赋差异也就导致收入分配的结果的不公平以及这种不公越来越大、越来越明显,从而偏离了合理有序收入分配格局的要求。

四是市场运行的外部性。外部性也被称为溢出效应,指在市场运行中某一个体或群体的行为会对其他个体或群体的利益产生正面或负面的影响。"外部性是指那些生产或消费对其他团体强征了不可补偿的成本或给予了无需补偿的收益的情形。"[①]在市场经济中,既存在正外部性行为也存在负外部性行为。外部性是导致市场失灵的一个重要原因,正外部性的存在使得一部分公共产品的生产者会令其他市场主体不需要付出成本而受益,而自身却不能获得符合要素投入的报酬,因此市场上就不会有生产者有动力进行这些产品的生产。这就造成了市场对某些公共物品的供给不足,在收入分配格局中形成了结构性问题。而负外部性的存在使得一部分产品生产对其他主体造成额外的不利影响,受影响的主体却无法从生产者手中获得补偿,最终导致了自身利益受损,事实上减少了自身的收入。外部性的存在是收入分配格局形成中收入差距扩大、收入分配物质来源供给不足等问题产生的重要原因。

4. 收入分配格局形成中市场失灵的影响

市场失灵造成了收入分配差距,损害了社会公平,降低了市场运行的效率。

一是市场失灵导致经济机会不平等。收入分配中单纯的市场调节的最显著结果就是经济机会的不平等。一方面使一部分人不能通过自由竞争取得公平的经济机会,一方面给另一部分人带来不劳而获的收入。[②] 对于个体来说,市场作用下的收入分配的结果使得收入差距越来越大,富者越富,贫者越贫,贫富人群所掌握的生产要素之间的差距也就越来越大,由于市场经济的运行是依靠生产要素的数量进行的,相对富者来说,贫者所掌握的生产要素数量较

---

① 保罗·萨缪尔森、威廉·诺德豪斯:《经济学》,萧琛主译,人民邮电出版社 2004 年版,第 126 页。

② 李旭辉、郑方辉:《论收入分配中市场与政府的互动关系》,《世纪桥》2007 年第 3 期。

少,也就造成了经济结果上的不平等,同时贫富差距还意味着贫者在社会经济、政治等各方面所拥有的机会较少,这就是机会的不平等;对于收入分配格局中的整体来说,要素在行业、地区之间流动时由于趋利的作用会自发向高回报的地区、行业集聚,导致了不同地区、行业之间的机会不平等。更为严重的是,经济结果和机会的不平等影响了市场经济的正常运行,由于收入差距的扩大,贫富分化容易引起消费需求的相对不足,经济生产很容易相对过剩,导致供求失衡下的经济危机。而贫富差距和机会不平等,会逐渐激化社会矛盾,影响市场正常秩序。

二是市场失灵引起收入来源不稳定。收入分配格局中市场失灵的另一个重要影响就是收入分配中收入来源的不稳定。这种不稳定指可供国民收入分配的市场产出的剧烈波动引起的国民财富价值的剧烈变化。如前所述,市场运行具有周期性,会发生由于通货膨胀或通货紧缩导致的经济危机,在经济危机发生时,由于市场失灵,原有的收入分配机制会出现失效,市场个体所拥有的生产要素的价值容易出现贬值,劳动力需求不足会导致劳动要素贬值,资本市场供求变化会导致资本要素价值下降。由于市场生产的波动,价格机制的失灵,原有的要素投入也无法获得正常的价值回报,导致国民收入总体上的减少。

三是市场失灵造成分配结构不合理。由于市场自身的局限性,市场不能提供很多具有正外部性的产品,也无法有效减少具有负外部性的产品的生产,会造成收入分配最终的结构失调。对于收入分配来说,许多公共产品靠市场是无法生产的,如国防、社会治安等,还有一些公共产品投入较大而回报周期较长或产出较低,如教育、基础设施等,这就导致在国民生产过程中一些产品的缺失,在最终的分配环节就会体现为收入分配结构的缺失。此外,由于市场生产中的负外部性,市场自身无法遏制一些会对整体福利产生影响的产品,如工业生产中的污染等,最终在收入分配上会对一些受负外部性影响的个体造成削减,导致了收入分配结果的不合理。但是,这种收入分配结构的不合理是在收入分配总量不变的情况下发生的,由于市场在资源配置的过程中无法对个人追逐利益的过程进行控制,必然会导致收入分配内部结构的失衡,收入分配内部结构的失衡在造成收入分配结果不平等之外,还会影响市场经济的再生产过程,降低经济发展的速度。

四是市场失灵致使激励机制不平衡。合理收入分配格局的形成,一个重要的功能就是对市场中的个体产生合理的激励作用,这种激励作用一方面使市场个体自觉改进技术、提高效率,最终促进整个社会生产力的提高,另一方面会促进市场中各种生产要素的流动,最终刺激整个市场的活力。但是,收入分配格局中市场的失灵也会导致这种激励机制的失灵。首先,市场作用下的收入分配格局中收入差距逐渐拉大,形成了贫富两极分化,富者可以通过掌握的资本、土地等生产要素获得大量的收入,而贫者因缺乏生产要素无力参与市场竞争,也无法扩大生产、提高效率,最终导致整个社会生产的停滞。其次,市场中垄断的产生和不完全竞争市场的存在使得垄断者可以以低于市场价格的成本获取高额的利润,使正常的收入分配秩序失效,生产要素无法正常的流动,最终使市场丧失活力。由此可见,单纯市场调节下激励机制是无法正常生效的,市场失灵的存在使得激励机制趋于不平衡,进而直接损害合理的收入分配格局的形成。

二、收入分配格局形成中政府的作用与政府失灵

收入分配格局形成中的市场失灵,决定了收入分配格局的形成不能只依靠市场发挥作用,而必须有其他力量的介入以弥补市场作用的不足。政府作为一种政治上具有强制力、经济上掌握极大资源配置权力的主体,具有参与市场运行和调控收入分配格局的能力。

1. 收入分配格局形成中政府作用的途径

相较于市场在收入分配格局形成中所发挥的潜移默化的作用,政府在收入分配格局形成中的作用更为大众所知。一般认为政府在收入分配格局形成中的作用,主要体现在收入再次分配调节中,但是正如市场的作用不只在收入的初次分配中一样,政府作为市场经济的调控者,在收入分配格局形成中的作用也是贯穿于整个收入分配过程(见图 1-2)。

一是政府维护了收入分配中市场作用的环境。要发挥市场对收入分配格局形成的基础性作用,一个重要的前提就是市场环境的健康稳定,但是由于完全理想化的市场在现实社会中是不存在的,各种现实因素以及市场自身缺陷的影响,市场环境总是充满了不确定性,政府对市场运行的干预在一定程度上可以弥补市场的不足,为收入分配中市场作用的发挥创造一个公平的环境。[①]首先,政府可以建立健全市场运行的法律法规,对市场运行中的不法行为进行打击以及对市场运行中的纠纷进行仲裁调解,维护收入分配格局的正常秩序。

---

① 徐平华:《政府与市场:看得见的手与看不见的手》,新华出版社 2014 年版,第17 页。

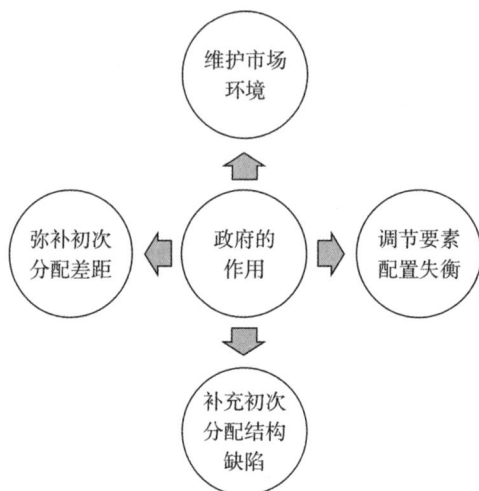

图 1-2　收入分配格局形成中政府的作用

政府通过对市场秩序的维护,保证了市场主体行为的公平性,可以实现生产要素回报公平公正地配置到每个市场参与者手中,也就维护了市场对收入分配的公平合理。其次,政府通过对垄断的打击和控制保证市场正常的竞争秩序。在市场经济中,政府可以利用行政手段反垄断,从社会的整体利益高度对垄断进行打击。最后,政府可以通过对市场行为的监督保证市场收入分配的公平。政府可以通过对市场价格的管制管理市场的不正当竞争,通过对最低工资水平的规定控制不同种类生产要素报酬的差别,保证收入分配结果的公平。

二是政府调节了市场作用下的要素配置失衡。由于市场作用发挥的方式是对微观个体行为的影响,难以从宏观上对资源进行优化配置,但是个体对要素回报的追求,会导致生产要素在高回报的地区、产业集聚,造成经济的宏观发展不平衡,这种缺陷依靠市场自身是无法克服的,而政府对宏观经济的调控可以弥补这一缺陷。政府可以通过产业政策、地区优惠政策等对资源的要素配置进行调控。政府既可以通过总体上对产业政策的调整,利用税收、补贴、审批等方式,提高落后产业的进入门槛和运行成本,降低需要发展产业的运行成本,达到鼓励先进产业发展的目的,实现要素在产业间的合理配置,也可以通过地方政府对企业投资的优惠福利,如税收减免、土地优惠等方式,达到资源在地区间的合理配置；①政府还可以通过转移支付的方式对资源的要素配置进行调控，利用政府间转移支付，即上级政府对下级政府的转移支付，有助于实现资源对欠发达地区的扶持，促进要素在地区间流动；利用横向转移支付，矫正地方政府辖区内的经济活动对其他政府辖区产生的外部性，可以达到治理环境污染、森林保护等目的，实现资源在地区间的合理配置，减少市场行为的负外部性。简言之，政府通过对经济的宏观调控，达到要素资源在不同行业、产业、地区间的流动，实现资源合理配置和经济平衡发展的目的，也就调节了国民收入在不同行业、产业、地区之间分配的不平衡，实现了对收入分配的宏观调控。

三是政府缩小了收入初次分配中的差距。市场经济不可避免地会产生收入分配差距，而且由于市场自身的缺陷，市场无法缩小收入分配差距，反而会导致收入分配差距不断扩大。市场作用下的收入分配差距既表现为地区间、行业间要素回报差距，也表现为不同类型生产要素的报酬不同，导致了个人之间的收入分配差距过大。政府可以通过对收入再分配调节收入差距，利用个人所得税、企业所得税等手段对初次分配中的收入差距进行调节，缩小初次分配中的收入差距；利用财产税、资本利得税等对个人之间要素禀赋的差异进行调节，减小收入存量的差距；利用遗产税等手段对收入代际流动进行调节，缩小代际收入差距。政府还可以利用转移支付手段对收入分配进行调节，把通过税收手段获得的资源在社会上进行重新分配，从而提高低收入地区、低收入群体的收入，缩小收入分配的差距。此外，由于政府掌握着货币发行和政府借债的权力，而货币发行的多少和政府债务规模的大小直接关系到市场通货膨胀程度和货币价值，间接影响居民的收入水平。② 因此，政府也可以通过对通货膨胀的控制和政府债务规模的控制达到对收入再分配的调节，进而达到缩小收入差距的目的。

四是政府补充了市场作用下要素的结构缺陷。在市场的初次分配中，市场机制的缺陷，导致一些对社会公众具有重要作用的产品供给不足，而另一些具有负面效应的产品过度供给，带来了收入分配的结构缺陷。这种缺陷表现为公共产品的供给不足和环境污染、环境破坏等。这种结构缺陷的克服也需要依靠政府干预。政府可以通过强制性、公益性的手段提供公共产品。利用

---

① 李旭辉、郑方辉：《论收入分配中市场与政府的互动关系》，《世纪桥》2007 年第 3 期。
② 权衡：《和谐社会中的收入分配：寻找政府与市场的合理边界》，《财经理论与实践》2007 年第 5 期。

税收手段的强制性、无偿性特征,政府可以吸收市场所生产的一部分资源,为市场供给公共产品提供物质基础,从而弥补市场中公共产品供给不足的缺陷,在收入分配格局中实现分配结构的优化。与此同时,通过对负外部性的调控,政府可以减少收入分配中的福利损失。政府通过对环境污染、环境破坏行为的监督和制裁,减少了市场中负外部性的产生,降低了市场逐利行为对收入的负面损失,弥补了市场中负外部性的结构缺陷。换言之,通过对正外部性产品的补充和负外部性行为的控制,政府弥补了市场生产中收入分配的公共产品不足和外部性的结构性缺陷,提高了收入分配的真实福利。

2. 收入分配格局形成中政府失灵的表现

正如市场在收入分配格局形成中具有失灵的一面,政府同样存在自身的不足,政府失灵也会对收入分配格局的形成产生负面影响。

一是政府的收入分配政策存在偏差或失效。政府对收入分配格局进行干预的目的是实现收入分配过程的效率以及结果的公平,但是由于各种条件的制约,政府的收入分配政策有可能与社会公共利益目标存在偏差甚至是失效。首先,政府在制定政策时受到多方面因素的制约,导致政策的制定偏离公共利益的目标。政府在政策的制定中容易被社会上各种力量所影响,利益集团为了自身利益会对政府进行游说,导致政府政策的制定向这些利益集团偏移。政府在政策制定时也会受到公众舆论的影响,在公众舆论缺乏理性时,会与社会公益目标产生偏差,此外,政府官员为了自身经济利益、政治利益等,在政策制定时很容易发生短视现象,为了短期利益忽视公众长期利益,最终导致所制定的政策偏差失效,甚至是产生负面影响。在现实社会的收入分配政策中,一些国家公共养老金体系以及医保体系中累积了大量无准备资金的未来负债,这种为了短期目标牺牲长期利益的行为足以说明政策制定者的短视。[①] 其次,政府在制定政策时存在自身能力的不足,难以实现原有的目标。政府作为政策的制定者,政策优劣受自身能力的制约。在纷繁复杂的市场环境中,要制定符合市场规律的政策,政府需要掌握市场运行的各类信息,需要拥有政策制定的技术能力,也需要丰富的经验,但是在实际工作中,这些条件是很难达到的,政府行政能力总是存在着局限,也就导致收入分配政策存在不足。最后,政府的政策工具也存在负面作用,导致政策的结果与政策目标相距甚远。政府的收入分配政策需要依靠各种政策工具作为载体来实施,但是政府政策工

---

① 维托·坦茨:《政府与市场:变革中的政府职能》,王宇等译,商务印书馆 2014 年版,第 128 页。

具是一把双刃剑,在实施过程中也会产生各种负面的结果。例如,政府在收入再分配中使用的社会保障政策工具在缩小收入分配差距、保证了社会稳定的同时,也容易打击高收入者的劳动热情,助长低收入者的懒惰倾向,最终降低总体的社会劳动生产率。如何恰当地运用政策工具,需要政府把握合理的尺度。

二是政府在收入分配政策实施中的低效率。除了政策制定中的不足和偏差,政府在收入分配政策的实施过程中同样是不完美的,总是面临着效率低下、执行效果不佳的问题。首先,政府官员缺乏执行政策的内在动力。政府机构作为脱离于市场的公共部门,其成员的行为并不受市场机制的激励,而主要受内部考核制度的激励,由于公共部门的非营利性和政府自身的稳定性,内部考核激励相对较弱,政府官员对于执行政策缺乏内在动力,导致了执行效率低下。例如,我国许多地区的劳动部门对企业内劳动法规的实施监管中,对最低工资、节假日加班等规定的执行并不到位,损害了劳动者的利益,影响了收入分配政策的执行效果。其次,政府机构缺乏应对政策变化的能力。政府所面临的市场环境是不断变化的,受到国际经济形势、国内供求关系变化等因素的影响,收入分配政策在实施的过程中,应该根据实时变化、地区差异而做出调整,但是政府在政策的执行上缺乏应对变化的能力,一方面政府的政策执行受上级考核的约束,由于考核指标固定,难以对政策进行及时的调整,另一方面政府对政策执行的调整也具有滞后性,政府机构无法像市场主体一样根据自身所处环境进行调整,而需要在综合市场信息的基础上做出决策,导致政府政策调整落后于市场变化。

三是政府对收入分配干预的成本过于高昂。同市场调节以及第三方力量干预相比,政府对收入分配格局的干预并不一定是最优选择,政府干预虽然能达到一些社会目标,但其成本有时会大于所带来的收益。[①] 首先,政府自身运行是有成本的。政府为了实施一些收入分配政策以及配套的相关政策,需要设立相关的工作机构,这些机构的设立、运行都会产生昂贵的成本。例如,政府为了保障低收入群体而设立的各类福利机构,虽然能保障低收入者的收入,却也带来了高昂的运营成本,而政府官员的腐败和寻租等行为也会导致收入分配政策的执行过程中增加的额外成本。其次,政府机构缺乏降低内部成本的动力。由于政府机构运行没有利润等因素的限制,政府官员也没有市场竞

---

① 维托·坦茨:《政府与市场:变革中的政府职能》,王宇等译,商务印书馆2014年版,第48页。

争的压力,政府机构在提供公共产品时往往会发生成本过高的问题,从而降低了公共福利。最后,政府对收入分配的许多措施是可以由市场或第三方部门替代的,而且其成本低于政府成本。政府减少对一些领域的干预也可以为第三方组织,如慈善部门的成长提供空间。在政府的公共计划推出之后,许多私人慈善行为渐渐失去了活动的空间,甚至被政府取缔,而在政府干预较少的国家,私人组织仍然发挥着十分重要的作用。例如,与很多欧洲福利国家相比,美国的政府职能相对有限,慈善事业、医院、私立学校的捐款中,非政府性质的社会公益组织仍然非常活跃,①这些私人捐款直接或间接地缩小了政府的资金投入,降低了收入分配政策的成本。

四是政府机构存在膨胀和过度干预的倾向。政府作为一个具有独立意志的个体,其内部成员也存在对自身利益的追求,为了实现自身利益,政府对经济的干预会导致政府自身的不断膨胀和对收入分配的过度干预。首先,政府的自身利益导向会导致政府机构膨胀。在政府对收入分配格局进行调节时,由于自身掌握的权力,可以设立更多的机构,吸收更多的人员,建立更多的层级,这些手段可以扩大政府官员掌握的资源,提高自身的行政地位,同时可以利用更大的政府机构规模进一步索取更多的资源,政府增强对经济干预的过程往往也是政府规模不断扩大,机构不断膨胀的过程,这种趋势无疑会产生更多的成本,降低收入分配的公共利益。其次,政府的自身利益导向会导致对收入分配的过度干预。通过增加对收入分配领域的干预,政府可以获取更多的权力,为自身谋取更多的利益,从而阻碍了经济的正常运行和收入分配机制的正常发挥。在我国,由于历史因素,过度干预比较明显,造成了许多经济领域的行政垄断,行政垄断部门(行业)利用自身掌握的权力获取更多的利润。过度干预还表现在行政审批权,部分政府机构和工作人员利用审批权谋取自身利益。

3. 收入分配格局形成中政府失灵的原因

政府作为公共组织,既存在各种组织共生的问题,又因拥有的强制力有其自身的特点。政府失灵的原因主要是由自身的内部缺陷所产生的,同市场失灵一样,政府失灵有其必然性。

一是政府行为目标与公共利益不一致。作为致力于提供公共服务、进行公共管理的组织,理论上政府是一个超利益的组织,其行为目标与公共利益一

① 维托·坦茨:《政府与市场:变革中的政府职能》,王宇等译,商务印书馆 2014 年版,第 23 页。

致,但是,在现实情况中,政府自身的行为目标却往往与公共利益不一致。[①]
首先,作为一个组织,政府机构及其工作人员(官僚)有追逐自身利益的倾向,
在制定政策时,会自觉或不自觉地受自身利益的影响。为实现部门或自身利
益最大化,官僚机构的规模也会不断膨胀,导致机构臃肿,效率低下。其次,政
府机构的行为会受到利益集团的影响,在政策制定时,社会利益集团的游说会
诱导政府的政策偏移,使得政策制定的最终结果与社会公共利益不一致,导致
了收入分配政策的偏差和失效。最后,政府行为缺乏市场价格机制的激励,因
为政府机构的收入和成本是分离的,政府机构并不以营利作为自身目标,也就
是不受市场价格机制的约束,没有降低自身成本,这就导致了政府运行成本的
提高,政府干预的领域越多,这种成本就越高昂。

　　二是政府机构寻租腐败和自身能力的限制。政府在进行收入分配调控
时,也会面临微观上的政府行为缺陷如寻租腐败和自身能力不足的限制,进而
导致收入分配调控失灵。政府官员在收入分配调控中的寻租会导致公共福利
的损失。政府在收入分配中的寻租既有被动地接受外来利益,也有主动地寻
租,如政治创租和抽租。政府的寻租和腐败行为,会导致收入分配中的分配背
离原有的分配原则,使收入向官员个人转移,并以其他生产者和消费者的利益
为代价,减少其他个体的收益,进而造成了社会公共福利的损失。政府机构能
力的限制会导致收入分配政策制定不合理和执行不到位。政府在进行收入分
配干预时还面临着一个具体的问题,即收入分配的政策制定和执行都是由政
府官员负责的,因此,在实际的运行中,政府官员的能力直接制约着政策制定
和执行的效果。政府机构能力的高低决定了政策结果的优劣,加上政府层级
众多,在政策传达时也会导致政策偏移,这些因素都与政府机构能力或者说行
政管理水平相关。政府机构能力的限制最终会导致政策偏差和政策执行
低效。

　　三是政府的历史路径依赖与自我角色错位。社会主义市场经济是由计划
经济转轨发展而来的,计划经济时期的一些特征在政府机构中难免有所遗留,
形成了历史路径依赖。在历史路径依赖的影响下,政府对于市场和收入分配
格局的调控也存在自身角色定位偏差,导致角色错位。[②] 一方面,历史遗留问

---

　　① 黄新华:《从市场失灵到政府失灵——政府与市场关系的论辩与思考》,《浙江工
商大学学报》2014 年第 5 期。

　　② 权衡:《和谐社会中的收入分配:寻找政府与市场的合理边界》,《财经理论与实践》
2007 年第 5 期。

题引发政府管理方式路径依赖,导致了某些领域过度干预。在计划经济时期,政府对收入分配的管理是全方位的,干预的领域比较宽广,政府通过对国有企业的控制,决定了对城市居民的收入分配,通过对人民公社的管理,决定了对农民的收入分配。从计划经济向社会主义市场经济转轨,这种历史问题(路径依赖)仍有残留,例如,通过行政垄断,一些国有企业在收入分配中享受优势,造成了收入分配不公平。另一方面,政府角色的错位也导致了对收入再分配的调控效果不佳。由于路径依赖的影响,政府在一些经济领域,既当裁判员,又当运动员,在一些政府调控的领域中,对国有企业和民营企业设置不同的进入门槛,在一些金融政策上,对国有企业的优惠大于对民营企业的优惠,这些都是政府角色错位的体现。

四是政府的信息不完善与政策的滞后效应。政府干预收入分配不仅面临着信息不对称的影响,还存在政策的滞后性。首先是信息不对称的影响。虽然政府对收入分配的调控所掌握的信息较单一市场主体来说更加全面,但政府仍然不可能掌握市场上的所有信息,由于政府信息收集渠道的有限,信息收集速度较慢,政府在调控时所获得的信息是有局限性的,政府难以针对市场的变化做出有针对性的调控,很多调控政策也难以取得预想中的效果。其次是政策的滞后效应。在政策制定上,政府的收入分配政策要经过信息收集、备选方案设计、讨论表决之后才能付诸实施,政策的制定具有其滞后性;在政策的执行上,政策执行需要按照层级进行传达,在执行中,对市场的变化也难以进行及时反应,导致政策的执行具有滞后性。政策的滞后效应会使政策与现实情况不符,导致收入分配政策失败。

4. 收入分配格局形成中政府失灵的影响

正如政府在收入分配格局中发挥的巨大影响一样,收入分配格局形成中的政府失灵也会产生重大的影响。

一是政府失灵降低了市场分配过程的效率。从收入分配过程上看,收入分配格局形成中的政府失灵,降低了收入分配中市场分配的效率,导致在政府调节下的收入分配结果反而低于市场调节的结果,换言之,收入分配格局形成中的政府失灵会影响市场效率的实现。政府为了调节收入分配所采取的税收、转移支付等政策,虽然在一定程度上缓解了市场上的分配不平等,但过高的税收和转移支付水平也损伤了企业和个人的劳动积极性,导致社会劳动生产率的降低,使得市场产出下降,最终使收入分配的总量降低。此外,政府失灵导致的低效率还会造成收入分配的低效率。例如,政府对一些企业和个人的财政补贴,往往由于效率低下,许多补贴不能按照市场情况发放,导致补贴不能真正发挥作用。

二是政府失灵制造了分配机制运行的障碍。收入再分配在重新配置市场资源的同时,也为市场和收入分配机制的运行制造了障碍,损害了市场作用的发挥和收入分配过程的运行。这是因为政府过度干预造成了要素流动的障碍,损害了市场的公平竞争,影响了收入分配机制的运行。例如,许多应该由市场发挥竞争性作用的领域,由于存在政府干预形成的行政性垄断,既容易导致内部腐败和灰色收入等问题,更会干扰正常的市场竞争,垄断企业的高额利润推高了其员工的收入,加剧了行业间的收入分配不平等。

三是政府失灵损害了收入再次分配的效果。收入再次分配是政府调节收入差距的主要手段,但是政府对收入再分配的调节也会发生失灵,使得再分配的效果不佳。这是因为政府收入再分配的政策工具本身存在不足,执行也欠佳。例如,收入再分配政策工具最主要的是个人所得税,但是由于缺乏一个公平的税制结构和有效的征税手段,在实际税负上,工薪阶层成为最大的纳税负担者。

四是政府失灵导致了公共利益的严重损失。收入分配格局中的政府失灵从结果上来看,会在三个方面导致社会公共福利的严重损失。首先,政府机构的高昂成本损害了社会总体福利。由于政府机构的膨胀和政府对收入分配干预的高昂成本,政府的运行占用了极大的社会资源,这些成本会导致社会总体福利相对减少,造成社会公共利益的严重损失。其次,政府干预中政策的失误降低了社会总体福利。当政府在收入分配格局中的政策出现失误和偏差时,这些失误的成本会由社会公众来承担,导致了社会福利的损失。最后,政府内部的寻租腐败危害了社会公共福利。寻租腐败实际上造成了社会资源的非生产转移,导致社会公共福利的减少。

三、收入分配格局形成中政府与市场的功能组合

在收入分配格局的形成中,政府和市场的作用都是必不可少的,但是政府和市场都有其适合发挥作用的范围。形成合理有序的收入分配格局,必须实现政府和市场的有效组合、功能互补。

1. 收入分配格局形成中政府与市场的相互关系

作为资源配置的两种制度安排,政府与市场的关系问题一直是经济理论关注的焦点问题。查尔斯·林德布洛姆指出:"政府与市场的关系问题既是政治学又是经济学的核心问题。""一个政府同另一个政府的最大不同,在于市场

取代政府或政府取代市场的程度。"①作为资源配置的决定性机制,市场在发展经济和提高资源配置效率方面显示出了巨大的优越性。但是市场不是万能的,客观上存在着市场调节所不及的领域,换言之,市场会失灵。市场失灵的存在便为政府干预经济找到了充足的理由。但是政府干预也并非完美无缺。"应当认识到,既存在着市场失灵,也存在着政府失灵。"②作为配置资源和协调社会经济活动的主要机制或制度安排,政府与市场各有其优缺点,必须从理论上厘清政府与市场之间的基本关系及其作用边界,并探讨如何实现政府与市场在形成合理有序收入分配格局中功能的优化组合。

一是收入分配格局形成中政府与市场相互补充。在收入分配格局形成中,政府与市场的作用是相互补充的。如前所述,政府与市场各有优势也有失灵之处,单独依靠政府或市场难以形成合理有序的收入分配格局,因此形成合理有序的收入分配格局,需要实现政府和市场的互补关系。③ 具体来说,收入分配格局的形成是政府和市场共同发挥作用的结果,两者缺一不可。收入分配格局中的初次分配环节是在市场作用下形成的,市场从源头到过程上推动了收入分配的基本格局,离开了市场的作用,则收入分配的基础就会丧失。收入分配的再分配环节是在政府的主导下形成的,政府利用国家强制力的手段对资源进行了重新配置,降低了初次分配中的差距过大,弥补了市场作用的不足。但是,市场规律和市场要素隐藏在政府干预中,政府干预也是遵照市场规律进行的,不尊重市场规律的政府干预也是必然会失败的。因此,在收入分配格局的形成中,政府和市场的作用相互补充,缺一不可。

二是收入分配格局形成中政府与市场相互影响。收入分配格局形成中,政府和市场的作用也会相互影响,市场的变化会对政府的政策产生影响,而政府的政策也会反过来影响市场的行为。一方面,收入分配中市场运行情况的变化会促使政府调整或改变政策。在收入分配格局中,市场行为瞬息万变,导致收入分配格局不断发生变化,一旦收入分配格局的变化超出了正常的范围,就需要政府对政策进行调整。例如,当市场经济发生危机,出现货币贬值和经济萧条等时,居民的收入就会相对减少,在这种情况下政府就需要调整政策稳

---

① 查尔斯·林德布洛姆:《政治与市场:世界的政治—经济制度》,王逸舟译,上海三联书店、上海人民出版社 1994 年版,第 1 页。

② 罗纳德·科斯等:《财产权利与制度变迁:产权学派与新制度学派译文集》,刘守英译,上海人民出版社、上海三联书店 1994 年版,第 22 页。

③ 徐平华:《政府与市场:看得见的手与看不见的手》,新华出版社 2014 年版,第 32 页。

定市场环境,利用社会保障政策和财政政策,对居民进行帮助和补贴。另一方面,收入分配中政府政策的调整和出台也会对市场作用的发挥产生影响。当政府对收入分配政策进行了调整或者出台了新的收入分配政策时,这些政策有可能直接对收入分配格局产生影响,也有可能对收入分配格局中市场的运行产生影响,还有可能通过对收入分配格局的影响间接影响市场的运行。例如,政府对转移支付政策进行调整时,既可以通过直接对地方财政转移支付结构的改变,导致公共服务支出的变化,进而影响地方收入分配格局的变化,也可以通过对公共服务和社会保障支出变化影响当地经济环境,对企业投资、招聘产生改变,影响市场的初次分配。

　　三是收入分配格局形成中政府与市场相互依赖。在收入分配格局形成中,政府和市场的作用发挥是相互依赖的,离开了政府的引导和扶持,市场作用就会发生偏差,离开了市场的供给和激励,政府也就失去了存在的空间。首先,收入分配中市场作用的发挥依赖于政府的引导和支持。收入分配格局中市场发挥作用的机制就是对资源的合理配置和以生产要素的报酬作为收入分配的依据,这一机制的正常发挥需要市场环境的稳定和市场秩序的公平,由于市场自身无法对宏观经济环境和秩序进行调控,这一任务只能由政府来承担,离开了政府,市场的运行就会陷入无效率和无秩序,也就难以发挥收入分配的作用。其次,收入分配中政府作用的发挥依赖于市场机制的供给和激励。政府对市场进行调节的重要手段就是税收和财政政策,而财政收入和税收收入产生的来源就是市场的生产和消费,离开了市场生产的供给,政府也就难以进行各项经济调控。

　　四是收入分配格局形成中政府与市场互有边界。虽然在收入分配格局的形成中,政府与市场的关系紧密、相互依赖、相互影响,但政府与市场之间有着本质区别,两者发挥作用的领域也不能相互替代,由市场产生的收入分配取决于初始的资源禀赋,但在集体眼中却是不公平的[1]。总体来说,在收入分配格局的形成中,政府与市场各有其作用边界。由于市场运行更加注重效率而忽视收入分配公平,可以提高社会生产效率和生产成果,但是会造成收入分配差距扩大等问题,市场是形成收入分配格局的基础,充分发挥市场的作用,有助于提高国民收入的总量,但是市场也存在着容易盲目生产、无秩序竞争等问题,必须对市场环境进行充分限制和规范,不可使市场陷入无秩序竞争中。政

---

　　[1]　亚当·普沃斯基:《国家与市场——政治经济学入门》,郦菁、张燕等译,格致出版社 2015 年版,第 2 页。

府注重收入分配格局的结果公平,政府力量也可以对市场环境进行规范监管,因此政府作用的范围主要在于规范市场秩序、监管市场环境以及对收入进行再分配,实现收入分配结果的公平,然而政府也存在着效率不高、寻租腐败、过度干预等倾向,要对政府的行为进行规范,限制政府介入的领域,防止政府过度干预,进入市场可以发挥作用的领域。

2. 收入分配格局形成中政府与市场的职能界定

明确了收入分配格局形成中政府和市场关系,就可以界定收入分配格局形成中市场和政府应该发挥的职能,明确收入分配格局中哪些是应该由市场来履行的职能,哪些是必须由政府发挥作用的领域。

(1)收入分配格局形成中市场的职能

在收入分配格局形成中,市场职能是在自由竞争中配置资源过程中产生的,但是由于市场竞争的盲目性,也需要对市场的职能进行界定,明确市场在收入分配格局中所扮演的角色。

一是配置社会资源,增加经济运行效率。市场通过高效配置社会资源,提高资源利用效率,最大化地使生产要素和劳动力资源创造更多的价值,从根本上提高了社会产出的总量,也就增加了收入分配中可供整个社会进行分配的收益的总量。这就是市场组织生产和消费、创造社会价值的过程。要利用市场的资源配置作用,通过建设规范的劳动力市场、土地市场、金融市场等,提高市场对劳动力资源、土地资源、资本资源的配置效率,为社会创造更多的社会财富。通过各种市场的完善和统一,提高生产要素在市场上流动的效率,最终实现市场在资源配置中的决定性作用。

二是调节社会收益分配,提高分配效率。在市场创造了最大化的社会收益的基础上,根据生产要素所有制结构和在市场中投入的生产要素、劳动力资源的数量,市场自发地将所创造的社会收益在社会上进行分配,分配的依据就是市场主体的生产要素所有量和劳动力资源所有量,由于这一过程是在市场的调节下自发进行的,参与市场竞争的市场主体能够获得最大收益,提高了资源分配的效率。更进一步说,市场在收入分配格局形成的职能中最重要的就是对收入的初次分配,这种初次分配通过市场灵敏的价格机制和完善的要素所有制来实现,这一过程建立在完善的市场基础环境和充分的市场竞争环境之上,通过这两个方面的市场作用,由市场所创造的社会财富才能以最高的效率分配到市场主体手中,这一过程是政府在保障市场环境的基础上市场自发实现的。

三是通过收入差距,激励市场主体效率。由于市场机制给予市场主体的报酬是以生产能力和劳动贡献为依据的,具有较高生产能力和贡献的市场个体就能获得较多的收益分配,缺乏生产能力和贡献的市场主体获得收益较少,由此形成了收入差距,这种收入差距是在收入初次分配的背景下出现的,是市场作用的体现。虽然政府可以通过收入的再次分配对这种收入差距进行一定的调节,但是由于市场的基础性作用,这种差距格局是固定的,不会被完全改变。在收入差距的激励下,市场主体会主动提高劳动生产率,改进技术,降低成本。为了获得更高的收入,市场主体也会主动进行各种技术、经营方式、经营内容上的创新,甚至创造了新的经济增长点,推动市场自发地提高自身生产能力和贡献,也就提高了资源配置和使用效率,促进了市场生产发展。

(2)收入分配格局形成中政府的职能

实现政府职能的主要手段包括行政手段、经济手段和法律手段。[①] 由于政府失灵的存在,在收入分配格局形成中,很容易发生政府职能的越位、错位和缺位问题,需要对收入分配格局中的政府职能进行明确界定。在形成合理有序的收入分配格局中,政府应以公平为目标,在初次分配中注重以法律手段和宏观经济手段保证分配机会公平,而再分配中要通过微观行政手段和公共服务手段保证分配规则公平、分配过程公平,最终实现分配结果公平。[②]

一是法律制度构建。在收入分配调节中,政府必须健全法律法规,以法律体系为依据,规范收入分配的调节,打击非法收入和灰色收入,对于收入分配中各种非法收入和灰色收入以及政府内部的寻租行为,通过法律的惩罚,建立起对各种危害收入分配秩序行为的威慑,使收入分配格局更加公平公正。

二是宏观经济调节。政府要综合运用各种宏观经济手段,对经济运行和收入分配格局进行调控,为此必须健全税收调节机制,发挥个人所得税和财产税等税收政策对收入再分配的调节力度,必须规范转移支付制度,对低收入地区、低收入行业等进行补贴和扶持,平衡不同地区、不同行业的发展程度差异和收入分配差距,必须充分利用利率、工资、债务、汇率等杠杆对经济增长和收入分配进行调节,通过利率变化、最低工资保护以及政府债务规模控制等手段,保障低收入群体的利益,遏制高收入群体的过快增长,实现收入分配公平

---

① 杜飞进:《论政府与市场》,《哈尔滨工业大学学报》(社会科学版)2014年第2期。

② 曾国安、胡晶晶:《国民收入分配中的公平与效率:政策演进与理论发展》,人民出版社2013年版,第157～166页。

公正的目标。[①]

三是微观行政监管。政府要利用行政监管的手段,对收入分配格局进行调节和监督,对寻租腐败、以权谋私问题进行打击和惩罚,遏制政府内部寻租对收入分配格局的负面影响。与此同时,要加强工商监督、税务监督、金融监管等手段,打击危害市场秩序的非法竞争行为,加强对劳动群体的保护力度,利用工资管制、劳资调解等手段,保证劳动者的合法权益,提高劳动力资源的收入报酬。

四是公共服务供给。在收入分配格局的形成中,政府的公共服务职能对收入分配环境的构建、收入分配公平的实现具有重要作用,这也是政府应该发挥作用的环节。政府要通过对公共基础设施的建设,营造社会发展的良好环境,通过对就业、创业的支持,提高劳动者的劳动技能和工作机会,提高收入分配中的要素先天禀赋,实现收入分配的机会公平,通过对社会保障等服务,保证再分配下的每个公民的基本生活,实现收入分配的结果公平。

3. 收入分配格局形成中政府与市场的协同方式

在收入分配格局的形成中,政府和市场两者作用的机理和特点不同。市场的作用是基础性和持续性的,政府的作用是补充性和阶段性的,必须厘清政府与市场在收入分配格局形成中的协同方式,发挥有效市场与有为政府的功能组合(见图 1-3)。

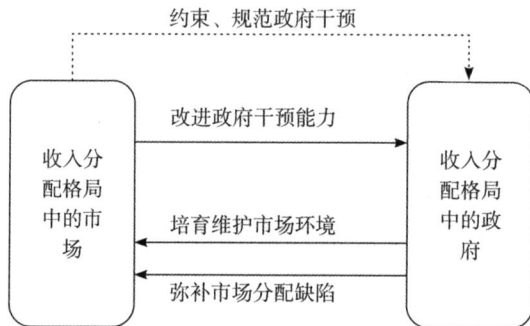

图 1-3 收入分配格局形成中政府与市场的协同方式

一是政府要培育和完善收入分配格局中市场作用的环境。健康公正的市场环境有赖于政府的培育和完善,政府应该充分发挥立法、执法和监督的职

---

① 魏众、王震、邓曲恒:《中国收入分配及其政策思考》,广东经济出版社 2015 年版,第 84～103 页。

能,形成合理有序收入分配格局的市场环境,确保收入分配中市场的作用能正常发挥。为此政府要通过立法构建一个健全的法治体系,规范市场与政府运行的范围和边界,通过法律的手段对政府行政行为进行约束和制衡,也要通过打破垄断维护市场竞争公平公正,通过价格监管保证初次分配的公平性,通过对危害市场秩序行为的打击,保证市场作用能够公平公正地发挥。

二是通过政府调控弥补市场在收入分配中的缺陷。政府要利用征税权、财政权等权力,对初次分配中的收入差距进行调节,通过再次分配平衡收入分配的差距。需要明确的是,收入再次分配的调节是建立在市场初次分配结果上的,政府可以通过税收、转移支付、公共服务等多种手段对收入分配的格局进行调整,通过社会保障对收入初次分配的缺陷进行弥补。但是这一过程的目的是弥补市场缺陷,而不是代替市场,政府要明确自身的职责,不能越权越位,做了本该由市场去做的事。

三是引入市场因素提高政府干预收入分配格局的能力。在政府对市场失灵的帮助和弥补之外,政府也可以引入市场机制来摆脱行政效率低下的困境。因此,在政府机构的运行中,要充分引入市场竞争机制,利用市场的力量,提高政府公共服务供给的数量和质量,降低政府机构运行的成本,提高对市场干预的科学性和合理性。①

四是政府要遵循市场运行规律对收入分配格局进行干预。政府对收入分配的干预和调节要以不影响市场在资源配置中的决定性作用为前提,因此政府决策和政策要以市场为基础,政府要回归到掌舵的位置上来,把属于市场的职能归还给市场。其核心原则就是政府和市场的"职能归位,相互矫正",政府要做好对市场的保障和弥补,做好市场的"拐杖",②市场也要对政府的改进提供帮助,政府和市场系统配合的内部机制就是两者的良性互动,通过两者的相互影响,共同推进合理有序收入分配格局的形成。

4. 收入分配格局形成中政府与市场的有效组合

从收入分配格局的角度看,初次分配是国民经济各部门及其成员直接在生产领域所进行的分配,是生产成果在生产要素之间的分配,其分配原则是根据生产要素对产品生产的贡献所进行的分配,以体现效率原则。分配结果形成了功能收入分配格局,初次分配从总体上来看属于微观分配行为。再分配

---

① 朱大旗、李蕊:《经济法治视阈下政府与市场的协同联动》,《江西社会科学》2015年第7期。

② 曹沛霖:《政府与市场》,浙江人民出版社1998年版,第245页。

指对初次分配后的国民收入在全社会范围内进行再次分配和调节,以保证低收入者无偿得到一部分转移性收入,以体现公平原则。分配结果形成规模收入分配格局,再分配从总体上来看属于宏观分配行为。[①] 随着收入分配差距的扩大,越来越多的学者开始关注"第三次分配",将慈善事业等视为"第三次分配机制"。从收入分配过程的三个层次上看,收入分配格局形成中的政府和市场组合也是在三次分配过程中实现的。

一是保证收入初次分配中市场的基础性作用。初次分配是在市场作用下进行的。市场通过价格机制、生产要素所有制等对生产要素进行配置和生产,并以此为根据进行资源的分配,形成了初次分配的基本格局。在收入初次分配中,市场发挥了基础性作用。在收入分配格局的政府和市场有效组合中,保证收入初次分配中市场的基础性作用也是由政府与市场的配合实现的。政府一方面对市场环境进行保障和维护,通过法律手段、行政手段、经济手段,建设公平公正、完善健康的市场环境,规范市场秩序的形式,保证市场基础性作用的发挥。另一方面约束政府在初次分配中的"越位"行为,政府要把市场可以进行调节的领域交给市场,在市场调节力有不逮的领域要通过立法、行政等手段控制利用生产要素获取自身利益的倾向,明确约束政府自身的职能。

二是增强收入再次分配中政府的主导性作用。以市场机制为主导的初次分配,在带来资源配置的效率提高和经济发展的同时,也带来诸如收入差距扩大的负面影响,市场机制无法通过自身的调节解决这一问题。作为国家公共权力行使者,政府有必要通过其强制性的参与和介入,最大限度地减少或避免市场失灵产生的负面影响,从而缓解收入分配差距,维护社会稳定。[②] 但是政府在收入再次分配中发挥主导性作用的基础,是建立在市场收入初次分配的基础上的,政府应着眼于提高收入再分配政策工具的使用能力和使用效率,不能企图用收入再分配替代收入初次分配,因为政府收入再分配的调节,是通过对收入初次分配的弥补,在保证收入分配过程公平的基础上,实现分配的结果公平。

三是提高第三次分配中政府对市场的引导作用。在初次分配和再分配之后,收入分配还是会存在政府和市场共同失灵的情况,第三次分配因此而生。第三次分配主体是政府和市场以外的第三方组织,包括非政府组织和非营利

---

① 向书坚:《中国收入分配格局研究》,中国财政经济出版社 2000 年版,第 231 页。
② 朱大旗、李蕊:《经济法治视阈下政府与市场的协同联动》,《江西社会科学》2015 年第 7 期。

机构。从本质上看,第三次分配可以看作是社会力量自身对市场和政府的一种自发补充。在收入分配格局形成中,要充分发挥第三次分配的补充作用,发达市场经济国家的经验证明,在不扩大政府干预范围和力度的情况下,一些公共服务和社会福利的工作交由第三方社会组织去做,也可以取得较好的效果,这是我国形成合理有序的收入分配格局需要培育和发展之处。

四是规范收入分配秩序中的政府权力和行为。改革开放以来,在按劳分配与按要素分配相结合的收入分配政策作用下,人们的收入趋向多元化,除了劳动收入、货币收入、财产性收入,还包括金融资产以及各种其他经营性财产收入、保障性收入、转移性收入。但是在收入来源多元化的同时,收入分配秩序的不规范也形成了不合理不透明的非法收入,以及由权力寻租、腐败滋生等非市场因素产生的隐性收入和灰色收入(非正常收入)。收入分配秩序的不规范导致了收入差距的非正常扩大,因此必须规范收入分配秩序,对政府权力和政府行为加以规范与约束,在完善相关法律制度的同时,推进行政审批制度改革,限制政府官员的权力范围,把权力关进制度的笼子里,加大有效治理力度,抑制灰色收入。

第二章　改革开放以来收入分配
格局的变化趋势

　　改革开放以来,我国收入分配格局发生了较大的转变,1978—1990 年期间,居民收入占比上升,企业和政府收入占比有所下降。1995 年之后收入分配格局出现了逆转,居民收入份额逐年下降。为深入反映政府、企业、居民之间的分配关系,本章将对政府、企业、居民在我国初次分配和再分配过程中的收入比例变动情况进行全面分析,从而厘清收入分配格局变化与失衡的根本原因与影响。

一、改革开放以来收入分配格局变化趋势的动态分析

　　20 世纪 90 年代以来,我国收入分配格局出现了向政府和企业倾斜,居民收入占国民总收入的比重持续下降的态势。虽然不合理的收入分配格局的形成是市场和政府共同作用的结果,但是只有客观准确地描述收入分配格局的变化趋势与成因,才能为形成合理有序收入分配格局奠定基础。

1. 基于资金流量表的收入分配格局动态分析

　　定量分析收入分配趋势的方法有很多,但是能够较为细致地对政府、企业和居民三者占比进行分析的是收入法 GDP 和资金流量表。本书主要运用资金流量表中的数据来对企业部门、政府部门和住户部门(居民)在初次分配中的收入占比进行比较分析。1985 年在国务院国民经济核算领导小组的领导下,我国政府统计部门开始研究资金流量核算。国家统计局于 1986 年试编了全国资金流量简表,1987 年初步形成了资金流量表及其编制方案,并纳入我国新国民经济核算体系中。由于涉及的时间序列较长,本书将三个部门的占比分析按时间划分成 1978—1991 年与 1992—2016 年两阶段进行

分析。[①]

(1)1978—1991 年的收入分配情况

因为《中国统计年鉴》未提供 1978—1991 年的资金流量表数据,所以在这一阶段的分析中,我们采用彭爽、叶晓东 2008 年发表在《经济评论》第 2 期的论文《论 1978 年以来中国国民收入分配格局的演变、现状与调整对策》的研究成果(见表 2-1、表 2-2 和图 2-1、图 2-2)。

表 2-1　我国收入初次分配格局状况表(1978—1991)

年份	企业占比(%)	政府占比(%)	住户占比(%)
1978	37.5	12.8	49.7
1979	37.9	12.3	48.8
1980	36.0	12.8	51.2
1981	32.9	13.4	53.7
1982	32.1	13.7	54.2
1983	32.1	13.3	54.6
1984	31.3	13.6	55.1
1985	26.9	15.8	57.3
1986	26.9	15.4	57.7
1987	28.1	14.2	57.7
1988	28.6	13.3	58.1
1989	28.2	13.7	58.1
1990	33.5	13.1	53.4
1991	34.5	13.3	52.2

数据来源:彭爽、叶晓东:《论 1978 年以来中国国民收入分配格局的演变、现状与调整对策》,《经济评论》2008 年第 2 期。

---

① 本书的数据截至 2016 年,部分数据截至 2015 年,因为本书是教育部人文社会科学研究 2015 年立项的一般项目,课题立项启动研究后,由于数据的滞后问题,难以完全采纳最新数据。

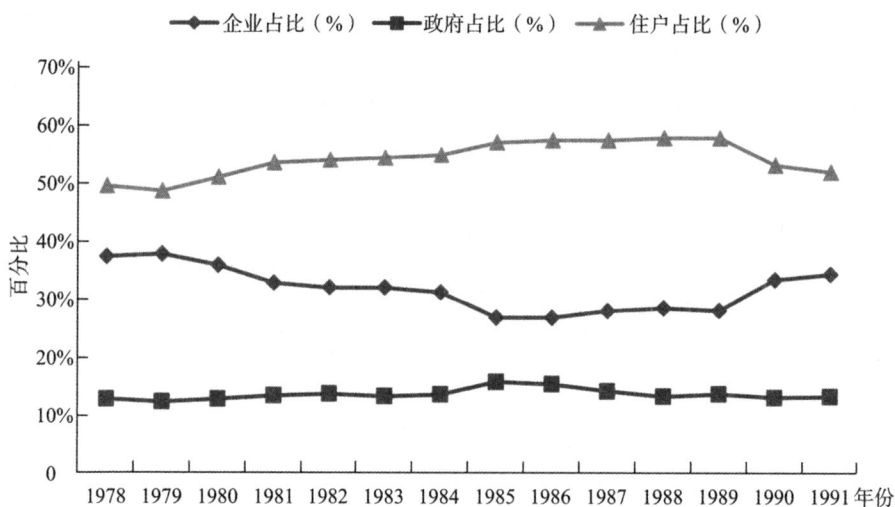

图 2-1　我国收入初次分配格局变化趋势图(1978—1991)

数据来源:彭爽、叶晓东:《论 1978 年以来中国国民收入分配格局的演变、现状与调整对策》,《经济评论》2008 年第 2 期。

表 2-2　我国收入再分配格局状况表(1978—1991)

年份	企业占比(%)	政府占比(%)	住户占比(%)
1978	19.1	31.6	49.3
1979	24.2	20.9	54.9
1980	23.4	18.4	58.2
1981	20.6	17.5	61.9
1982	21.2	16.3	62.5
1983	20.5	16.7	62.7
1984	19.5	17.0	63.5
1985	16.4	17.8	65.8
1986	18.3	16.1	65.6
1987	20.2	14.1	65.7
1988	21.4	12.0	66.6
1989	21.7	15.4	62.9
1990	23.8	14.5	61.7
1991	24.9	14.3	60.8

数据来源:彭爽、叶晓东:《论 1978 年以来中国国民收入分配格局的演变、现状与调整对策》,《经济评论》2008 年第 2 期。

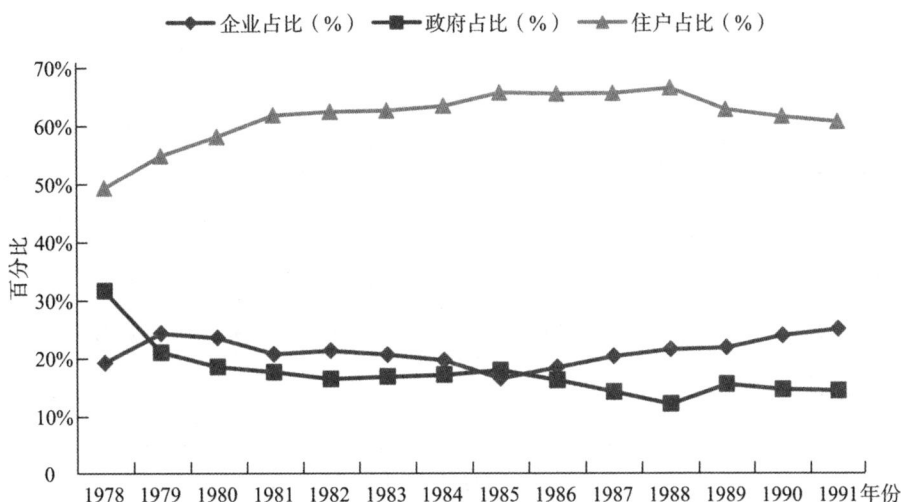

图 2-2 我国收入再分配格局变化趋势图(1978—1991)

数据来源:彭爽、叶晓东:《论 1978 年以来中国国民收入分配格局的演变、现状与调整对策》,《经济评论》2008 年第 2 期。

如图 2-1 所示,在 1978—1989 年间的国民收入初次分配中,企业收入所占份额呈下降趋势,但从 1989 年开始实现回升;政府收入所占份额从 1978 年到 1991 年总体上呈缓慢上升趋势,偶有波动;住户收入(居民)所占份额从 1978 年到 1989 年总体上则呈缓慢上升趋势,偶有波动,从 1989 年开始呈下降趋势。图 2-2 表明在 1978—1991 年间的国民收入再分配中,企业收入所占份额呈波动趋势,其中 1979—1985 年间,呈下降趋势,1985—1991 年间,呈上升趋势;政府收入所占份额总体上呈下降趋势,1988—1989 年间,偶有回升;住户(居民)收入所占份额在 1978—1988 年间呈上升趋势,在 1988—1991 年间呈下降趋势。从再分配中的总体收入份额来讲,住户(居民)占比仍为最高,政府与企业占比波动较大,偶有交叉。

(2)1992—2016 年的收入分配情况

在 1992—2016 年间,我们采用资金流量表中的数据进行分析。资金流量表的国内部分根据经济活动单位的性质,将经济总体分为非金融企业部门、金融机构部门、政府部门和住户(居民)部门,以此为基础按部门分类统计初次分配收入、增加值和可支配收入等指标。本章分析时,采用初次分配收入与可支配收入的数据进行所占份额的计算,为了便于集中考虑实体经济部门,将非金融企业和金融机构合并为企业部门,计算结果如表 2-3、表 2-4,趋势分析如图

37

2-3、图 2-4。

表 2-3 我国收入初次分配格局状况表（1992—2016）

年份	企业占比（%）	政府占比（%）	住户占比（%）
1992	19.06	15.53	65.41
1993	15.43	16.83	67.74
1994	15.92	16.40	67.68
1995	15.15	14.62	70.23
1996	17.24	15.53	67.23
1997	18.12	16.17	65.71
1998	17.53	16.87	65.61
1999	18.07	16.95	64.98
2000	19.72	13.13	67.15
2001	21.40	12.67	65.93
2002	21.57	13.94	64.49
2003	22.28	13.62	64.09
2004	25.12	13.74	61.14
2005	24.52	14.20	61.28
2006	24.74	14.53	60.73
2007	25.65	14.74	59.61
2008	26.61	14.73	58.66
2009	24.73	14.58	60.69
2010	24.51	14.99	60.50
2011	23.95	15.38	60.67
2012	21.85	15.02	63.13
2013	23.83	15.03	61.14
2014	24.67	15.24	60.09
2015	24.16	14.95	60.89
2016	24.33	14.92	60.74

数据来源:国家统计局:《中国统计年鉴（1992—2016 年）》,中国统计出版社 1992—2016 年版。

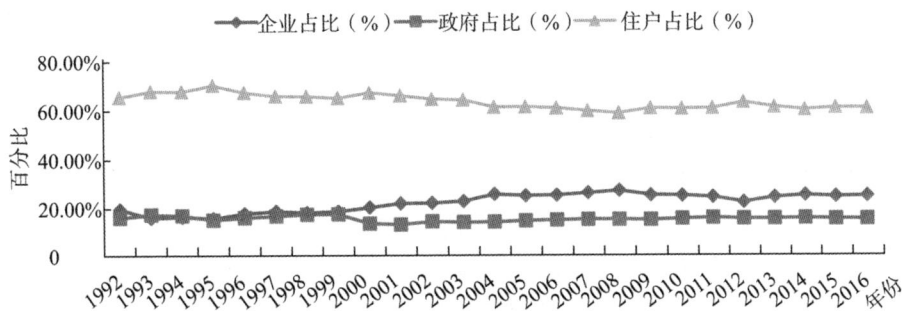

图 2-3 我国收入初次分配格局变化趋势图(1992—2016)

数据来源:国家统计局:《中国统计年鉴(1992—2016 年)》,中国统计出版社 1992—2016 年版。

表 2-4 我国收入再分配格局状况表(1992—2016)

年份	企业占比(%)	政府占比(%)	住户占比(%)
1992	13.33	18.96	67.71
1993	12.91	19.32	67.76
1994	14.59	18.61	66.80
1995	18.24	21.81	59.95
1996	13.57	17.15	69.29
1997	14.37	17.51	68.13
1998	14.33	17.53	68.14
1999	14.31	18.58	67.11
2000	17.94	14.53	67.54
2001	18.92	15.01	66.07
2002	19.34	16.23	64.43
2003	19.94	16.09	63.97
2004	22.51	16.43	61.05
2005	21.60	17.55	60.84
2006	21.54	18.21	60.25
2007	22.10	19.01	58.89
2008	22.74	18.98	58.28
2009	21.19	18.28	60.53

续表

年份	企业占比(%)	政府占比(%)	住户占比(%)
2010	21.19	18.41	60.40
2011	20.03	19.19	60.78
2012	18.48	19.56	61.96
2013	19.80	18.98	61.22
2014	20.50	18.85	60.65
2015	19.81	18.55	61.64
2016	20.06	18.56	61.38

数据来源:国家统计局:《中国统计年鉴(1992—2016年)》,中国统计出版社 1992—2016年版。

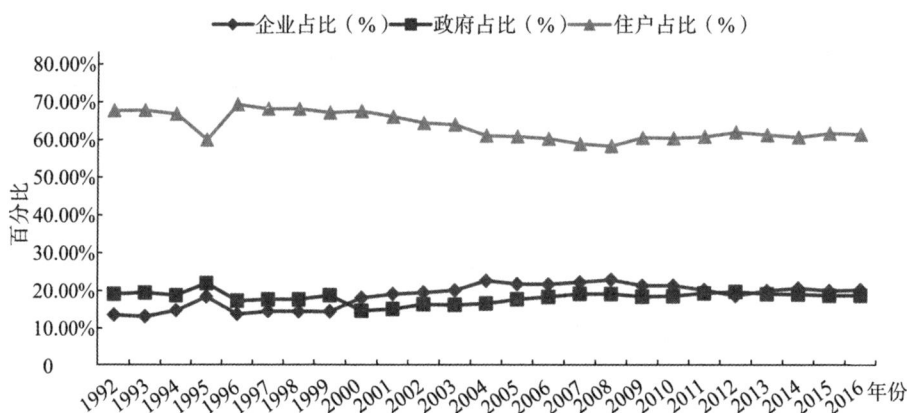

图 2-4　我国收入再分配格局变化趋势图(1992—2016)

数据来源:国家统计局:《中国统计年鉴(1992—2016年)》,中国统计出版社 1992—2016年版。

如图 2-3 所示,在 1992—2016 年间的国民收入初次分配中,企业收入所占份额总体上则呈缓慢上升趋势,偶有波动;政府收入所占份额总体上呈缓慢下降趋势,偶有波动;住户(居民)收入所占份额呈反复波动变化趋势,在 1995 年、2008 年、2012 年分别达到峰值。如图 2-4 所示,在 1992—2016 年间的国民收入再分配中,企业收入所占份额总体上则呈缓慢上升趋势,偶有波动;政府收入所占份额总体上呈缓慢下降趋势,偶有波动;住户(居民)收入所占份额呈反复波动变化趋势。从总体收入份额来讲,住户(居民)占比最高,政府与企业占比波动较多,偶有交叉。

(3)1978—2016 年的收入分配情况综合分析

从图 2-1 与图 2-2 中可以看到,政府收入占比变动趋势较小,而企业与住户(居民)的变动较为显著。政府部门的增加值主要用于支付行政和事业单位公务人员的工资和福利,除了固定资产折旧,几乎没有其他的资本收入,所以结合图 2-1 与图 2-2 的变动趋势可以看出,政府部门的收入占比除 1992—1999 年,均呈下降趋势,而企业与住户(居民)的收入占比变动则呈现了 U 形变化和倒 U 形变化。这是因为 20 世纪 90 年代,"工资侵蚀利润"的现象造成了企业收入占比下降而住户(居民)收入占比上升。1996 年以后出现了要素收入分配向资本倾斜的趋势,20 世纪 90 年代中期国有企业改制的大规模推广和私营企业的蓬勃发展,由此造成国有企业减少引起企业收入占比下降,下岗工人则通过参加个体经营活动成为个体工商户从而实现了再就业,住户(居民)收入比重因此上升,如图 2-2 所示,1996 年以后住户(居民)占比开始下降,这其中部分原因是三次产业内部劳动收入份额的下降使得总体的劳动收入份额产生向下变动的趋势。2004 年开始,住户(居民)占比又开始明显地下降,这其中部分是由统计口径的变化所造成的,我国是按登记注册类型统计城镇和乡村的个体经济就业人数,由此存在大量未登记的个体经济就业人数。例如,2004 年个体就业人数在《中国统计年鉴》中为 4587.1 万人[1],而在《中国经济普查年鉴》中则为 9422.4 万人。[2] 如果将个体经济考虑进去的话,劳动报酬会提高,住户(居民)的劳动收入占比也将会提高。但是因为统计口径的变化,个体经济中业主的劳动报酬和经营利润从劳动报酬划归到营业利润,要素收入向资本倾斜的趋势进一步加剧

2. 基于基尼系数的收入分配差距分析

基尼系数(Gini Coefficient)是用于判断一个国家或地区收入分配差距的指数,表示占人口总数一定百分比的社会成员所拥有的收入额在全部居民收入总额中所占的比重。基尼系数越低,说明分配平均程度越高,贫富差距越小,反之则贫富差距越大。国际上通常把 0.4 作为收入分配差距的"警戒线",在 0.4～0.5 之间表示收入差距较大,在 0.6 以上表示收入差距悬殊。[3] 在分

---

[1] 国家统计局:《中国统计年鉴》,中国统计出版社 2005 年版。

[2] 国家统计局:《中国经济普查年鉴》,中国统计出版社 2005 年版。

[3] 李绍东:《中国库兹涅茨曲线的拐点何时出现?——基于基尼系数的预测》,《重庆工商大学学报》(社会科学版)2010 年第 3 期。

析了企业、政府和居民的收入占比之后,要更为清晰地描述收入分配的变化状况,可以应用基尼系数进一步衡量我国的收入分配差距。基尼系数统计结果如表 2-5,基尼系数变化趋势结果如图 2-5。

表 2-5　基尼系数变化情况(1978—2016)

年份	基尼系数	年份	基尼系数
1978	0.2407	1998	0.3918
1979	0.2406	1999	0.4043
1980	0.2889	2000	0.4093
1981	0.2843	2001	0.4204
1982	0.3000	2002	0.4462
1983	0.2840	2003	0.4566
1984	0.2400	2004	0.4558
1985	0.2858	2005	0.4588
1986	0.2822	2006	0.4609
1987	0.2959	2007	0.4625
1988	0.3290	2008	0.4637
1989	0.3130	2009	0.4633
1990	0.3289	2010	0.4542
1991	0.3493	2011	0.4480
1992	0.3523	2012	0.4700
1993	0.3742	2013	0.4700
1994	0.3875	2014	0.4690
1995	0.3794	2015	0.4620
1996	0.3728	2016	0.4650
1997	0.3598		

数据来源:1978—1999 年基尼系数引自李绍东:《中国库兹涅茨曲线的拐点何时出现?——基于基尼系数的预测》,《重庆工商大学学报》(社会科学版)2010 年第 3 期;2000—2011 年基尼系数引自张吉超:《劳动收入份额对个人收入分配基尼系数的影响分析》,《统计与决策》2017 年第 21 期;2012—2016 年基尼系数来源于国家统计局:《中国统计年鉴(2012—2016 年)》,中国统计出版社 2012—2016 年版。

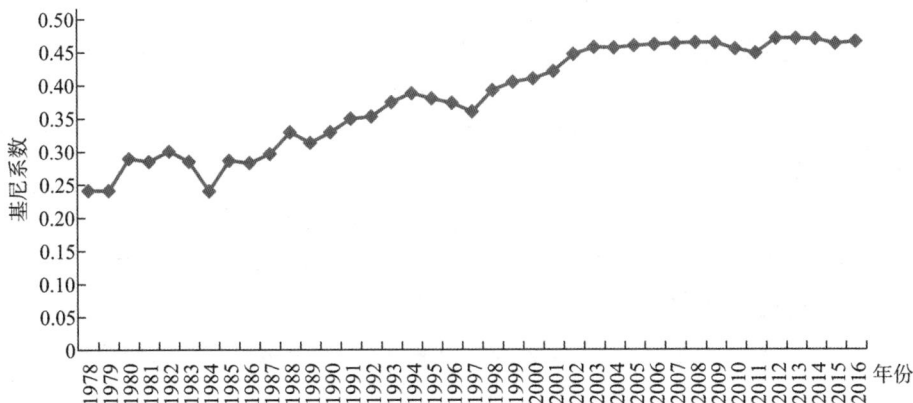

图 2-5　基尼系数变化趋势(1978—2016)

数据来源:1978—1999 年基尼系数引自李绍东:《中国库兹涅茨曲线的拐点何时出现?——基于基尼系数的预测》,《重庆工商大学学报》(社会科学版)2010 年第 3 期;2000—2011 年基尼系数引自张吉超:《劳动收入份额对个人收入分配基尼系数的影响分析》,《统计与决策》2017 年第 21 期;2012—2016 年基尼系数来源于国家统计局:《中国统计年鉴(2012—2016 年)》,中国统计出版社 2012—2016 年版。

改革开放以来,随着居民收入渠道多元化、收入格局多样化以及改革过程中对利益格局的重新调整,居民收入差距被不断拉大。改革开放初期,我国是世界上居民收入分配最平等的国家之一,基尼系数仅为 0.2407(见表 2-5)。在同一时期的亚洲发展中国家中,印度的基尼系数为 0.42(1976 年),泰国的基尼系数为 0.47(1976 年),韩国的基尼系数为 0.36(1980 年),菲律宾的基尼系数为 0.43(1985 年),其收入分配失衡程度明显要高于我国。[①] 改革开放后的 5 年里,基尼系数扩大到了 0.3000(1982 年),1996 年基尼系数扩大到了 0.3728,1999 年超过 0.4。从图 2-5 中可见,1978—2003 年我国的基尼系数一直处于较为剧烈的变化之中,2003—2016 年基尼系数的变化逐渐放缓。其中,20 世纪 70 年代末期到 80 年代中期,受农村经济改革后农民收入迅速增加的影响,城乡差距出现缩小的趋势,全国基尼系数增速放缓。20 世纪 90 年代后期,由于粮食价格上涨、农民收入快速增加的影响,城乡差距出现了缩小的趋势。从 2003 年开始,我国的基尼系数就处于一个较为稳定的状态。

----

① 周红利:《中国居民收入分配的历史演变:1978—2013》,《中国流通经济》2014 年第 7 期。

二、改革开放以来收入分配格局变化趋势的原因探讨

形成合理有序的收入分配格局,需要在对改革开放以来收入分配格局变化趋势分析的基础上,厘清变化背后的原因。大多学者从经济发展的角度剖析收入分配格局形成及变化的原因,一些学者提到体制影响的因素,[①]本章从体制改革、政策变迁、经济发展三个方面,探讨收入分配格局变化的原因。

1. 体制改革因素

从体制改革的角度上看,改革开放以来,收入分配格局变化的趋势首先导源于贸易开放的持续效应。对外开放作为我国的基本国策,与其他体制性因素互相作用,对收入分配格局变化产生的影响是巨大的。韩军、刘润娟、张俊森认为对外开放促进了劳动力流动,从而也影响了中国的收入分配,但其对收入差距的影响在不同时期有所差异,对城市与农村的影响也截然不同。[②] 此外,普遍认同的观点是,贸易开放会导致一个国家的收入不平等程度逐渐加深,许多学者对此进行了实证研究,证明贸易开放度与基尼系数存在正向关系。一个证据是,2008 年之后,随着贸易额占比的下降,收入不平等程度随之得到缓解。[③] 2009 年开始至 2012 年,初次分配中居民收入占比呈现逐渐回升趋势(从 2009 年的 60.69% 回升到 2012 年的 63.13%)。

但是分析贸易开放对于收入分配格局的影响,不能忽略其背后的市场经济制度以及经济转型过程中的其他因素。当我国把建立在比较优势原则基础上的贸易开放作为发展经济、扩大城镇就业的重要手段时,贸易开放会通过贸易条件约束、所有制结构及分配制度变革、非均衡经济增长限制等途径对我国居民收入分配均衡产生不利影响,并且每一个传导机制都不是孤立地在起作用,而是与其他传导机制连接在一起共同发挥作用,从而进一步放大了中国经济在从二元结构向一元结构过渡进程中的居民收入差距。从本质上说,正是非公有制经济的发展及市场力量的累积性释放才使对外开放成为诱导中国收

---

① 张亮亮、俞忠英:《如何动态考察收入分配的长期趋势和影响》,《学习与探索》2015年第 3 期。

② 韩军、刘润娟、张俊森:《对外开放对中国收入分配的影响——"南方谈话"和"入世"后效果的实证检验》,《中国社会科学》2015 年第 2 期。

③ 曹博:《贸易开放度、FDI、财政分权对收入分配的影响》,《经济问题探索》2015 年第 1 期。

入分配失衡的重要因素。① 具体而言,改革开放后,我国实行了发展轻工业、积极对外开放等重要举措,随着工业的发展,农村廉价劳动力得到吸收,依靠劳动密集型产业,我国参与国际分工的比较优势出现。但由于贸易条件的约束,加上劳动力十分丰裕,分配方式也从按劳分配向按要素分配转变,劳动要素的地位低于资本要素,为了推动经济进一步发展,对外开放与发展区域经济的结合,造成了区域收入分配的差距扩大,进一步加剧了整体收入分配差距。

　　除了贸易开放的持续效应,体制改革因素导致收入分配格局的变化还和劳动报酬制度的改革相关。市场化改革以来,收入分配由按劳分配逐步向按劳分配和按要素分配相结合的方式转变,资本、土地、技术知识等要素获得的收入在个人获得收入中所占的比重越来越大,对政府、企业、居民的收入占比产生了相应的影响,资本要素获取收益的能力大幅提高,国民收入分配格局中的企业收入占比在很长时间内呈现上升趋势;国家对土地的掌控能力也保证了政府的收入来源,劳动要素参与分配的比例即劳动者报酬受到一定程度的挤压,而劳动报酬下降则是普遍认同的导致居民收入下降的重要原因。相关研究表明,财产收入和转移收入对居民在国民收入分配中的比重的影响并不显著,而营业盈余和劳动报酬的变化则是主要原因,劳动报酬占比从 2000 年的 53.03% 下降到 2008 年的 47.18%,2013 年的 51.31%,几乎与居民收入保持了相同的 U 形变化趋势。②

　　近些年来,随着劳动力资源逐渐转向结构性短缺,劳动力成本上升,我国不断加强对普通劳动者收入的保护力度,③劳动者地位有所改善,但劳动报酬机制仍然需要改进。劳动报酬机制中,劳动者话语权的变化很大程度上决定了劳动报酬,进一步影响了居民收入。在企业内部,劳资关系的实质性不对等是劳动报酬失衡、收入分配差距拉大的原因,劳动者在工资和福利谈判中缺少话语权,导致劳动者报酬往往无法随企业效益增长而同步提高。④ 职工工资增长机制和最低工资制度得到不断完善和落实,使得近年来我国劳动者报酬

　　① 刘国晖、张如庆:《贸易开放如何影响了我国居民收入分配——一个马克思主义的解说》,《经济问题探索》2017 年第 5 期。

　　② 徐瑾:《国民收入分配格局演化对跨越中等收入陷阱的影响研究》,《经济问题探索》2016 年第 11 期。

　　③ 朱高林、邢立维:《新常态下我国居民收入分配格局的新变化》,《怀化学院学报》2016 年第 12 期。

　　④ 刘尚希、傅志华、韩晓明等:《"十三五"期间提高居民收入和调整国民收入分配格局的方向和重点政策研究》,《经济研究参考》2015 年第 62 期。

实现了较快增长,但工资集体谈判制度的不完善导致普通劳动者收入形成过程没有保障。[①] 由于收入分配状况根本上决定于权力结构以及决策权归属,体现了基于力量的博弈均衡[②],劳动者决策权和话语权的缺失,导致一定程度上资本压制工资的现象扩散。

2. 政策变迁因素

首先,政策变迁因素和户籍制度的改革相关。改革开放之前,为了保证重工业优先发展战略的实施,全国人民代表大会常务委员会于1958年通过了《中华人民共和国户口登记条例》,确定在全国实行户籍管理制度,控制劳动力要素在部门间和地域之间的流动。然而改革开放以后,随着家庭承包制的实施,农村剩余劳动力被释放出来,非农产业活动的高报酬吸引了劳动力的流动和转移,户籍制度改革开始被提上政策议程。1984年,国务院发布了《关于农民进集镇落户问题的通知》,规定凡申请到集镇务工、经商和经营服务业的农民及其家属,有经营能力并在城镇有固定住所,或在乡镇企事业单位长期务工的情况下,可在城镇登记成为常住户口。此后,公安部开始对劳动力在城乡间流动以及户籍属性进行转化调整。1997年5月,公安部发布了《小城镇户籍管理制度改革试点方案》,2001年3月,发布了《关于推进小城镇户籍管理制度改革的意见》,2014年,户籍制度改革开始全面实施,国务院发布了《关于进一步推进户籍制度改革的意见》,提出到2020年努力实现1亿左右农业转移人口及其他常住人口在城镇落户。放松户籍制度改革缓解了城乡之间收入差距,但是缺少立法保障的改革无法达到持续缓解收入分配失衡的效果,必须深化户籍管理制度的改革,减少户籍制度对收入分配带来的消极影响。2017年户籍制度开始实施全面改革,推出了一系列推进农业转移人口市民化,加快实施居住证制度,解决无户口人员登记户口问题,实行居民身份证异地受理,开展户口登记管理清理整顿等便民利民措施。

其次,政策变迁因素与税收政策紧密相关。调节收入分配是税收政策的重要职能。改革开放40多年来,我国经济增长一直保持着较高的水平,但是从20世纪90年代开始,收入分配出现了向政府和企业倾斜的现象,居民之间收入差距也呈现扩大化的趋势,因为税收政策对收入分配具有稳定的正向调

---

① 易定红、张维闳、葛二标:《中国收入分配秩序:问题、原因与对策》,《中国人民大学学报》2014年第3期。

② 朱富强:《市场博弈、权力结构与收入分配机制——剖解中国收入差距扩大的深层原因》,《社会科学辑刊》2015年第4期。

节作用,所以充分发挥税收政策的收入分配调节功能成为重中之重。然而,我国现行的税制结构对居民收入差距的调节力度还比较有限。一般来说,直接税较间接税具有更大的调节作用,因而中共十八届三中全会《中共中央关于全面深化改革若干重大问题的决定》提出,必须深化税收制度改革,完善地方税体系,逐步提高直接税比重。但是实际上,我国仍有70%以上的税收收入来源于间接税,意味着税收收入的绝大部分可作为价格的构成要素而嵌入各种商品和要素的价格之中。[1] 此外,个人所得税在我国不是主体税种,税收收入规模较小,这不仅制约了其收入调节能力,[2]而且个人所得税的起征点设置不够合理,缺乏根据经济增长变化的弹性,导致中低收入人群可支配收入不足,在一定程度上扭曲了公平税赋的原则,造成了事实上的税赋不平等。更为重要的是,财产税难以进行转嫁,能够有效地调节收入分配差距,但是由于我国对于财产的登记和计价等相关工作还落实不够到位,财产税相关政策仍处于进一步完善中。

最后,政策变迁与社会保障制度的收入再分配机制不完善有关。[3] 社会保障制度的本质是通过社会财富的再分配来规避风险,解除居民的后顾之忧,具有收入分配调节作用。改革开放以来,我国的社会保障制度虽然有效缩小了高收入群体和低收入群体内部的收入分配差距,却扩大了两者之间的收入差距。我国的社会保障制度在缴费水平、待遇水平、项目设置方面存在着地区间差异过大的问题。在经济发展较快的地区,养老金盈余较多,而在经济发展落后地区,养老金则存在着"入不敷出"的困境。此外,目前我国的社保基金还处于实现省级统筹的阶段,离全国统筹还有着较远的距离,社会保障制度因此未能实现真正意义上的风险共担,未达到缩小收入差距的目的。更重要的是,我国社会保障制度还存在忽视公平倾向,企业年金与职业年金的设置实际上拉开了企业职工与国家机关事业单位人员的待遇水平。

3. 经济发展因素

除了体制改革和政策变迁因素,还要考虑经济发展因素对改革开放以来收入分配结构变化趋势的影响。

---

[1] 高培勇:《论完善税收制度的新阶段》,《经济研究》2015 年第 2 期。

[2] 胡文骏:《中国个人所得税逆向调节收入分配的 PVAR 分析》,《山西财经大学学报》2017 年第 1 期。

[3] 万莹:《我国税收政策与社会保障政策收入再分配效应比较》,《税务研究》2016 年第 9 期。

　　首先,二元经济结构的影响。根据库兹涅茨曲线,在经济从不发达阶段到发达阶段的发展过程中,当经济位于工业化过程的初期,不平等程度一般都会上升,随着经济的进一步发展,不平等程度则会慢慢下降。[①] 改革以来的经济发展过程中,二元经济的发展模式对收入分配不平等的持续上升产生了更大的影响。众所周知,新中国成立后,我国采取的是城乡分治的二元经济政策,社会经济发展的重点在城市经济和工业上,农业的支持比较少。改革开放后,虽然农村大量劳动力不断向城镇非农部门转移,城镇化速度不断加快,但是中低收入劳动者的收入水平低、收入增长缓慢,整体劳动力的继续上升还会进一步延缓工资的上升。[②] 非农劳动者的工资水平并不取决于其边际劳动生产率,而是由农业部门的收入决定,因为只要非农部门的工资高于农业就业的收入,就会继续吸引农村劳动力向非农部门转移。加上长期以来存在工农业产品价格的"剪刀差",农业劳动力价格较低,由此转移到非农部门的农村劳动力的工资也相对较低。[③] 此外,改革开放以来国家实施的是东部优先发展的战略,而西部地区发展政策很少(2001 年开始实施"西部大开发政策"),使得东西部居民收入差距拉大,进一步加剧了城乡发展机会的不平等。[④]

　　其次,行业垄断的影响。20 世纪 90 年代以来,我国行业间的利润差距越来越大,而且逐渐向少数垄断程度高的行业集中,这些垄断行业职工的平均工资增速较快,扩大了居民间收入差距。现阶段处于垄断地位的行业有电讯、金融、烟草、铁路、电信、石油、化工等,这些垄断行业的职工的薪资待遇高于竞争行业。[⑤] 2016 年国家统计局的数据表明,各行业年平均工资 67569 元,工资最高的 5 个行业为信息传输、软件和信息技术服务业 122478 元,金融业 117418元,科学研究和技术服务业 96638 元,电力、热力、煤气及水生产和供应业83863 元,卫生和社会工作 80026 元。工资最低 5 个行业为农、林、牧、渔业33612 元,住宿和餐饮业 43382 元,居民服务、修理和其他服务业 47577 元,水

　　① 王弟海:《我国收入分配格局的变迁和现状:原因、影响及其对策》,《社会科学辑刊》2012 年第 3 期。

　　② 张桂文、孙亚南:《二元经济转型中收入分配的演变》,《中国人口科学》2013 年第5 期。

　　③ 郑宏、李保华:《农地流转、分工演进与二元经济结构转化》,《理论月刊》2013 年第7 期。

　　④ 程海涛:《国民收入分配失衡及对策》,《中国集体经济》2017 年第 9 期。

　　⑤ 何玉长、史玉:《论新常态经济下的收入分配制度改革》,《深圳大学学报》(人文社会科学版)2015 年第 3 期。

利、环境和公共设施管理业 47750 元,建筑业 52082 元。[①] 垄断行业的过高收入不仅会造成收入分配不公问题,也会导致人们心理失衡,推进垄断行业收入分配制度改革,是解决收入分配不公的重要环节。

最后,市场要素价格不完善的影响。改革开放初期,中国经济总量低,生产要素的基本特征是资本稀缺而劳动相对丰富。为了获得经济发展速度,只能通过强制性制度安排扭曲生产要素价格,从而形成了低工资、低资源价格和低地租的负向要素价格影响。加上出口导向战略的实施,在金融市场上国家实行了严格的金融管制政策,通过压低存款利率并维持一定的存贷利差,商业银行从中获得利差收益,同时由于存款利率低,企业从银行的贷款利率也相应降低,企业需要支付的利息成本减少,促使企业密集使用资本。这种对利率的人为压低相当于对居民储户隐性征税,使得居民的利息收入减少。[②] 从收入分配的角度看,出口导向战略和金融市场管制加大了收入差距。改革开放至今,市场要素价格依旧不完善,劳动报酬相较资本和土地等生产要素所占初次分配比重呈下降趋势,劳动力无法按照实际的工资价格进行有效流动,分配时也不能完全按照劳动力要素的贡献进行分配。[③] 特别是农村剩余劳动力的不断转移为制造业和生产性服务业提供了大量的劳动要素,这些要素由于具有同质性特征而在劳动力市场上形成了激烈的竞争,从而使得劳动者工资无法对劳动力市场供过于求的状况做出有效的反应,因而劳动者工资长期处于较低的水平,且相对于资本报酬来说具有下降的趋势。[④] 与此同时,由于信贷结构失衡问题,众多中小微企业只能通过民间资本融资,企业融资成本居高不下,这对吸纳就业人员最多的中小微企业而言,只能凭借削减劳动者报酬来平衡总体成本。[⑤] 此外,土地要素价格的扭曲也对收入差距产生了显著的影响,主要体现在土地流转的收入分配过程中,土地征地不能按照市场价格进行分

————————

① 《2016 年城镇非私营单位就业人员年平均工资 67569 元》,http://www.gov.cn/xinwen/2017-05/2content_5197576.htm,访问日期:2018 年 1 月 20 日。

② 林雪、林可全:《中国要素价格扭曲对经济失衡的影响研究》,《上海经济研究》2015年第 8 期。

③ 李子联:《中国收入分配格局:从结构失衡到合理有序》,《中南财经政法大学学报》2015 年第 3 期。

④ 龚刚、杨光:《从功能性收入看中国收入分配的不平等》,《中国社会科学》2010 年第 2 期。

⑤ 韩平、吴呈庆:《要素价格扭曲及对经济结构的影响研究》,《哈尔滨商业大学学报》(社会科学版)2012 年第 5 期。

配,这种由制度设计导致的土地要素的价格扭曲,使农民在土地收益出让的分配中处于不公平的位置。[1]

三、改革开放以来收入分配格局变化趋势的社会影响

改革开放在使我国经济发展取得巨大成就的同时,也使我国的收入分配格局发生了重大的变化,这种变化的影响有其积极的一面,在市场经济条件下,按劳分配和各种生产要素共同参与分配,有差异性的收入分配实现了对经济主体的有效激励,推动国民经济的持续增长,提高了人们的生活和福利水平,为社会稳定和政治稳定打下了坚实的基础。毋庸讳言,收入分配格局的变化对我国的经济、社会和政治等方面也存在不利的影响。

1. 对经济发展的影响

收入分配格局的变化会对经济发展产生影响,尤其是不合理的收入分配格局会从消费与投资、国际收支、货币供给与实体经济等方面影响经济的均衡和可持续发展。

一是消费与投资。劳动收入份额的减少对于居民消费需求的制约作用是显而易见的,收入分配差距是导致居民消费不振一个重要因素。[2] 当收入分配差距扩大时,低收入人群的购买力会受到限制,而富裕群体的边际消费倾向低,进而会导致内需不足。[3] 换言之,在国民收入分配格局中,政府、企业收入占比不断上升,居民收入占比下降的趋势,是导致消费率持续低迷的重要原因。2008 年以来,居民收入占比开始缓慢上升,居民消费率几乎呈现出相同的趋势(见图 2-6)。但居民可支配收入占国民可支配总收入比重仍然低于发达国家平均水平,这对扩大居民消费需求产生负面影响。[4] 经验表明在一国人均收入由低向高的发展过程中,居民消费将经历贫困性消费、消费率的直线下降、转折性上升、稳步攀升等主要阶段,消费率增长曲线呈现 U 形。目前我

---

① 杨思飞:《我国现阶段收入分配的主要问题及对策》,《未来与发展》2017 年第 10 期。

② 杨天宇:《国民收入分配格局对居民消费需求的扩张效应》,《学习与探索》2012 年第 2 期。

③ 靳涛、邵红伟:《最优收入分配制度探析——收入分配对经济增长倒"U"形影响的启示》,《数量经济技术经济研究》2016 年第 5 期。

④ "当前宏观收入分配格局研究"课题组:《当前我国宏观收入分配格局研究》,《调研世界》2015 年第 11 期。

国正处于消费率 U 形曲线的爬坡阶段,仍有较大提升空间。[①]

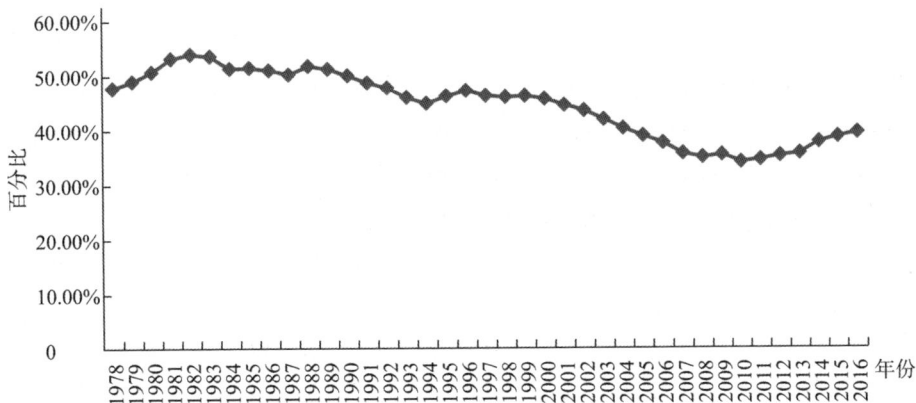

图 2-6　1978—2016 居民消费率变化情况

数据来源:国家统计局:《中国统计年鉴(1978—2016 年)》,中国统计出版社 1978—2016 年版。

更严重的是,居民消费不足会导致总需求不足,为保持经济增长,政府不得不扩大投资。而且作为政府最容易影响经济增长的变量,在晋升激励机制的引导下,为了经济的快速增长,(地方)政府通过投资来推动经济增长的内生动力。[②] 与此同时,企业在国民收入中占比的提升为其投资扩张提供了条件,实证分析发现,充足现金流使得企业管理者更易扩大总投资水平。[③] 政府和企业投资冲动的叠加作用之下,高投资成为中国经济发展的常态。随着中国的经济发展进入新常态,依靠低廉的劳动力成本,以高出口、高投资、高污染为特征的传统发展模式已难以为继,以创新驱动为目标的经济转型成为必然选择,形成合理有序的收入分配格局也是经济新常态的必然要求。

二是国际收支。在经济全球化中国民收入分配格局的变化会引起国际收支的变化。21 世纪前十年左右,我国国际收支持续失衡,2012 年后随着经济发展步入新常态,资本项目由净流入转为净流出,呈现"经常项目顺差、资本项

---

① 邹蕴涵:《我国居民消费率发展趋势分析》,《宏观经济管理》2017 年第 9 期。

② 刘瑞明、白永秀:《晋升激励、宏观调控与经济周期:一个政治经济学框架》,《南开经济研究》2007 年第 5 期。

③ 程仲鸣、夏银桂:《控股股东、自由现金流与企业过度投资》,《经济与管理研究》2009 年第 2 期。

目逆差"的国际收支格局。[①] 2011 年之前的国际收支失衡与国民收入分配格局变化的影响是分不开的,在当时的经济发展模式下,高投资并不能完全弥补由居民消费不足导致的总供求失衡,尽管投资创造需求,但从长期效果来看,投资会创造更多的供给,这些供给由投资品和消费品共同构成,不断增长的高投资能够吸收投资品,但对持续增加的消费品供给无能为力,因此在国内总需求不足时,过剩的消费品必须通过出口加以释放。[②] 此外,一国生产要素(特别是劳动和土地)成本的高低是影响外商直接投资进入的重要因素。20 世纪90 年代以来,由于国民收入分配向政府和企业倾斜,这对外商在华投资形成了巨大吸引力,劳动密集型产业成为外商直接投资的主要行业,凭借劳动力比较优势我国加入了全球分工体系,有效地促进了加工贸易净出口的顺差。[③] 统计数据表明,外商在华直接投资量从 2000 年的 407 亿美元迅速增长到2010 年的 1147 亿美元,2015 年外商直接投资达到 1356 亿美元。[④] 这是构成资本与金融项目差额常年顺差的主要原因。党的十八大后,国民收入分配格局失衡的趋势得以改善,居民收入占比得到提高,居民收入的增加致使消费需求渐长,促进了对外投资的发展。

三是货币供给与实体经济。收入分配格局的变化往往会引发经济领域里的连锁反应。对改革开放以来我国实体经济的研究表明,经过多年的持续快速发展,我国实体经济经历了内需基础弱化、外需力度下降、生产成本上涨、税负偏重、投资收益率降低等问题,特别是 2008 年金融危机之后,这一系列问题更为突出。[⑤] 基于 2001—2015 年间我国上市公司相关数据,货币政策的扩张能够促进我国企业投资规模的扩大,但不利于企业投资效率的提高。[⑥] 由于劳动力成本、原材料成本以及融资成本等因素的变化,近年来我国的出口产品在国际上的竞争力趋于下降,继而对实体经济的需求拉动作用也随之下降,但与之对应的货币供给却并未随之消失,从而造成货币供给与实体经济之间失

① 管涛:《国际收支运行新常态》,《中国金融》2015 年第 4 期。
② 吴建军、刘郁:《国民收入分配格局对中国经济失衡的影响》,《财政研究》2012 年第 2 期。
③ 康学真、康成文:《中国国际收支失衡及其影响研究》,《商业时代》2017 年第 9 期。
④ 国家统计局:《中国统计年鉴》,中国统计出版社 2017 年版。
⑤ 怀仁、李建伟:《我国实体经济发展的困境摆脱及其或然对策》,《改革》2014 年第2 期。
⑥ 马红、王元月:《投资规模、投资效率与宏观经济环境——基于我国上市公司经验数据的分析》,《商业研究》2017 年第 3 期。

衡。经济新常态下中国经济需要推动增长动力转换,实现从要素驱动增长到创新驱动增长的转型,创新驱动的核心是要形成创新导向的激励性收入分配结构,如果不能形成激励创新导向性的报酬分配体系,大量的生产性要素被配置到非经济活动领域,就会导致经济结构"脱实向虚"。[①]

2. 对社会稳定的影响

收入分配格局中政府、企业和居民占比的变化不仅会影响经济发展,还会对社会稳定产生影响。

一是加重社会阶层固化。收入分配的影响反映在社会层面,首当其冲的就是对社会阶层形成的影响,收入分配格局影响社会分层进而决定着社会结构的类型。[②] 相关研究表明,人均收入水平与对应的人口比重所形成的关系图有多种形状,能够比较直观地反映出一个经济体在某个时点上的收入分配格局,比如"金字塔型""橄榄型""哑铃型"等。学者陈宗胜和高玉伟提出了"葫芦型"的收入分配格局,全体居民形成两个众数组,收入水平高些的人口比重较小,收入水平低些的人口比重大些,通过对 1985、1990、1995、2002、2005、2007、2010 年的收入分配格局的分析及对我国经济发展水平不同的多个省份的收入分配格局进行分析,他们推断我国目前的收入分配格局正在由"金字塔型"向"葫芦型"转变的结构,有陷入中等收入陷阱的趋势。[③] 在这种社会结构的上端,是拥有大量财富的社会精英群体,包括经济精英、文化精英等,另一端则是大量的弱势群体,包括大多数农民、农民工和城市待业、失业人员等。不合理的收入分配格局形成了不稳定的社会结构,长此以往容易加重社会阶层的固化,处于两极的社会群体都缺乏安全感,高低收入群体之间巨大的利益反差必然形成利益冲突,威胁社会系统的平稳运行。

二是破坏社会公平。社会能否稳定运行与社会成员对自身现实状况的满意程度密切相关,社会不满会导致社会紧张和社会冲突,严重的社会不满甚至会引发社会动荡。在社会比较中,某个体或群体将自己的利益得失作为参照物的其他个体或群体进行比较,若认为自己本应得到的而未能得到,"相对剥夺感"便油然而生。而"相对剥夺感"的强度与收入差距呈正相关,收入差距越

① 权衡:《经济新常态与收入分配:影响机制、发展趋势和应对措施》,《中共中央党校学报》2017 年第 5 期。

② 宋清波:《基于收入分配的社会分层研究》,《学术论坛》2014 年第 8 期。

③ 陈宗胜、高玉伟:《论我国居民收入分配格局变动及橄榄形格局的实现条件》,《经济学家》2015 年第 1 期。

大,收入分配格局越不合理,低收入群体的"相对剥夺感"就越强烈。社会成员身心和谐是社会稳定的重要前提,收入差距过大影响低收入群体的身心和谐,使之心理失衡,这突出表现为低收入群体"相对剥夺感"的显性化。[①] 这就是说,不合理的国民收入分配格局会破坏社会公平,社会成员尤其是低收入群体感受到不公平会产生对社会现状的不满,当这种社会不满积累乃至爆发,可能产生社会不稳定的后果,加剧社会矛盾和社会冲突。

三是引发流动人口的隐患。改革开放以来,农村中的低收入人口、贫困地区的人口出于对富裕生活的向往和追求,受到经济利益的驱动,源源不断地从本地流出,形成了向经济发达地区流动的态势,大城市的外来人口大幅增多。人口流动会对人口的地区分布和城乡分布产生重要影响,我国人口流动方向与人口地区分布变化是一致的。[②] 收入分配格局不合理,劳动要素报酬偏低,当基本的生存受到威胁时,流动人口中部分思想道德低下者便可能走上危害社会治安乃至违法犯罪的道路。程建新等人通过汇集和分析 2010 年中国地级以上 306 市(地州盟)检察机关数据,结合对 5 个省(自治区)9 位公安、检察人员的访谈,发现人口流动程度与起诉率显著相关,即人口流动与全部犯罪关联度高,但居住状态作为空间结构性力量,与较严重犯罪关联更紧密。[③] 因此,流动人口能否完成社会融入对于社会稳定是至关重要的。研究经验表明,流动人口的总体社会融入水平一般,制度约束和结构排斥使得经济和社会方面的融入进程严重滞后于文化和心理方面的融入。[④]

3. 对政治领域的影响

收入分配问题既是一个经济问题,更是一个政治问题。收入分配格局的变化趋势,尤其是不合理收入分配格局的形成,也会对政治领域产生影响。20世纪六七十年代以来,西方学者在探讨政治稳定与经济增长的关系问题时,开始关注收入分配格局与国家政治稳定之间的关系。大多数研究都认为,收入分配格局不合理会导致政治不稳定,而政治不稳定会导致投资缩减并威胁到产权的稳定。因为收入分配格局不合理会增加社会的不满,导致社会的动荡。而后者会大大地增加政变、革命和大面积暴力活动的可能性,或者更一般地,

---

① 李吉雄:《我国收入分配格局的演变、影响和调整》,《求实》2010 年第 12 期。

② 邹湘江:《基于"六普"数据的我国人口流动与分布分析》,《人口与经济》2011 年第 6 期。

③ 程建新、刘军强、王军:《人口流动、居住模式与地区间犯罪率差异》,《社会学研究》2016 年第 3 期。

④ 杨菊华:《中国流动人口的社会融入研究》,《中国社会科学》2015 年第 2 期。

会增加政策的不确定性并威胁到产权的稳定。在《收入分配、政治不平等和投资》一文中,艾利斯纳和佩罗剔(Alberts Alesina and Roberto Perotti)研究了政治不稳定和投资的关系,指出"政治的不稳定主要通过三个途径影响到投资。首先,可能会使不断积累型的要素赋税预期水平提高;其次,因为社会动荡显现会干扰生产行为,这会导致劳动和资本的生产率下降;最后,由于政治的不稳定会增加不确定性,这会导致投资银行延迟项目,向外投资(资本外流)或简单地进行更多消费"。① 更进一步说,当社会动荡扩散,对财产权利的保护就会变得不确定,从而威胁到财产权利制度的建立。

为了解决经济发展进程中不合理的收入分配格局引致的消极影响,必须倡导实施再分配与增长并重的发展政策,政府的政策应规划发展的模式,以使低收入的生产者可以得到更多的获利机会,并能得到必需的资源。为了达到这一目的,有七类政策工具可供采用:一是鼓励非熟练劳动力进一步就业;二是鼓励创建穷人所拥有的资产,实现动态再分配;三是加强教育,提高识字率和技术水准;四是加强累进税制,通过税收性融资的国家社会福利进行市场收入再分配;五是由政府向穷人提供消费品;六是对商品市场进行干预,帮助贫困的生产者和消费者;七是开发有助于低收入工人提高劳动生产率的新技术。②

---

① 杰拉尔德·梅尔、詹姆斯·劳赫:《经济发展的前沿问题》,黄仁伟、吴雪明等译,上海人民出版社 2004 年版,第 449 页。

② 吉利斯、波金斯、罗默等:《发展经济学》,彭刚、杨瑞龙等译,中国人民大学出版社 1998 年版,第 87 页。

第三章 促进发展成果共享调整收入分配格局的实践探索

《中共中央关于制定国民经济和社会发展第十一个五年规划的建议》指出,必须合理调节收入分配,着力提高低收入者收入水平,逐步扩大中等收入者收入比重,有效调节过高收入,规范个人收入分配秩序。中国共产党第十六次全国代表大会以来,通过推进居民收入增长和经济发展同步、劳动报酬增长和劳动生产率提高同步,提高居民收入在国民收入分配中的比重,提高劳动报酬在初次分配中的比重,在深化收入分配制度改革方面进行了积极有益的探索,对 2002 年以来促进发展成果共享、深化收入分配改革的实践探索进行归纳和总结,从中找出规律性的东西,这对建构合理有序的收入分配格局、把握国民收入分配机制问题并提出相应的对策措施具有重要意义。

一、促进发展成果共享调整收入分配格局的实践历程

国民收入分配格局是一个社会基本经济状况的重要表现形式,它直接决定着社会的基本利益关系。新中国成立以来,我国的收入分配经历了一个由"平均主义"到"效率优先、兼顾公平",逐步向"效率与公平并重"过渡,再到"更加注重社会公平"的不断深化的发展阶段。[①] 尤其是党的十六大首次提出要保证人民共享发展成果以来,形成合理有序的收入分配格局就成为收入分配制度改革的核心。

1. 第一阶段:2002—2007 年

在党的十六大报告中,"按要素分配"进一步深化为"确立劳动、资本、技术和管理等生产要素按贡献参与分配的原则",肯定了要素参与分配的合法地位。第一次提出要扩大中等收入者比重,提高低收入者收入水平,这为之后提出建构橄榄型收入分配格局奠定了基础。更为重要的是,党的十六大报告中指出,在有条件的地方,要探索建立农村养老、医疗保险和最低生活保障制度,

---

① 常兴华、李伟:《我国国民收入分配格局研究》,《经济研究参考》2012 年第 21 期。

这是我国在建立健全社会保障制度方面向前迈进的一大步。① 这一阶段为促进发展成果共享采取的主要措施包括以下几个方面：

一是继续深化企业薪酬制度改革。要求企业工资总额同经济效益挂钩，加强对企业工资总额发放的调控，扩大工资指导线、劳动力工资指导价位和人工成本信息指导制度实施范围，全面建立最低工资制度。许多企业经营者开始探索实行年薪制，部分企业试行了股权激励办法，绝大多数企业建立了以岗位工资为主的基本工资制度和科技人员收入分配激励机制，实行按岗位、按任务、按业绩定酬的办法，部分企业进行了企业内部职工持股、技术要素入股等试点。②

二是推进机关事业单位工资制度改革。《事业单位工作人员收入分配制度改革方案》与《事业单位工作人员收入分配制度改革实施办法》的颁布，标志着事业单位岗位绩效工资制度开始实行。岗位绩效工资由岗位工资、薪级工资、绩效工资和津贴补贴四部分组成，岗位工资和薪级工资为基本工资，其中薪级工资按照工作人员本人套改年限、任职年限和所聘岗位，结合工作表现，套改相应的薪级工资。同时实施的还有《公务员工资制度改革方案》，取消原有的基础工资和工龄工资，强调级别与工资待遇等适当挂钩。还完善了机关工人岗位技术等级（岗位）工资制，技术工人仍实行岗位技术等级工资制，基本工资构成由现行岗位工资、技术等级（职务）工资和奖金三项调整为岗位工资和技术等级（职务）工资两项；普通工人仍实行岗位工资制，基本工资由现行岗位工资和奖金调整为岗位工资一项。实施地区附加津贴制度，实行年终一次性奖金等。

三是建立农业补贴制度。政府逐步加大农业投入，从 2003 年起开始逐步建立起包括种粮直补、良种补贴、农机购置补贴和农资综合直补"四大补贴"为主的农业补贴制度。从 2004 年起，在全国范围内实行粮食直补，主要用于对主产区种粮农民的补贴。2004 年 3 月 23 日，国务院召开的全国农业及粮食工作会议提出，要尽可能在春播之前兑现部分补贴资金，全部补贴资金要在上半年基本兑现到农户。良种补贴指国家通过建立良种推广示范区，对农民选用农作物良种并配套使用良法技术进行的资金补贴，目的是支持农民积极使

---

① 徐慧、刘嗣明：《十六大对市场经济体制下收入分配理论的贡献》，《理论月刊》2004年第 1 期。

② 全国人大财经委专题调研组：《国民收入分配若干问题研究》，中国财政经济出版社 2010 年版，第 30～31 页。

用优良作物种子,提高良种覆盖率,增加农产品产量,改善产品品质等。截至
2009年,全国31个省(自治区、直辖市)实行了对水稻、小麦、玉米、棉花的全
覆盖补贴。农业机械购置补贴资金指中央财政和地方财政为农民和农业生产
经营组织购买国家支持推广的先进适用的农业机械给予的补贴。补贴区域内
的补贴对象提出购机申请,通过资格审查后签订购机补贴协议,农民只需交纳
扣除补贴金额后的差价款即可提货,补贴资金由财政部门统一与供货方结算。
2004—2012年,中央财政累计安排农机购置补贴资金744.7亿元。农资综合
直补指政府对农民购买农业生产资料(包括化肥、柴油、种子、农机)实行的一
种直接补贴制度。在综合考虑影响农民种粮成本、收益等方面的变化因素,通
过农资综合直补及各种补贴,来保证农民种粮收益的相对稳定,促进国家粮食
安全。此外,国家还设立了测土配方施肥补助、科技入户补贴、农民教育培训
补贴、农业保险补贴、农业救助补贴、产量大县奖励补助等多种补贴。

四是全面取消农业税。农业税包括农业税、农业特产税和牧业税。《农业
税条例》自1958年实施以来发挥了重要作用。改革开放后,随着国家财政实
力不断增强,财政收入稳定增长的机制已经基本形成,从新中国成立初期农业
税占全国财政收入的41%,到2004年农业税下降到占全国财政收入不到
1%。2005年,全国农业税收入进一步减少到15亿元,取消农业税的时机已
经成熟。2006年1月1日起,我国在全国范围内取消了农业税,正式废止了
《农业税条例》,农民收入打破了“十五”规划前三年收入增长缓慢格局,进入较
快增长期。2004—2006年农民增收连续三年超过300元。全面取消农业税
后,农民每年减少税收负担1000多亿元,人均减负120多元。[①]

五是探索建立农村社会养老保险制度。2003年以来,通过政策扶持,加
大政府引导力度等措施,全国各地相继启动实施了新型农村社会养老保险制
度(简称“新农保”),与1992年以来实行的“老农保”方案相比,主要是有以下
三点不同:(1)基金模式不同。“老农保”实行的是个人交费和集体补助(含国
家让利),都记账在个人名下,没有社会统筹基金。“新农保”实行社会统筹与
个人账户相结合。国家为每个新农保参保人建立终身记录的养老保险个人账
户。个人缴费、集体补助及其他经济组织、社会公益组织、个人对参保人缴费
的资助,地方政府对参保人的缴费补贴,全部记入个人账户。(2)基金筹资渠
道不同。“老农保”在资金筹集上坚持以个人缴纳为主,集体补助为辅,国家给

---

① 戴天放、罗莹:《取消农业税政策对农民收入影响的实证分析》,《江西农业学报》
2008年第11期。

予政策扶持的原则。国家予以政策扶持,主要是通过对乡镇企业支付集体补助予以税前列支体现。"新农保"基金由个人缴费、集体补助、政府补贴构成,政府对符合领取条件的参保人全额支付新农保基础养老金。(3)基金管理模式不同。"老农保"基金由县(市)农村社会养老保险机构,在指定的专业银行设立农村社会养老保险基金专户,专账专管,专款专用。而"新农保"基金纳入社会保障基金财政专户,实行收支两条线管理,单独记账、核算,按有关规定实现保值增值。"新农保"设立财政专户,由财政部门进行管理,确保了基金安全运行。新型农村养老保险制度的实施有效地保障了农村的社会稳定,促进了我国农村经济社会有序健康发展。

2. 第二阶段:2007—2012 年

党的十七大报告强调,初次分配和再分配都要处理好效率与公平的关系,特别提到要加快推进以改善民生为重点的社会建设。在这一阶段,政府将改革重心放在再分配领域,试图通过社会保障、转移支付等手段加快健全再分配调节机制,加大对教育、保障性住房、医疗卫生、社会保障等方面的支出。"十二五"规划纲要明确提出,要明显增加低收入者的收入,持续扩大中等收入群体,构建"橄榄型"收入分配格局。

一是实施农村义务教育经费保障新机制。2007 年,《国务院关于深化农村义务教育经费保障机制改革的通知》在全国农村全面推开,农村义务教育由此全面纳入了公共财政保障范围:(1)全部免除农村义务教育阶段学生学杂费,对贫困家庭学生免费提供教科书并补助寄宿生生活费。(2)提高农村义务教育阶段中小学公用经费保障水平。(3)建立农村义务教育阶段中小学校舍维修改造长效机制。(4)巩固和完善农村中小学教师工资保障机制。农村义务教育经费保障新机制的实行,将农村义务教育全面纳入公共财政保障范围,成为我国教育发展史上具有里程碑意义的重大举措,我国农村义务教育经费得到长期有效的保障,推动了农村义务教育事业健康协调稳步发展,农村义务教育进入了新的历史发展时期。

二是推进保障性住房建设。2007 年 8 月 7 日,国务院发布了《关于解决城市低收入家庭住房困难的若干意见》,要求以城市低收入家庭为对象,进一步建立健全城市廉租住房制度,改进和规范经济适用住房制度,加大棚户区、旧住宅区改造力度。2008 年年底,国务院下发的《关于促进房地产市场健康发展的若干意见》,进一步提出要加大保障性住房建设力度,争取用 3 年时间基本解决城市低收入住房困难家庭住房及棚户区改造问题。具体措施有:(1)通过加大廉租住房建设力度和实施城市棚户(危旧房、筒子楼)改造等方式,解决城市低收入住房困难家庭的住房问题。(2)加快实施国有林区、垦区、中西部地区中央下放地方煤矿的棚户区和采煤沉陷区民房搬迁维修改造工程,解决棚户区住房困难家庭的住房问题。(3)加强经济适用住房建设,各地从实际情况出发,增加经济适用住房供给。通过各类保障性住房建设,五年间,中国1140万户城镇低收入家庭和360万户中等偏下收入家庭住房困难问题得到解决。

三是深化医药卫生体制改革。2009年,中共中央、国务院发布了《关于深化医药卫生体制改革的意见》,要求探索建立城乡一体化的基本医疗保障管理制度。随后,国务院印发的《医药卫生体制改革近期重点实施方案(2009—2011年)》提出,要切实缓解看病难、看病贵的重点改革措施和建立健全覆盖城乡居民的基本医疗卫生制度的长远目标。截至2011年,改革取得阶段性成果,特别是基层医改实现了重大突破,取得了显著成效,城乡居民基本医疗保障水平明显提高,基本医疗保险参保人数超过13亿人,覆盖率达到95%,新农合和城镇居民医保政府补助标准从2010年每人每年120元提高到2011年的200元,政策范围内报销比例由60%提高到70%左右;基本药物价格明显下降,基层药品价格平均下降了30%左右,基层医疗机构"以药补医"机制得到明显的改进。[①] 医疗卫生体制改革促进了基本医疗卫生服务的公平性、可及性和便利性,广大人民群众的获得感增强,扩大了社会共识,我国朝着人人享有基本医疗卫生服务的目标迈出了坚实的步伐。

四是开展新型农村社会养老保险试点工作。2009年9月1日,国务院公布了《关于开展新型农村社会养老保险试点的指导意见》,决定从2009年起开展新型农村社会养老保险试点,探索建立个人缴费、集体补助、政府补贴相结合的农村养老保险制度,2020年之前基本实现对农村适龄居民的全覆盖。之后,根据此项工作进展情况,国务院决定提前到2015年实现全覆盖的目标。截至2012年年底,我国就已基本实现新型农村和城镇居民社会养老保险制度全覆盖,全国所有县级行政区全部开展了新型农村和城镇居民社会养老保险工作,城乡居民参保总人数达4.49亿,1.24亿城乡老年居民按月领取养老金,加上企业职工养老保险,覆盖我国城乡居民的社会养老保障体系已基本建立起来。

五是深化个人所得税改革。个人所得税以个人所得为计税依据,作为收

---

① 孙志刚:《2011年医改五项重点取得阶段性成果》,http://news.xinhuanet.com/politics/2012-02/09/c_122680863.htm,访问日期:2019年6月15日。

入分配调节的工具,指向直接且明确,具有其他诸多税种所不具备的先天优势。同时,个人所得税所适用的累进税率能够较好地贯彻"收入能力低者少纳税或不纳税,收入能力高者多纳税"的税收纵向公平原则,从而有效地实现调节收入差距的目的。1980年开征个人所得税以来的历次改革,主要着眼于完善税制和降低税负,2011年的改革则在强化个人所得税收入调节功能方面迈出了重要一步。2011年4月和6月,全国人大常委会两次对《个人所得税法修正案(草案)》进行了审议,为进一步降低所有纳税人尤其是低收入群体的税收负担,对工资薪金减除费用标准、税率的级次级距、申报缴纳时限等内容进行了修订。具体来看,对于工资、薪金所得的规定主要有三处变化:第一,减除费用标准的变化,由原来的每月2000元提高到每月3500元。第二,税率级次和结构的变化,由原来的9级超额累进税率减少为7级,取消15%和40%两档税率,将最低税率由5%降低到了3%。第三,税率级距的变化,即税率适用范围的变化。此次改革分别扩大了低档税率和高档税率的适用范围。对于个体工商户生产经营所得和企事业单位承包承租经营所得,其变化主要体现在扩大了税率级距,仍然保留5级超额累进税率。根据财税部门的测算,2011年全年个人所得税收入减收达1600亿左右,其中提高减除费用标准和调整工资、薪金所得税率和级距带来的减收大约是1440亿元;调整个体工商户生产经营所得和企事业单位承包承租经营所得级距政策的减收规模大约是160亿元。经过2011年改革,大约有6000万工薪收入者不再需要缴纳个人所得税。[①]

六是推进慈善事业改革。改革开放以来,我国慈善事业快速发展。根据慈善事业发展面临的形势,我国相继制定《中国慈善事业发展指导纲要(2006—2010年)》《中国慈善事业发展指导纲要(2011—2015年)》,确定了"十一五"和"十二五"时期的慈善事业发展的总体要求、主要目标、工作原则、重点任务和保障措施。《公益事业捐赠法》《基金会登记管理条例》《社会团体登记管理条例》《民办非企业单位登记管理暂行条例》等10多部有关社会捐赠、慈善组织管理、捐赠税收优惠的法律法规的颁布,为慈善事业发展提供了基本的

---

① 崔军、朱志钢:《中国个人所得税改革历程与展望——基于促进构建橄榄型收入分配格局的视角》,《经济与管理研究》2012年第1期。更重要的是,在综合考虑人民群众消费支出水平增长等各方面因素后,2019年1月1日起,个人所得税起征点提高至5000元。与此同时,部分税率级距进一步优化调整,扩大3%、10%、20%三档低税率的级距,缩小25%税率的级距,30%、35%、45%三档较高税率级距不变,使广大纳税人都能够不同程度地享受到减税的红利。

法律依据。为适应我国慈善事业迅速发展的趋势,2008 年 7 月,国务院明确由民政部履行促进慈善事业发展的政府职能,民政部组建了社会福利和慈善事业促进司,各地采取公益慈善组织在民政部门直接登记、建设公益慈善组织孵化器、创新慈善募捐载体、完善表彰激励机制等多种方式,大力扶持慈善事业发展。为了提高慈善事业发展的透明度,民政部登记并支持组建了中民慈善捐助信息中心,每年发布全国慈善捐赠报告,分析评估我国慈善事业发展情况,建立慈善信息发布制度,为公益慈善机构打造信息沟通和公开的便捷渠道,而《基金会信息公布办法》和《公益慈善捐助信息公开指引》的实施,促进了慈善组织依法依规加强信息公开。

3. 第三阶段:2012 年至今

党的十八大报告指出,必须坚持以人民为中心的发展思想,把人民对美好生活的向往作为奋斗目标。为此加强社会保障体系建设,坚决打赢脱贫攻坚战,提高居民收入在国民收入分配中的比重,提高劳动报酬在初次分配中的比重。党的十九大报告强调,增进民生福祉是发展的根本目的,必须多谋民生之利、多解民生之忧,在发展中补齐民生短板、促进社会公平正义,在幼有所育、学有所教、劳有所得、病有所医、老有所养、住有所居、弱有所扶上不断取得新进展,深入开展脱贫攻坚,保证全体人民在共建共享发展中有更多获得感,不断促进人的全面发展,全体人民共同富裕。

一是调整最低工资标准。为了提高劳动要素报酬,调整最低工资标准是保障劳动者劳动基本所得的必要手段。2012 年,全国有 25 个地区根据经济发展情况适时适度调整最低工资标准,平均增幅为 20.2%。2013 年,全国有 27 个地区调整了最低工资标准,平均调增幅度为 17%。2014 年,全国有 19 个地区调整了最低工资标准,平均增幅为 14.1%。2015 年,全国有 24 个地区提高最低工资标准,深圳、上海两地最低月工资标准超过 2000 元。2016 年,全国只有北京、上海、海南、辽宁、天津、重庆、河北、山东、江苏等 9 个省提高了最低工资标准,这 9 个省的最低工资标准平均增幅 10.7%。2017 年,全国共有 20 个地区调整了最低工资标准,平均调增幅度为 11%。2018 年,全国 15 个省(区、市)调整了最低工资标准,上海、广东、北京、天津、江苏、浙江 6 省份月最低工资标准均超过 2000 元。其中,上海月最低工资标准达到 2420 元,为全国最高。收入是民生之源,上调最低工资标准有利于提高低收入人群的生活水平,一定程度上也促进了内需和消费,在当前经济下行压力不减的情况下,上调工资标准表明了政府注重居民收入等民生指标。

二是修订《劳动合同法》。为了严格规范劳务派遣用工行为,依法保障被派遣劳动者的同工同酬权利,特别是农民工的权益,全国人大常委会于 2012 年 12 月 28 日通过了《关于修改〈中华人民共和国劳动合同法〉的决定》(2013 年 7 月 1 日起施行)。新修订的《劳动合同法》规定,被派遣劳动者享有与用工单位的劳动者同工同酬的权利,用工单位无同类岗位劳动者的,参照用工单位所在地相同或者相近岗位劳动者的劳动报酬。劳务派遣单位、用工单位违反有关劳务派遣规定的,由劳动行政部门责令限期改正;逾期不改正的,以每人 5000 元到 1 万元的标准处以罚款,对劳务派遣单位,吊销其劳务派遣业务经营许可证。用工单位给被派遣劳动者造成损害的,劳务派遣单位与用工单位承担连带赔偿责任。

三是鼓励创业就业。就业是最重要的民生工作,特别是经济面临下行压力,就业工作面临严峻挑战的时候。2013 年,我国大学毕业生达 699 万人,创下历史新高;2014 年、2015 年、2016 年、2017 年、2018 年大学毕业生攀升至 727 万人、749 万人、765 万人、795 万人和 820 万人,就业问题如果解决不好,容易造成社会问题,影响稳定。《中共中央关于全面深化改革若干重大问题的决定》强调,必须完善扶持创业的优惠政策,形成政府激励创业、社会支持创业、劳动者勇于创业新机制,实行激励高校毕业生自主创业政策,整合发展国家和省级高校毕业生就业创业基金。[①] 党的十九大报告进一步指出,就业是最大的民生。要坚持就业优先战略和积极就业政策,实现更高质量和更充分就业。大规模开展职业技能培训,注重解决结构性就业矛盾,鼓励创业带动就业。提供全方位公共就业服务,促进高校毕业生等青年群体、农民工多渠道就业创业。破除妨碍劳动力、人才社会性流动的体制机制弊端,使人人都有通过辛勤劳动实现自身发展的机会。完善政府、工会、企业共同参与的协商协调机制,构建和谐劳动关系。坚持按劳分配原则,完善按要素分配的体制机制,促进收入分配更合理、更有序。鼓励勤劳守法致富,扩大中等收入群体,增加低收入者收入,调节过高收入,取缔非法收入。坚持在经济增长的同时实现居民收入同步增长、在劳动生产率提高的同时实现劳动报酬同步提高。拓宽居民劳动收入和财产性收入渠道。履行好政府再分配调节职能,加快推进基本公共服务均等化,缩小收入分配差距。[②]

四是推进机关事业单位养老保险改革。2014 年 2 月,国务院印发了《关于建立统一的城乡居民基本养老保险制度的意见》,明确提出在 2020 年前,全

---

①　《十八大以来重要文献选编》(上),中央文献出版社 2014 年版,第 536~537 页。

②　《党的十九大文件汇编》,党建读物出版社 2017 年版,第 31~32 页。

面建成公平、统一、规范的城乡居民养老保险制度。2015 年初国务院印发的《关于机关事业单位工作人员养老保险制度改革的决定》规定,基本养老保险费由单位和个人共同负担。单位缴纳基本养老保险费的比例为本单位工资总额的 20%,个人缴纳基本养老保险费的比例为本人缴费工资的 8%,由单位代扣。按本人缴费工资 8% 的数额建立基本养老保险个人账户,全部由个人缴费形成。个人工资超过当地上年度在岗职工平均工资 300% 以上的部分,不计入个人缴费工资基数;低于当地上年度在岗职工平均工资 60% 的,按当地在岗职工平均工资的 60% 计算个人缴费工资基数。改革机关事业单位养老保险制度,是加快推进覆盖城乡居民的社会保障体系建设的重大举措。机关事业单位与企业实行相同的养老保险基本制度模式和政策,可以逐步化解同类人员待遇差距拉大的矛盾,更好地体现制度公平和规则公平。

五是深化机关事业单位工资制度改革。2015 年 1 月 12 日,国务院办公厅转发了人事部、财政部拟定的《关于调整机关工作人员基本工资标准的实施方案》《关于调整事业单位工作人员基本工资标准的实施方案》和《关于增加机关事业单位离退休人员离退休费的实施方案》等文件,规定公务员职务工资标准由原来的 340～4000 元分别提高到 510～5250 元,级别工资各级别起点标准由原来的 290～3020 元分别提高到 810～6135 元,其他各级别工资档次标准相应提高。同时,适当调整机关工人技术等级(岗位)工资标准,将部分规范津贴补贴纳入技术等级(岗位)工资。截至 2015 年 6 月,机关事业单位调整基本工资标准准备工作全部完成。与以往不同,此次工资调整有两大特点:一是向基层倾斜;二是结合机关事业单位养老保险制度改革同步推进。在提高基本工资标准的基础上,清理了各种游离于制度外的津贴补贴,将公务员的收入由制度外转为制度内,让工资占到收入的主体部分,让津补贴变成一小部分。这样有助于机关事业单位的稳定,也有助于消除地区之间的收入差异。

六是实施精准扶贫政策。精准扶贫指针对不同贫困区域环境、不同贫困农户状况,运用科学有效程序对扶贫对象实施精确识别、精确帮扶、精确管理的扶贫策略。精准扶贫是新时代党和国家扶贫工作的精髓和亮点。改革开放以来,经过全国范围有计划有组织的大规模开发式扶贫,我国贫困人口大量减少,贫困地区面貌显著变化。进入 21 世纪后,伴随着中国经济进一步发展,人民生活水平不断提高,但扶贫开发工作依然面临十分艰巨而繁重的任务。精准扶贫是全面建成小康社会、实现中华民族伟大复兴的重要保障。习近平总书记在十九大报告中指出,让贫困人口和贫困地区同全国一道进入全面小康社会是我们党的庄严承诺。要动员全党全国全社会力量,坚持精准扶贫、精准脱贫,坚持中央统筹、省负总责、市县抓落实的工作机制,强化党政一把手负总责的责任制,坚持大扶贫格局,注重扶贫同扶志、扶智相结合,深入实施东西部扶贫协作,重点攻克深度贫困地区脱贫任务,确保到 2020 年我国现行标准下农村贫困人口实现脱贫,贫困县全部摘帽,解决区域性整体贫困,做到脱真贫、真脱贫。

七是推进中央管理企业负责人薪酬制度改革。2014 年 8 月 29 日,中共中央政治局审议通过的《中央管理企业负责人薪酬制度改革方案》规定,央企负责人薪酬由过往基本年薪和绩效年薪两部分构成,调整为基本年薪、绩效年薪、任期激励收入三部分构成。央企负责人基本年薪将按照上年度央企在岗职工年平均工资的 2 倍确定;绩效年薪根据考核结果,不超过央企负责人基本年薪的 2 倍;任期激励收入则不超过央企负责人任期内年薪总水平的 30%。根据改革方案,年度或任期考核评价不合格的央企负责人,将不得领取绩效年薪和任期激励收入。改革方案公布了 72 家央企,包括中石油、中石化、中国移动等 53 家央企以及金融、铁路等 19 家央企,推行主要负责人薪酬改革,央企高管薪酬削减 30% 左右,削减后年薪不能超过 60 万元。中央管理企业负责人的薪酬制度改革,并不只是简单意义上的降薪,更深的意义在于撬动国有企业完善现代企业制度,在于促进经济增长,推进形成合理的橄榄型收入分配格局,规范收入分配秩序。

八是加强反腐倡廉建设。十八大以来,中共中央以作风建设为切入点和突破口,通过强化反腐倡廉工作,治理灰色收入、取缔非法收入,我国收入分配秩序得到了进一步规范。从严禁中央和国家机关使用"特供""专供"等物品、开展会员卡专项清退活动、停止新建政府性楼堂馆所、制止豪华铺张办晚会、严禁用公款送节礼、严禁公款印制购买贺年卡、严禁公款购买年货节礼、严肃整治"会所中的歪风"等具体问题治理,到出台《违规发放津贴补贴行为处分规定》《党政机关厉行节约反对浪费条例》《党政机关国内公务接待管理规定》《配偶已移居国(境)外的国家工作人员任职岗位管理办法》《关于全面推进公务用车制度改革的指导意见》《中央和国家机关公务用车制度改革方案》《关于合理确定并严格规范中央企业负责人履职待遇、业务支出的意见》等规范性制度的出台,尤其是《党的纪律检查体制改革实施方案》《中国共产党巡视工作条例》《中国共产党廉洁自律准则》《中国共产党问责条例》《中国共产党纪律处分条例》等党内法规的颁布实施,体现了新时代党要管党、全面从严治党的重大决心。

二、促进发展成果共享调整收入分配格局的实践成效

党的十六大以来,通过体制改革和政策调整,在促进发展成果共享上取得了一系列的成效,为进一步深化收入分配制度改革奠定了基础。

一是城乡居民收入同步(较快)增长。从十六大以来,我国城乡就业不断扩大,统计数据显示,2018 年年末全国就业人员 77586 万人,其中城镇就业人员 43419 万人。全年城镇新增就业 1361 万人,比 2017 年增加 10 万人。年末全国城镇调查失业率为 4.9%,比上年末下降 0.1 个百分点;城镇登记失业率为 3.8%,下降 0.1 个百分点。全国农民工总量 28836 万人,比 2017 年增长 0.6%。其中,外出农民工 17266 万人,增长 0.5%;本地农民工 11570 万人,增长 0.9%。随着就业的稳定增长,2018 年,全国居民人均可支配收入达 28228 元,比 2017 年名义增长 8.7%,扣除价格因素,实际增长 6.5%。其中,城镇居民人均可支配收入 39251 元,增长(如无特别说明,均为同比名义增长)7.8%,扣除价格因素,实际增长 5.6%;农村居民人均可支配收入 14617 元,增长 8.8%,扣除价格因素,实际增长 6.6%。进一步分析表明,2018 年全国居民人均可支配收入中位数为 24336 元,比 2017 年增长 8.6%,中位数是平均数的 86.2%。其中,城镇居民人均可支配收入中位数为 36413 元,增长 7.6%,是平均数的 92.8%;农村居民人均可支配收入中位数为 13066 元,增长 9.2%,是平均数的 89.4%。按收入来源分,2018 年全国居民人均工资性收入 15829 元,比上年增长 8.3%,占可支配收入的比重为 56.1%;人均经营净收入 4852 元,增长 7.8%,占可支配收入的比重为 17.2%;人均财产净收入 2379 元,增长 12.9%,占可支配收入的比重为 8.4%;人均转移净收入 5168 元,增长 8.9%,占可支配收入的比重为 18.3%。

二是收入差距逐渐缩小。统计数据表明,2018 年末中国大陆总人口(包括 31 个省、自治区、直辖市和中国人民解放军现役军人,不包括香港、澳门特别行政区和台湾地区以及海外华侨人数)139538 万人,比上年末增加 530 万人。从城乡结构看,城镇常住人口 83137 万人,比上年末增加 1790 万人;乡村常住人口 56401 万人,减少 1260 万人;城镇人口占总人口比重(城镇化率)为 59.58%。随着城镇化水平的提高,在共享发展成果政策的作用下,收入差距逐渐缩小。

第一,城乡收入差距缩小。城乡收入的差距集中体现在城镇居民人均可支配收入相当于农村居民人均纯收入的倍数,除了 1975—1998 年、1995—

1997 年两个阶段城乡收入差距缩小非常明显,十六大以来城乡收入差距也有缩小的趋势,尤其是 2010—2011 年,2010 年农民人均纯收入增长 10.9％,比城镇居民人均可支配收入增长速度快 3.1 个百分点。2011 年农民人均纯收入增长 11.4％,比城镇居民人均可支配收入增长速度快 3 个百分点。城乡居民收入比连续两年缩小,由 2009 年的 2.67：1,缩小到 2011 年的 2.53：1。2014 年我国城镇居民人均可支配收入 28844 元,农村居民人均可支配收入 10489 元,城镇居民人均可支配收入是农村的 2.75 倍,2010 年城镇居民人均可支配收入是农村的 3.23 倍,2014 年城镇收入倍数比 2010 年下降了 0.48 倍。2018 年,城镇居民人均可支配收入 39251 元,比上年名义增长 7.8％,扣除价格因素实际增长 5.6％;农村居民人均可支配收入 14617 元,比上年名义增长 8.8％,扣除价格因素实际增长 6.6％,城乡居民人均收入倍差 2.69。

第二,行业收入差距缩小。2010 年,我国城镇非私营单位在岗职工年平均工资,最高的金融业为 80772 元,最低的农、林、牧、渔业为 17345 元,最高相当于最低的 4.66 倍;2014 年,城镇非私营单位在岗职工年平均工资,最高的金融业为 108273 元,最低的农、林、牧、渔业为 28356 元,最高相当于最低的 3.82 倍。2010 年,我国城镇私营单位在岗职工年平均工资,最高的信息传输、计算机服务和软件业为 31226 元,最低的公共管理和社会组织为 8900 元,最高相当于最低的 3.51 倍。2014 年,城镇私营单位在岗职工年平均工资,最高的信息传输、软件和信息技术服务业为 51044 元,最低的农、林、牧、渔业为 26862 元,最高相当于最低的 1.9 倍。由此可见,"十二五"规划期间,我国城镇非私营单位行业工资差距从 4.66 倍下降至 3.82 倍,下降了 0.84 倍,下降幅度较大;私营单位行业工资差距从 3.51 倍下降至 1.9 倍,下降了 1.61 倍。[①]"十三五"规划实施以来,2018 年全国城镇非私营单位就业人员年平均工资为 82461 元,年平均工资最高的三个行业分别是信息传输、软件和信息技术服务业 147678 元,金融业 129837 元,科学研究和技术服务业 123343 元,分别为全国平均水平的 1.79 倍、1.57 倍和 1.5 倍。年平均工资最低的三个行业分别是农、林、牧、渔业 36466 元,住宿和餐饮业 48260 元,居民服务、修理和其他服务业 55343 元,分别为全国平均水平的 44％、59％和 67％。

三是国企收入分配改革取得成效。一方面,国务院颁布了《关于试行国有资本经营预算的意见》(2007 年 9 月),明确提出试行国有资本经营预算。十

---

① 国家统计局:《国家年度数据》,http://data.stats.gov.cn/easyquery.htm? cn＝C01&zb＝A0403&sj＝2014,访问日期:2019 年 6 月 15 日。

八届三中全会进一步提出,完善国有资本经营预算制度,提高国有资本收益上缴公共财政比例。国务院决定从 2011 年起,将 5 个中央部门(单位)和 2 个企业集团所属共 1631 户企业纳入中央国有资本经营预算实施范围。2011 年财政部明确将教育系统等部委所属的 600 多家企业纳入了上缴红利的范畴,并将央企上缴红利的比例较之前普遍上调了 5%。上调之后,石油、电信、烟草等垄断行业的红利上缴比例调高至 15%。2012 年,经国务院批准,中国烟草总公司税后利润收取比例提高至 20%,是唯一一家执行特别比例的央企。财政部公布的《2018 年全国国有资本经营预算收支情况》显示,2018 年,全国国有资本经营预算收入 2900 亿元,同比增长 9.8%。其中,中央国有资本经营预算收入 1325 亿元,同比增长 1.6%,地方国有资本经营预算本级收入 1575 亿元,同比增长 17.8%。另一方面,重新确立了国有企业的薪酬结构。2014 年 8 月,中共中央政治局审议通过了《中央管理企业负责人薪酬制度改革方案》(2015 年实施),随着中央国企薪酬制度改革落实,地方也开始调整国有企业的薪酬结构。随着各地国有企业薪酬调整方案的实施,国有企业高管的薪酬普遍下降,与职工之间的薪酬差距进一步缩小,企业管理者与职工之间薪酬差距回归到合理水平。

四是社会保障体系不断完善。20 世纪 80 年代,按照建立社会主义市场经济体制的要求,首先在企业开始建立社会统筹与个人账户相结合的基本养老保险制度,实现了由单位保障向社会保险的根本性转变。2009 年、2011 年,党中央、国务院先后启动了新型农村社会养老保险试点和城镇居民社会养老保险试点,两大养老保险均与城镇职工养老保险一道,织就了一张覆盖城乡的养老保障网,越来越多的人享有基本保障,截至 2018 年年底,全国城乡居民养老保险参保人数 52392 万人,其中实际领取待遇人数 15898 万人,有 4900 多万贫困人员直接受益;工程建设领域在建、新开工建设项目参保率均在 99% 以上;全年失业保险基金共向 40.2 万名失业农民工发放一次性生活补助 18.2 亿元。与此同时,以城乡低保、农村五保、灾害救助、医疗救助为基础,以临时救助为补充,与廉租住房、教育、司法等专项救助制度衔接配套的覆盖城乡的社会救助制度体系全面建立,困难群众的温饱基本解决。此外,党的十七大以来,城乡基本医疗卫生制度初步建立。《2018 年医疗保障事业发展统计快报》显示,截至 2018 年年末,我国基本医疗保险参保人数 134452 万人,参保覆盖面稳定在 95% 以上。以职工医保、城镇居民医保、新农合为主体,城乡医疗救助制度为兜底,商业健康保险及其他多种形式医疗保险为补充的中国特色医保制度体系初步形成,织起了世界上最大的基本医疗保障安全网。

　　五是保障性住房建设成效显著。保障性住房指政府为中低收入住房困难家庭所提供的限定标准、限定价格和租金的住房,一般由廉租住房、经济适用住房和政策性租赁住房构成。这种类型的住房有别于完全由市场形成价格的商品房,目的是改善人民群众的居住条件,促进房地产市场健康发展。"十一五"期间,通过各类保障性住房建设,全国 1140 户城镇低收入家庭和 360 户中等偏低收入家庭住房困难问题得到解决。"十二五"期间,全国开工建设了3600 万套保障性住房,其中,廉租房和公租房占 40%。"十三五"期间,国家继续加大保障性住房的投入,2018 年全国保障性安居工程财政支出达 7372 亿元,同比增长 46.4%,支持棚户区改造开工 626 万套,完成 30 万套公租房配套基础设施建设,完成农村危房改造 190 万户。各级政府坚决贯彻党中央、国务院有关决策部署,坚持"房子是用来住的、不是用来炒的"定位,加强对保障性安居工程的资金保障和政策支持。为进一步完善公租房运营管理机制,吸引企业和其他机构参与公租房运营管理,2018 年明确在浙江、安徽、山东、湖北、广西、四川、云南、陕西 8 个省(区)开展政府购买公租房运营管理服务试点工作。

　　六是扶贫行动的展开。全面建成小康社会,必须解决贫困问题。从纵向上看,改革开放以来我国扶贫政策主要经历四个阶段:1985 年之前的针对特殊贫困地区开发;1986—1993 年以区域瞄准为主的扶贫开发;1994—2000 年实施的以改善资金投入和贫困瞄准的"八七扶贫攻坚计划";21 世纪以来的《中国农村扶贫开发纲要(2001—2010 年)》以及《中国农村扶贫开发纲要(2011—2020 年)》的实施。尤其是在《中国农村扶贫开发纲要(2011—2020年)》中,提出了在 2020 年稳定实现扶贫对象不愁吃、不愁穿,保障其义务教育、基本医疗和住房的要求。从横向上看,我国政府治理贫困问题主要采用开发式扶贫政策、补贴式扶贫政策以及精准扶贫政策。开发式扶贫政策主要指在国家支持下,利用贫困地区的自然资源,进行开发建设,逐步形成贫困地区和贫困户的自我积累和发展能力,依靠自身力量的发展解决温饱、实现脱贫致富。主要扶贫政策项目包括整村推进、产业化扶贫、移民搬迁、劳动力培训转移等。补贴式扶贫政策是政府对贫困人群实现在经济上的直接补助,2001—2010 年实施的补贴扶贫政策包括:退耕还林还草、农村最低生活保障制度、大病救助、农业生产补贴、寄宿制学生补贴等。在 2011—2020 年期间,中央和地方财政还将逐步增加扶贫开发投入,加大彩票公益金支持扶贫开发事业的力度,实现就业促进政策,给农村贫困家庭新成长的劳动力接受中等职业教育给予生活补贴等。精准扶贫政策是对粗放式扶贫政策的矫正,主要是针对不同贫困区域环境、不同贫困农户状况,通过如对贫困人口进行精准识别、精准帮扶、精准管理以及精准考核,重点通过发展生产脱贫一批、易地搬迁脱贫一批、生态补偿脱贫一批、发展教育脱贫一批、社会保障兜底一批,实现对贫困人口全脱贫。

三、促进发展成果共享调整收入分配格局的实践经验

党的十六大以来,以实现发展成果共享为目的而对收入分配格局进行调整的实践探索,形成合理有序的收入分配格局留下了宝贵的经验,可总结为以下六点:

一是要处理好改革、发展与稳定的关系。收入分配改革实现发展成果共享,是涉及重大利益关系调整的深刻变革,必须处理好改革、发展与稳定的关系,因为收入分配改革不单是经济利益分配问题,更是一个政治决策问题,应当在维护政治稳定的前提下,合理采用经济调控手段,理顺收入分配关系,推进收入分配、财税、行政体制的联动改革。之所以要十分强调政治稳定的重要性,是因为单纯考虑经济调控问题,忽视政治稳定因素,可能会出现政治不稳定甚至更糟糕的后果。如果经济利益调整要以政治不稳定为代价,那么势必得不偿失。但是强调政治稳定不是止步不前,而是要积极稳妥地推进各方面的改革和发展,考虑社会承载力并在合理范围内进行。矫正收入分配中的问题,需要从长远和整体性构想,摆脱渐进改革的传统路径,广泛征询社会各界意见和建议,构建系统的、实质性的改革方案。改革既不能停滞或搁置,力度也不能超越社会的承载力。

二要处理好效率与公平的关系。经济市场化改革以来,收入分配改革走的是一条从打破平均分配到侧重经济效率,再到注重社会公平的道路。"效率优先、兼顾公平"的原则在实践中造成了唯效率主义倾向,结果是收入差距过分拉大,产生了社会不公现象。解决收入分配不公,实现发展成果共享必须加强政府对收入分配的调节,整顿和规范分配秩序。党的十七大报告明确提出,初次分配和再分配都要处理好效率和公平的关系,再分配要更加注重公平。这意味着从初次分配开始就要重视公平问题,初次分配与再分配领域处理效率和公平关系的侧重点不完全相同并且都要权衡好公平与效率的关系。效率和公平作为分配理论和分配制度所要解决的一个基本问题,二者之间既有矛盾的一面,也有统一的一面。处理不好就会出现矛盾,处理妥当则可以相互促进。保证社会经济活动的效率,就是要做大社会财富这块"蛋糕",效率越高,

"蛋糕"越大,公平的实现基础就越扎实和稳固。注重社会公平,因为公平是效率实现的保证,有了公平,社会成员才有做出更大贡献的积极性和创造性,效率才会越高。没有公平的效率,效率不能持久,没有效率的公平,公平也不能恒远,这是两者的辩证关系。在不同的分配阶段对公平和效率的侧重也有所不同,初次分配需要更偏重效率,辅之以公平,而再分配过程需要更加重视公平,效率不是优先考虑的因素。

三要坚持顶层设计与统筹协调。"顶层设计"原来是网络工程学的概念,指建设一个大系统前必须进行从顶层开始、从上至下的设计,以保证各个子系统之间的兼容、互通和联动。实现发展成果共享必须重视顶层设计与统筹协调,因为收入分配格局的改革是一个复杂的系统工程,各子系统之间相互作用,需要处理好局部与整体、中央与地方的关系。形成合理有序的收入分配格局,既要建立自由与管制相结合的市场协调制度,也需要实行统一的国民待遇原则,建立公平与效率协调统一的收入调节制度,建立再分配过程中的权力制衡机制。[①] 因此,改革收入分配制度,实现发展成果共享,必须综合统筹,避免单兵突进,要注意处理好"公平"与"效率"、"初次分配"与"再次分配"之间的关系。

四要注重边际调整与平衡利益冲突。改革不同于革命,稳步推进改革是在现有基础上进行的增量调整,对现有利益格局的再分配过程。换言之,促进发展成果共享,必须通过边际调整在平衡利益冲突中稳步推进改革。各种生产要素如何获得与其贡献相适应的份额,历来是经济学探讨的重点。新古典经济学理论宣称,如何在两个或更多的相互作用的要素之间分配它们共同生产的总产品,可以用边际产品的概念得到解决。边际效用价值论认为劳动、资本和土地的收入分配是按相同规律解决的,那就是它们的效用,通过用数学方法来分析生产要素的边际生产力,可以认为生产要素(劳动、资本和土地)的价格等于它们的边际生产力。但是即使用最先进的计量手段也不可能准确地测出动态经济中最后一单位要素的贡献是多少。退一步说,即使能够测量出最后一单位要素的边际贡献,也只是能够说明通过边际产品可以决定"某一类"要素价格,而不能识别"某一个"要素的贡献。这意味着在一般情况下,不能说某一种投入独自创造了产出,而应该说产出是由不同要素的相互作用所致。收入分配领域的边际调整,要求对要素分配有一个科学的认识,要素的调整需

---

① 陈享光:《论建立公平与效率协调统一的收入分配制度》,《经济理论与经济管理》2013 年第 1 期。

要稳步推进而不能激进,否则容易引起既得利益的强烈抵触与反抗,必须把改革的力度、速度与各方面的可承受程度统一起来,要在社会稳定中推进改革,通过改革推动经济发展。

五要建立健全收入分配格局的法律法规。在收入分配领域,初次分配存在较为严重的"市场失灵",表现在劳动报酬偏低而资本收入偏高,财富过度向政府集中,灰色收入泛滥,城乡、地区和行业之间收入差距悬殊等。再次分配领域也存在"政府失灵"的现象,主要表现在为税收制度不能有效发挥调节收入差距的作用,具有再分配性质的财政支出总量不足且结构不合理,某些社会福利异化为少数人的"专利",社会保障的范围和水平有待提高以及教育、医疗、住房等公共产品的过度市场化等。收入分配领域的双重失灵,可以从收入分配改革的法律制度供给方面得到有效规制。第一,在保障企业自主分配权的前提下,可以建立工资集体协商法律制度、工资增长和工资支付保障制度等,依法依规调节劳动与资本之间的关系。第二,加快具有调节收入差距功能的税收法律制度完善进程,建立健全遗产税、扩大消费税的适用范围规定等。第三,建构具有规范和监督灰色收入功能的法律制度供给,形成公务人员的财产申报和公示制度等。第四,建立全国统一的社会保障法律制度。法律法规体系的建立对于调节收入分配秩序,保障收入分配中的公平、公正,形成合理有序的分配格局具有重要作用。体现在以下几方面:其一,法律法规对规范、约束个人收入分配行为具有重要作用;其二,司法调节对于增加非法收入的犯罪成本,保证收入分配公平具有重要作用;其三,法律对公务人员的收入具有监督和约束作用。

六要处理好不同社会阶层需求与收入分配改革的关系。不同社会阶层的需求既是收入分配改革的诱因,也是其收入分配改革的验证力量。不同社会阶层的需求,是在不同社会阶层存在的前提下衍生出来的,其需求具有自身阶层所特有的因素,同时所有社会阶层的需求又大多带有自身利益的性质。随着改革开放的逐步深入,我国社会阶层的种类和层次不断增多,不同社会阶层利益诉求定然不同,面对收入分配改革,不同社会阶层有着自身不同的期许,并在改革政策的制定过程中发挥着自己的作用。促进发展成果共享,调节收入分配差距,必须正确处理不同社会阶层对于收入分配改革的利益诉求之间的关系,能够顺利推进的改革即便不能得到各不同阶层的全体满意,至少要得到大多数阶层的满意。

第四章　发达国家促进发展成果共享的收入分配政策

促进经济发展、实现居民收入增长、缩小贫富差距是各国政府追求的重要政策目标。为调节收入分配差距实现发展成果共享,市场经济发达国家采取了税收调节、社会保障、义务教育、反贫困、农业补贴、工资决定机制等措施,这些措施对我国形成合理有序的收入分配格局具有借鉴意义。本章将对美、英、法、德、日、澳、瑞典等国家调节收入分配的政策进行比较分析,为优化我国收入分配格局寻找国际经验。

一、实现劳动报酬增长和劳动生产率同步提高

初次分配指在生产活动中,企业作为分配主体,将国民生产总值在国家、企业、个人之间进行分配。第二次世界大战以来,市场经济发达国家从初次分配环节入手促进分配公正的途径主要有两个:其一,注重初次分配制度的外部环境因素,重视劳资关系并保障最低工资制度,以此更好发挥制度缓解社会紧张的功能;其二,注重对初次分配本身的调节,加强职业培训促进人才培养,降低初次分配的收入差距,以此增加人们对收入的满意度。

一是推行最低工资制度。约翰·罗尔斯(John Bordley Rawls)提出的分配原则最为鲜明的特征之一便是分配正义的天平向最不利者倾斜,因此罗尔斯认为政府和社会必须更多地关注那些天赋较低和出身最不利的社会成员,只要政府安排能够更好地改善最不利者的前景,那么这种安排就是正义的。因此推行最低工资制度不失为一种改善社会不利者的经济社会地位的方法。最低工资制度产生于澳大利亚与新西兰,后来推广至欧美各国。最低工资的实施,调节的是收入初次分配,对于贫困的减少有重要作用,因而它目前不仅在发达国家推行,也长期作为发展中国家调节收入的工具之一。最低工资指劳动者在法定工作时间内提供了正常劳动的前提下,国家以法律形式保障其应该获得的、能够维持生存及必要的供养其家属的最低费用。最低工资制度在西方发达国家的实施方式略有不同,大致有以下四种方式:其一,全国性模

式,即全国采取统一的最低工资标准;其二,地区性模式,即不同地区制定不同的最低工资标准;其三,行业性模式,即不同行业间订立不同的最低工资标准;其四,工程性模式,即不同工种间确立不同的最低工资标准。① 1894 年,新西兰颁布了历史上第一个有关最低工资的法案《劳动协调及仲裁法》。1896 年,澳大利亚颁布了最低工资法令。1909 年,英国通过最低工资法案。1938 年美国颁布《公平劳动标准法》,规定全美范围内的最低工资是每小时 0.25 美元,到 2009 年,美国执行的最新的最低工资标准为每小时 7.25 美元,②从美国的工资调整历史可以看出,最低工资标准并不是一成不变的,其调整受到通货膨胀、经济状况变化及政治理念的影响。俄罗斯也从 2016 年 7 月 1 日起将最低工资调整为每月 7500 卢比(约合人民币 754 元),澳大利亚的最低工资制度为:第一,职业最低工资制度保障所有受薪工人。只要双方有雇佣关系,便存在职业最低工资。第二,满足工人的相对生活水平,保证失业人士及低薪人士获聘和持续就业的能力。第三,坚持同工同酬原则。第四,为低龄雇员、受训雇员以及残疾雇员设定一系列全面的、公平的最低工资,确保这类雇员在劳工市场具有竞争力。③

二是实施职工持股计划。"职工持股计划"由路易斯·凯尔索在 1956 年提出,他认为资本主义社会出现的许多经济问题,都是由于总人口中相对较少的人口占据了社会中绝大部分的财富,而人口占比较大的员工则未拥有企业资产,当员工要求增加工资时容易引起通货膨胀,因此凯尔索建议职工成为普通股票持有者,进而增加他们的收入。针对工人没有资本的问题,凯尔索等人设计了职工持股计划,其主要内容:企业成立一个专门的职工持股信托基金会,基金会由企业全面担保,贷款认购企业的股票。企业每年按一定的比例提取工资总额的一部分,投入职工持股信托基金会,以偿还贷款。当贷款还清后,该基金会根据职工相应的工资水平或劳动贡献的大小,把股票分配到每个职工的持股计划账户上,职工离开企业或退休,可将股票卖给职工持股信托基金会。就实施效果而言,职工持股制的实行缓解了收入差距,稳定了当时的社

① 罗小兰:《英国最低工资制度及其借鉴》,《上海企业家》2007 年第 5 期。
② 刘娜:《发达国家的收入分配调节及对我国的启示》,《对外经贸实务》2013 年第 4 期。
③ 张明丽等:《澳大利亚最低工资制度的实施情况及对我国经验借鉴》,《改革与战略》2011 年第 8 期。

会。① 近年来,西方发达国家实行员工持股计划,在法国工业部门中,职工持股率达 50% 以上,金融业有的达 90% 以上。英国 90% 以上的非国有公司有职工持股。在日本,由于劳动力流动性较低,90% 的企业都实行雇员持股计划。② 通过职工持股计划将员工与企业联结为利益共同体,既增加了员工的可支配收入,又可以通过激励相容机制提高员工积极性,提高了员工工作效率与企业利润水平。

三是提高就业率。如何控制失业,有效促进就业,是各国致力于解决的重大经济问题和社会问题,实现发展成果的重要举措。发达国家普遍从优化产业结构入手,改造和重组煤炭、钢铁、纺织、建材等传统产业,大力发展电子、信息、通讯、环保、能源、医药、新材料和生物技术等新兴产业,使之成为新的经济增长点,并带动相关产业发展,从而创造出更多就业机会。如日本在由传统煤炭产业转型成为资源型可持续发展城市时,关闭矿产企业使得大量工人失业,因此日本政府采取了一系列促进就业的措施:其一,对安置失业员工的企业,按安置人员的多少给予税收优惠;其二,承担失业员工的培训费用,通过再培训的方式使失业员工掌握新的技能,适应新的工作岗位;其三,对失业员工提供免费就业信息,帮助介绍就业等。此外,市场经济发达国家为保障居民就业还推行了一系列积极的就业促进政策,其中之一便是政府鼓励自主创业与大力扶持中小企业发展。例如,法国为鼓励自主创业,政府资助长期失业者就业、开业前的费用,并为中小企业的发展提供各种形式的优惠政策以吸纳大量的劳动力。美国也通过扶持中小企业的发展,增加就业岗位,如美国政府要求官方或半官方机构,采取切实措施促进中小企业扩大出口,建立投资和出口信贷资金,为中小企业出口提供信贷担保。而英国在 1928 年专门设立了工业迁移委员会,鼓励并资助工人从失业率高的地区转移到发达地区就业,1984 年英国加快了高失业率地区的开发建设,按就业规模和成本为企业提供资金补贴,鼓励劳动密集型企业的发展。英国的这些促进就业的措施有效地促进了区域经济发展,提高人民生活水平。

四是提升人力资本水平。20 世纪 80 年代以来,发达国家开始重视通过教育政策来改善因贫困人口无力进行人力投资而进一步扩大贫富差距的问

---

① 王秀云:《借鉴国际经验缩小我国收入分配差距的思考》,《中央财经大学学报》2010 年第 8 期。

② 王秀云:《收入分配制度改革:基于西方发达国家的理论与实践研究》,《中国青年政治学院学报》2014 年第 2 期。

题。具体措施有推行义务教育、普及高等教育、实行专门的培训计划等。① 因
为"在走向平等的道路上,没有比免费提供公共教育更为伟大的步骤了,这是
一种古老的破坏特权的社会主义"。② 发达国家就业培训主要有德国的"双元
制"、英国的"GNVQ"(国家职业训练文凭)、澳大利亚的"TAFE"(职业技术教
育学院)、韩国的"技能士"模式等。德国的"双元制"职业教育模式就是把传统
"学徒"培训与现代职业教育结合在一起的企业与学校合作办学的职业教育模
式。学生与企业签订教育合同,学生在企业以"学徒"身份、在职业学校则以
"学生"身份接受系统的职业教育。③ 英国的"GNVQ"是一种介于高等水平普
通教育证书和国家职业资格之间的资格证书,其目的在于消除学术资格和职
业资格的分离。"TAFE"是由澳大利亚政府直接经营和掌管的职业技术教育
系统,其课程设计根据行业、企业要求,由专家组成的课程开发小组负责新课
程的开发和课程标准的制定与修订,并得到大学系统的认可。韩国政府对职
业学校毕业生授予技术员、技能士职称,并将其分为不同类别,专科大学学生
在毕业前必须在技能士一级或技能士二级的国家技术资格考试中合格,否则
学生将不能被学校向用人单位推荐。上述四种职业培训模式都强调了立法在
保障就业培训中的重要作用,并把从业资格证书的考试作为检测从业岗位技
能水平的途径,以此作为从业人员上岗的前提,这就要求从业人员不仅具备专
业岗位知识,同时也拥有相应的职业岗位实践技能。

　　五是关注弱势群体。经济发展不可避免地会带来贫富差距问题,而贫富
差距的扩大会引发一系列社会问题,因此在关注弱势群体、增加他们的收入方
面,发达国家主要采取工资决定的集体谈判制度。集体谈判在一个工业化社
会中具有重要的作用,被视为代替"个人谈判",是工会保护和提供会员利益的
三大战略之一。④ 集体谈判具有多方面功能:决定就业待遇和就业条件,调解
劳资利益冲突,为劳动法规的出台提供条件,有助于实现产业和平,是实现产

① 李玲:《发达国家调节收入差距公共政策经验与启示》,《经济论坛》2014 年第 6 期。
② 保罗·A.萨缪尔森,威廉·D.诺德豪斯:《经济学》,高鸿业等译,中国发展出版社
1992 年版,第 12~53 页。
③ 王秀云:《收入分配制度改革:基于西方发达国家的理论与实践研究》,《中国青年
政治学院学报》2014 年第 2 期。
④ Webb,Sidney and Beatrice,Industrial Democracy,Longman,London,1897,p.76.

业民主的一大手段等。① 集体谈判制度是西方国家通行的初次分配中工资决定的基本形式,许多发达国家的行业组织与工会组织代表雇员与雇主谈判,以获取更高的工资。英国是世界上最早实行集体谈判的国家,但集体谈判的大范围推广源于第二次世界大战之后,许多资本主义国家都由法律确定了工资集体谈判制度,采用行业协会和工会组织代表员工与雇主进行谈判的方式,来获取更高的工资,使之成为调节工资分配不平等,缩小贫富差距的重要举措之一。工资集体协商机制主要包括职工工资水平、具体工资制度和职工工资关系等几方面,工资水平是集体谈判制度的最主要内容,主要是对职工工资的增长幅度和增长速度予以确定和调整;工资制度是工资水平得以实现的具体方式,主要涉及工资制度模式、工资结构、工资形式、工资支付等内容。② 例如,在德国,雇主与员工间的关系由相应的行业工会、工会联合会和雇主联合会进行协调,由行业工会和雇主联合会充当劳资中介,规定雇主与雇员间的权利与义务及劳资关系等。③

二、完善以公平为目标的收入再分配调节机制

发展成果共享是一种公平的共享,在国民收入分配领域,尽管不公平是一种常态,但公平共享始终是各国政府努力的目标。公平既是一种价值准则、价值判断,也是人们的利益选择,因为对于人类社会而言,成果共享的公平始终是可以获得社会性认可的价值标准和追求。不过,对于什么是公平,人们却有不同的理解,在不同时期,社会的公平观会有不同,在同一时期,不同的人也会有不同的公平观。有的人认为平等的分配就是公平的共享,有的人认为公正的分配才是公平的共享,对公平含义的理解不同,对公平的共享政策就会有不同的主张。"实际上在一定时期,到底什么是公平,那是一个社会价值或者观念的社会选择问题,不过就公平本身而言,它既不是一个纯粹的主观范畴,也不是一个纯粹的客观范畴,而是两者的结合体。"④在初次分配中的共享政策

---

① Bamber，G.，& Sheldon，P.，Collective Bargaining：An International Analysis，Blanpain eds. Comparative Labour Law and Industrial Relations in Industrialied Market Economies，*Kluwer Law International*，2007.

② 石瑞勇:《初次分配不公平问题的制度思考》,《社会视点》2017 年第 3 期。

③ 刘娜:《发达国家的收入分配调节及对我国的启示》,《对外经贸实务》2013 年第 4 期。

④ 曾国安:《论公平政策目标的选择》,《山东社会科学》2008 年第 8 期。

所注重的是存在着差异的人所应该享有的权利,所关注的是人对社会的贡献存在着差异的条件下获得相应的劳动成果、发展成果的权利,本质是一种做大"蛋糕"的激励共享。市场经济发达国家在再分配领域中的共享所注重的则是作为人的一般而应该享有的基本权利,所关注的是撇开了人对社会的劳动贡献差异的条件下的基本权利。发展成果共享者实际上是无差别的人(即将所有的人都视为平等的权利主体)的共享的公平。

一是建立健全所得税制,发挥税收调节作用。作为收入再分配政策,税收对收入分配格局的变化起着直接的作用。发达国家的个人所得税主要采用超额累进税率,税收所得在财政中的比重在过去的半个多世纪以来大致呈直线上升态势,但是 2008 年国际金融危机爆发后,随着"低增长、高负债、高失业"成为许多国家的经济常态,为了解决经济社会中面临的诸多难题,发达国家纷纷开始对税制进行改革,降低中产阶级税负,尽管市场经济发达国家的个税改革,在改革的目标取向、内容重点、政策措施和时机选择上存在差异,但各国政府都采用降低税率、减少税率层级数、提高扣除标准,以个税改革调节收入分配、缩小贫富差距。其中,简化个税税制,缩减税率级距,降低边际税率成为改革个税的主要手段。为减少较严重的富人避税现象,同时为了更好地应对未来经济的不确定性,英国个税在 2013 年之前按 10%、20%、40%、45%和 50%五档税率征收[1],并从 2013 年 4 月起将个人所得税最高边际税率从 50%降低至 45%。[2] 美国于 2017 年 4 月推出了新的税收改革,将个税税率从的七档(10%、15%、25%、28%、33%、35%和 39.6%)缩减为三档(10%、25%和35%),[3]并实行综合个人所得税制,其税前扣除方式主要采用的是标准扣除和分项扣除相结合的方法。2017 年 4 月,美国政府现行个税扣除标准翻倍。[4] 2017 年 10 月,德国中央政府公布了未来两年个税税改法案。法案规定,2017年德国公民个人收入的费用扣除标准将由 8652 欧元增加到 8820 欧元,2018年进一步增加到 9000 欧元;抚养子女的扣除额也由原来的 4608 欧元增加到 2017 年的 4716 欧元,2018 年进一步增加到 4788 欧元。费用扣除标准和抚养

---

① 卫桂玲:《英国个人所得税制度的特点、作用和借鉴》,《理论月刊》2016 年第 7 期。

② Budget 2012-GOV. UK,https://www.gov.uk/government/news/budget-2012-2,2017-05-20.

③ Trump Calls for Dramatic Tax Cuts for Individuals and Businesses,http://money.cnn.com/2017/04/26/news/economy/trump-tax-plan/index.html,2017-05-20.

④ White House announces sweeping proposal to cut,http://www.latimes.com/politics/la-na-pol-trump-tax-20170426-story.html,2017-05-20.

子女扣除额的"双升"在一定程度减轻了德国普通家庭的税收负担。[1] 新西兰政府于 2017 年上半年颁布法案,为支持"家庭收入一揽子方案",降低工薪家庭税收负担,自 2018 年 4 月起,调高新西兰居民个人所得税费用扣除标准,从原先的最低年收入 1.4 万新西兰元(约合人民币 69450 元),逐步提高到 2.2 万新西兰元(约合人民币 109130 元)。[2]

二是建立健全转移支付制度,促进公共服务均等化。公共服务均等化是调节收入分配格局的重要安排,市场经济发达国家通过健全财政转移支付制度,促进公共服务均等化积累了丰富的实践经验。首先,科学划分各级政府之间的事权和财权,将需要统一规划的公共财政支出划归中央,而与地方利益有直接关系,或者需要因地制宜的公共财政支出,都划归地方政府,形成各级政府之间公共财政支出与其职能和责任密切对应的关系,使各级政府能够根据自己财政能力来提供大致均等的基本公共服务。同时,完善转移支付体制机制,根据各级政府间公共财政纵向差异和同级地方政府间横向差异来确定对地方政府的转移支付数目,协调均衡各地方政府之间的公共财政差距,进而为实现基本公共服务均等化奠定公共财政基础。其次,健全和完善法律法规,将基本公共服务均等化确立为政府法定职责,普遍以"立法先行"原则推进,重视相关法律法规的制定和修改完善。因此,工业化国家大致经历了相同的公共服务立法与制度建设过程,通过公共服务法律体系建构确立相应的制度,以此保障基本公共服务相对均等。最后,建立公共服务市场多元供给机制,满足公民服务的需求。基本公共服务均等化不仅是"经济均等",更是"政治均等"的结果,通过政府的制度设计和绩效考评等体制,市场经济发达国家形成了政府、市场和民间组织等多元参与的公共服务供给机制,形成了"以公民为中心的整合性公共服务"供给格局。[3]

三是建立健全国家保险制度,有效缓和劳资矛盾。国家保险制度是市场经济发达国家调节收入分配差距,实现发展成果共享的一项政策。但是由于社会政治体制、经济发展水平、文化传统的不同,各国的国家保险制度也不尽

---

① Important New Laws and Regulations Taking Effect in Germany in 2017,http://www.theafricancourier.de/living-in-germany/important-new-laws-and-regulations-in-germany-for-2017-that-you-should-know/,2017-05-20.

② Budget 2017,http://taxpolicy.ird.govt.nz/news/2017-05-25-budget-2017,2017-05-20.

③ 金世斌:《公共服务供给机制创新:北欧的改革实践与启示》,《上海行政学院学报》2012 年第 7 期。

相同,主要有三种类型:第一,公私共同参与的补救型社会保险。公私共同参与的补救型保险制度特征主要是与工业社会相适应、以工薪劳动者为核心,围绕工薪劳动者在年老、疾病、工伤、失业等风险设置保险项目,其保险项目充分体现保险互助共济原则;同时强调权利义务相结合,劳动者享受社会保险的待遇与所交的社会保险费用相联系,通过国家、企业、个人三方承担保障责任。美国是这种保险制度的代表性国家。① 第二,政府主导的普惠型社会保险。政府主导普惠型社会保险的特征是高工资、高福利、高税收,国家保险制度具有公共性与普惠性的特征。瑞典是这种制度的典型,号称"福利国家的楷模""福利国家的橱窗"。② 瑞典绝大多数保险是公共保险计划,私营性保险计划极少。尤其是针对年老、残疾和幸存者,瑞典采取普遍性社会保险计划、普遍性名义账户计划以及强制性个人账户计划,针对疾病、生育、工伤,在现金给付方面采取社会保险计划,在服务方面则实行普遍性医疗照顾。③ 第三,均衡型社会保险。均衡型社会保险的结构特征介于瑞典和美国之间,采取补救与普惠式转移支付、公营与私营社会保险项目并举的措施。以德国为例,在社会保险方面,针对老龄、残疾、幸存者、工伤皆实行社会保险计划;针对失业,以社会保险计划与社会救助计划相结合。这些保险计划以公共性社会保险计划为主,也存在非基金式或基金式私营社会保险项目,如公司养老金计划、附加养老基金、市民养老金计划、自雇佣者养老计划、私营健康与长期照顾保险等。

四是建立健全福利国家体系,实现福利全民共享。"福利问题不仅是政府活动和政府开支的重要组成部分,还在权利、平等、正义、国籍等当代政治理论中占据核心地位。"以至于"在过去的十余年里……福利问题已成为各国最为重要的政治议题"④。尽管福利本身有着遥远的道德和宗教上的起源,但作为"社会在基本需求方面为其成员的福祉承担法定的因而也是正式和明确的责任"⑤的福利国家,则是社会、经济、政治各种因素的变化和综合作用的结果。最早将福利国家付诸实践的是贝弗里奇,他勾画了福利国家的蓝图并最终使

① 张奇林:《美国医疗保障制度研究》,人民出版社 2005 年版,第 174 页。

② 郑功成:《社会保障改革与未来发展》,《中国人民大学学报》2010 年第 5 期。

③ PWC WTS. Sweden Individual-Taxes on personal income,http://taxsummaries. pwc. com/uk/taxsummaries/wwts. nsf/ID/Sweden-Individual-Taxes-on-personal-income,2017-05-20.

④ 丁开杰、林义:《后福利国家》,上海三联书店出版社 2004 年版,第 37 页。

⑤ 弗兰茨-克萨韦尔·考夫曼:《社会福利国家面临的挑战》,王学东译,商务印书馆2004 年版,第 13 页。

得全面的国家福利责任落到实处。① 20 世纪 70 年代中期随着世界石油危机的爆发,福利国家开始陷入无法自拔的困境之中。庞大的社会福利支出造成政府财政的巨额赤字,国民"福利依赖"情绪普遍滋生,旨在保证社会公平的政策却产生了"奖懒罚勤"的消极社会效果。由此,西方福利国家体系开始走向改革之路,第一阶段开始于 20 世纪 70 年代末一直延续到 90 年代初,在欧洲主要表现在英国撒切尔政府的福利改革政策上。撒切尔政府在经济方面强调市场自身对经济的调节作用,主张减少国家对经济的干预,降低社会福利支出,强调个人在社会保障中应该承担更加积极的义务与责任,提倡国家责任与个人责任的平衡。但是随着改革的进一步深入,贫富差距逐渐拉大,失业和社会排斥现象严重,工薪阶层无保障感,社会的安全和稳定受到极大威胁。市场经济发达国家的福利改革由此进入到"第三条道路"的第二阶段。"第三条道路"试图在继承传统社会民主主义的社会公正、自由和机会平等、相互责任和国际主义等基本价值观念的基础上,吸收自由主义市场原则的积极成分,既让经济富有活力,又让社会团结一致。安东尼·吉登斯(Anthony Giddens)在《第三条道路:社会民主主义的复兴》中明确提出,应当以"积极的"或"主动的"福利政策代替目前的传统福利模式,使传统福利国家现代化②。"第三条道路"指导下的福利改革以追求社会公正为目标,但是社会公正应是促进个人发展的动力因素,是为人们提供适应社会发展的生存技能,因为培养公民对社会的责任感仅靠责任意识是不够的,对社会和个人负责的技能才是这种责任担负的基础。③ 更重要的是,"第三条道路"的福利改革注重福利的多元化发展,尤其是福利投入的多元化、福利责任承担者的多元化和福利目标多元化。④ 福利投入的多元化指福利和社会保障问题不能单凭扩大经济投入来解决,需要寻找综合途径,进行全方位处理。福利责任承担者的多元化就指改变福利责任完全由国家独立承担的局面,尤其强调增加个人的责任。"福利有多种来源:国家、市场(包括企业)、自愿组织和慈善机构,以及血缘网络(包括家庭)……

---

① 威廉·贝弗里奇:《贝弗里奇报告——社会保险和相关服务》,劳动和社会保障部社会保险研究所译,中国劳动社会保障出版社 2004 年版。

② 安东尼·吉登斯:《第三条道路:社会民主主义的复兴》,郑戈译,北京大学出版社 2000 年版,第 58 页。

③ 钱宁:《社会正义、公民权利和集体主义——论社会福利的政治与道德基础》,社会科学文献出版社 2007 年版,第 112 页。

④ 丁开杰、林义:《后福利国家》,上海三联书店出版社 2004 年版,第 12～16 页。

一个社会全部福利是所有这些的总和。"①福利目标的多元化指在确定福利目标时不只是注重再分配领域的收入再分配,而是更为关注影响初次分配的因素,如个人能力培养和工作机会创造等。

三、培育发展社会慈善事业扶贫济困的积极作用

慈善事业发展的目的是要保护和鼓励人们的慈善友爱之心,让慈善成为扶贫救弱、保障社会稳定发展的重要力量之一。以慈善促进收入分配公平不是某个单一国家或地区的追求,而是全体人类的共同心愿,西方发达国家高度发展的慈善事业就在调节收入分配中起到了重要作用,主要表现在慈善事业的法律保障、管理监督、文化建设、机构建设等方面。

一是放宽注册管理准入机制,培育慈善组织力量。慈善组织是慈善活动中最重要的安排者和实施者,是慈善事业赖以发展的最重要的机制保障。正是由于大量发展完善的慈善组织的存在,现代慈善事业才蓬勃发展,西方发达国家慈善事业的发展历程表明,科学合理的政府规制是慈善组织发展最重要的制度环境,②而宽松的慈善组织注册管理准入机制是慈善组织充分发展的必要条件,只有放宽准入条件,才能激励更多的慈善组织为社会发展贡献力量。慈善组织的准入制度即是国家准许具有特定慈善目的,符合慈善组织资格的民间组织设立所设置的标准与程序规则的制度规范,也即产生各种慈善组织的制度。③ 不同国家基于不同的原因,对慈善组织设立的原则也各有不同,主要有放任主义、准则主义和许可主义。采取放任主义的国家对慈善组织的设立不做任何干预,公民可以自由成立慈善组织,不需要任何登记手续;准则主义国家则对慈善组织实行较为宽松的干预,公民可以自由设立慈善组织,但需要到国家法定机构登记。但是许可主义国家则规定慈善组织的设立必须经过政府的许可,未经许可成立的慈善组织属于违法组织。虽然各国对设立慈善组织的要求不同,但是都强调政府为慈善组织的发展创造一系列基础性条件,政府一般不以行政行为直接介入慈善组织的日常管理和活动中,主要是

---

① R.米什拉:《资本主义社会的福利国家》,郑秉文译,法律出版社 2003 年版,第114 页。

② 朱恒顺:《慈善组织分类规制的基本思路——兼论慈善法相关配套法规的修改完》,《中国行政管理》2016 年第 10 期。

③ 侯安琪:《慈善组织准入的法律规制》,《社会主义研究》2010 年第 5 期。

通过制定完备的法律法规保障慈善组织和慈善活动的有效运行,明确的主管机关,为慈善组织的发展提供外部环境。

二是强化多元监督,提高慈善捐款透明度。慈善全过程通常是在慈善捐赠方、慈善机构、慈善受益方三方共同的参与下,通过接纳善款、经营善款和实施捐款三个环节完成的。在参与慈善的三个主体中,由于慈善捐助方和受益方处于慈善活动过程的两端,整个慈善活动实际主要依靠慈善机构作为中间机构控制运行,捐赠方与受益方实际处于被动的位置。因此,一个慈善活动能否良好运行实际上就依赖于慈善机构的表现,所以在此过程中慈善机构本身的公信力与透明度就成为判断一个慈善机构是否高效的标准之一。更进一步说,慈善组织的公信力是慈善事业良好发展的动力和内在要求,而公信力则来自慈善组织运作的透明性以及组织自身行为的合法性与公益性,因此政府对于慈善组织的监管更专业化、有限化。在西方国家的慈善监管中,法律是最基本的措施,也是最有力的保障,英美国家拥有相对完善的慈善领域的法律法规,为政府监管提供了有力框架,如英国的《慈善法》,为政府对非营利组织的监管提供了重要依据,美国则在宪法、税法等基本法的基础上对非营利组织的活动作了规定。与此同时,可以引入第三方专业评估机构的监督,第三方机构由于独立于慈善机构和捐赠者,兼具专业性和非营利性等特征,能够对慈善机构的运营状况、可持续发展状况等作出客观高效的评估,捐赠者往往可以依赖这些机构的评估结果选择合适的慈善机构进行捐赠。此外,还要重视媒体和民众的监督,尤其是媒体监督具有传播速度快、传播范围广、影响范围大等特点,可以增加民众对善款使用状况的知情权。当然,慈善机构内部的监督也必不可少,比如美国就设立了组织内部监管机构,如董事会、自律协会等。

三是建立完备的税收制度,鼓励慈善捐赠行为。虽然慈善捐赠属于自愿行为,不应以任何功利目的或私人利益视角出发,但通过如税收激励的手段鼓励人们从事慈善活动可以促进慈善事业快速发展,在全社会营造慈善捐赠的氛围。一方面是直接激励,即直接提高捐赠的税收优惠的比例。美国法律规定私人捐助的捐款是完全免税的,而且美国政府从20世纪初开始就一直致力于通过改变税收政策来鼓励民间私人捐助。倘若个人或企业对慈善事业进行捐赠,捐赠的财务可以抵消一部分个人所得税收,同时对处于公益目的的教育、医疗、科研等事业明确了免税政策,因此一旦个人或企业选择投身慈善事业后,税收福利政策可以给其带来实实在在的收益。另一方面是间接激励,即开征遗产税和赠与税。遗产税指对财产所有者去世后所留遗产为对象征收的税,由于遗产税的起征点较高,主要是针对富人阶层所设的税种,开征遗产税的直接好处就是通过对富人所留大额财产的调配,防止财富过于集中,调节社会贫富差距等。赠与税是对遗产税的必要补充,目的是防止富人阶层生前通过财富转移的方式逃避缴纳遗产税而设立的税种。美国遗产税的税率高达50%,对遗产税和赠与税的征收实际上给了富人阶层一个财产处理的方式,即让他们更多地进行慈善捐赠,通过捐赠,富人不但可以保留住财产,还可以获得较好的社会声誉。因此西方许多富豪纷纷成立基金会,投身慈善事业。

四是完善慈善配套机构,促进扶贫济困专业化。慈善事业是社会保障体系中的重要组成部分,慈善组织的专项财产是开展慈善活动的基础,慈善的最终目的是扶贫济困,因此,如何有效发挥慈善组织的作用,保障整个慈善活动的顺利开展以及慈善机构的高效性,成为值得考虑的问题。例如,美国慈善事业的运作流程主要分为劝募—捐赠—管理—发放。劝募机制是衡量一个国家慈善事业成熟与否的标志之一。[①] 一个长期依赖于政府资助的慈善组织是无法发育成独立强大的公益部门的,各国的慈善组织都致力于以公民和企业为基础进行募捐,美国的慈善组织利用"联合募捐"的方式有效解决了资金短缺这一制约慈善组织发展最主要的瓶颈之一,联合募捐主要由联合劝募组织完成,最大和最权威的机构就是联合劝募会,联合劝募机构要保证其资助的每一个组织都是免税的、非营利的且由志愿者管理的。[②] 目前联合劝募已成为世界上最通用的资金募集方式,为各项慈善事业的开展奠定了经济基础。此外,在慈善组织开展募捐活动前,西方还会对募捐主体进行资格认证。虽然各国对慈善募捐主体资格的认定标准不同,但通行的许可方式的认定标准为身份识别和行为规范。如美国将慈善募捐主体分为两类:(1)获得联邦税法认可的免税组织,这类组织成立的宗旨是以公益为目的;(2)组织成立的宗旨并非以公益为目的,但是此项募捐的目的是公益非营利的,因此职业劝募人也可以通过注册申请获得募捐资格。

四、规范收入分配秩序,提升收入分配透明度

合理的初次分配和再分配制度体系,有助于保障收入分配格局的合理性,从而实行以公平为目标的发展成果共享。但是,即便这样的一个制度机制是

---

① 徐麟:《中国慈善事业发展研究》,中国社会出版社 2005 年版,第 311 页。

② Graig Smith, The New Corporate Philanthropy, *Harvard Business Review*, 2006 (1), pp.25-34.

合理的,在收入分配过程一旦出现诸如合法收入不能得到有效保护、非法收入并未得到完全取缔、隐性收入并未得到有力规范以及过高收入并未得到合理调节的无序现象,那么公正合理的收入再分配格局也难以实现。因此,发展成果共享的实现不但要从收入分配制度上设计、从收入分配机制上健全,还需要通过一定的秩序使收入分配格局更为有序。

一是规范政府财政预算行为。从分配的含义上来说,分配就是在比例平等的原则下,将事物公平地分配给每个社会成员。这要求在国家治理中,通过立法手段来保障每个公民生存的尊严与权利,维护每个公民所应当享有的最低生活保障,"排除由于生活标准上的不同,而限制到人格的自由发展"①。由于市场经济是竞争经济,经济发展追求的是一种公平的环境,只有规范市场经济的秩序,在公平有序的规则下,开展有关的竞争活动,才能够得到正义的利益。但是从法律的角度来说,公平与正义是法律发生作用的信任基础,正义是社会制度下最为重要的价值,对法律制度来说,如果收入分配制度本身的设计缺乏正义与公平,不管法律条例是多么有效率或者有条理,都需要对此进行修改或废除。当代市场经济发达国家,在通行的"三权分立"下,强调国家权力的分立制衡,突出代议机关(立法)在政府配置预算的权力,促使财政资金的使用不致偏离"公共性"和"人民性"。美国《联邦宪法》第1条和第4条确立了主权在民的原则,代议机关决策重大事项,监督政府。《德国基本法》第14条规定对于财产的征收必须以法律的形式,否则皆为违法。明确国家参与公民财产权分配是为了使公民享受公共福利,人民的预算知情权和监督权在议会(代议机关)审批预算以及政府公布预算过程中得到满足②。此外,为约束行政权力在预算支出的行使,不少国家宪法直接规定预算编制和执行的依据必须是法律,即预算支出法定原则。以法律的形式,防止政府在公共财政资金的使用上可能出现的利己行为。例如,《芬兰共和国宪法》第65条规定,政府各部门编制预算的新原则,及其旧原则的修改与废止,以及享受年金的权利,均应以法律规定。第66条第一款规定:每一财政年度的全部收支项目应列入年度预算,年度预算由议会通过后,按照颁布法律的方式予以颁布。③ 国家的存在是为了保护和提升公民权利和社会福祉,因此,对于来自人民的公共财政资金的使用,一开始就限制了范围,可以说,公共财政是预先设定好目的的纳税人之

① 张国清:《分配正义与社会应得》,《中国社会科学》2015年第5期。
② 蔡定剑:《宪法精解》,法律出版社2004年版,第67～68页。
③ 刘仲华:《芬兰反腐倡廉靠机制》,《人民日报》2003年10月27日第3版。

义务,预算的目的就是促进人民权利的保护和社会福祉的享有。为了防止公共财政资金滥用,《日本国宪法》第 25 条通过框定国家存在的目的,指明了政府职责之所在,必须保障公民最低限度的权利,国家必须提高公民的社会福祉,提高保障公民权利的各项事业。

二是推行公职人员财产登记公开申报制度。公务员作为一个特殊的群体,拥有干预资源和要素分配的权力,同时执掌市场监管、社会管理和公共服务的职能,拥有大量的市场化资源。制定《国家公职人员财产申报法》是许多国家反腐倡廉积累的成功经验。人类历史上最早的财产公示发生在 1766 年的瑞典。当时,人们有权查看首相的纳税清单。1883 年,英国通过了世界上第一部财产申报法律——《净化选举、防止腐败法》。美国于 1978 年通过的《政府行为道德法》是当前最完备的财产申报立法。这项法律在一定程度上影响了其他国家,使得 20 世纪 80 年代成为制定此类"阳光法"的黄金时期。迄今为止,世界发达国家几乎都制定了公务人员财产申报法规。在财产登记公开申报的高压下,市场经济发达国家中公职人员所取得的收入,要么合法,要么非法,"灰色收入"的生存空间很小。例如,20 世纪 50 年代,美国众议院就通过了《行政官员道德纲要》,但由于这部法案主要是针对事后的惩处,并没有起到很大的作用。1972 年"水门事件"后,美国国会于 1978 年颁布了《政府伦理法》,两年后又重新修订为《道德改革法》。1996 年,美国政府在对《道德改革法》进一步修改的基础上,建立起了公职人员财产申报法律制度。这一制度规定,拥有重要决策权和指挥权的人员、高级技术人员和政府顾问委员会中的任职人员等,必须按照法案的要求申报本人、配偶、抚养子女的财产状况。每项申报内容都规定了明确的申报时间,并且规定了行政及司法官员在其离任后的法定时间内申报财产状况。该法案规定,但凡国会明确规定且不违背宪法的事项都要求申报。另外,还针对美国官员与国外官员交流沟通过程中收受礼物的行为做了明确规定,包括官员不得接受其他国家赠送的超过"最低价值"的礼物。对于虚报财产的官员,规定了十分严厉的惩罚。如果有意伪造申报情况的,司法部将会提起诉讼,追究其刑事责任。[①]

三是打击寻租腐败。由于市场失灵的存在,政府具有介入经济资源配置的合理性,政府官员就有了利用行政权力设租、寻租的可能和机会。市场经济发达国家为遏制寻租腐败的滋生和蔓延,打击非法收入采取了有效的制度举

---

① 中国社会科学院"政治发展比较研究"课题组:《国外公职人员财产申报与公示制度》,中国社会科学出版社 2013 年版,第 64～91 页。

措,总结起来主要包括审计监督和行政信息公开以备监督两个方面。由于政治经济体制和国家治理模式的差异,各国审计监督制度模式各具特色,大体分为三种类型:(1)独立型审计模式。在这种模式下审计机关独立存在,不属于任何国家机关,向立法机构报告工作。(2)司法型审计模式。在此模式下审计机构脱离了立法和行政机关,但是还有一定的司法判决权,可以依法判决和处理一些违反财经法律的审计案件,同样是向立法机构报告工作。(3)立法型审计模式。此类模式多用于代议制国家。审计机关对议会和国会直接负责。行政信息公开以备公众媒体监督是市场经济发达国家反腐倡廉的重要制度。美国多部程序法均规定:联邦政府下内设所有委员会和机构的会议及记录须无一例外向民众公开。政府信息公开是原则,不公开是例外。行政信息公开提升了权力行使的透明度,有助于保障民众的知情权。例如,澳大利亚的所有公共服务和财产均须接受民众的评价及监督,政府公信力是建立在完善透明的绩效评估和公共支出的基础上。[1] 从行政任命到行政决策的任何一个细节的信息都被置于阳光之下,腐败自然无处遁形。[2]

五、发达国家促进发展成果共享的收入分配政策启示

不同群体的收入和消费水平差距过大是近年来我国一个突出的社会现象,它对社会稳定和经济的持续发展已经产生了负面影响,如果任其进一步扩大,将造成更为恶劣的影响。市场经济发达国家采取的这些政策和措施,具有一定的借鉴价值和政策启示。

1. 完善经济发展与成果共享的政策体系

改革开放以来,我国的经济发展取得了显著的成就,伴随着工业化和城市化进程的加快,贫困人口的比例出现大幅度下降,人民的生活水平有了明显的改善。但是,经济增长的成果并没有被绝大多数人(特别是低收入者)所共享,无论是收入还是非收入方面,不平等程度都在不断地加深,社会矛盾日益凸显。如何缩小收入差距,使经济发展的成果更多地惠及全体人民,构建一个和谐、稳定的共享式增长是我国经济发展的重要议题。

一要完善最低工资制度和职工持股制度。我国最低工资制度不论在提出

---

① 黄德林、唐承敏:《公民的"知情权"及其实现》,《法学评论》2001 年第 5 期。

② 黄维:《美国的政府信息公开诉讼制度及启示》,《云南行政学院学报》2009 年第 5 期。

还是实施方面,都比西方发达国家晚,1993 年劳动部颁发《企业最低工资规定》,1994 年全国人大常委会审议通过了《中华人民共和国劳动法》,确立了最低工资保障制度。最低工资制度自实施以来确实发挥了一定的作用,但由于立法、监管、劳资双方等的原因,仍然存在着不能保证同工同酬、区域最低工资差距大等问题。此外,我国最低工资偏低,导致劳动价值与劳动报酬不匹配、劳动收入与经济发展状况不相适应。最低工资标准应当与职工平均工资及企业效益增长保持大体一致的增长水平,政府应当加强对最低工资标准的监管,使外来务工人员的劳动价值都能与其工资水平合理匹配。[①] 在职工持股方面,我国从 20 世纪 80 年代中期开始实行职工持股试点,经过 40 余年的发展已取得部分成效,但由于缺乏统一完善的政策法规,各地在施行职工持股政策时的做法各有千秋,在持股比例、结构、出资方式,以及相应的税收、信贷等配套政策方面都存在很大差距,一定程度上影响了我国职工持股政策的发展。应加快职工持股立法建设,为职工持股的性质、推行、管理、监督与法律责任等提供法律依据,同时丰富和完善收入分配制度。

二要鼓励自主创业,积极发展第三产业。必须通过实行小额贴息,担保贷款,减免税费等政策,为劳动者的自主创业及中小企业(第三产业)的发展提供良好的经济与社会环境。数据显示,每投资 100 万元,第三产业可提供 1000 个就业岗位,而重工业与轻工业能提供的就业岗位分别只有 400 个和 700 个。相比第一产业和第二产业,第三产业具有低污染、低成本、高收益等特点,而在第三产业中,传统服务业与新兴服务业都将成为解决就业问题的主要渠道,服务业的发展对于增加就业岗位、提高人民生活水平、缩小贫富差距具有重要的作用。

三要加大教育投资,完善职业培训制度。研究表明,受教育程度对个人未来的薪酬水平及社会的经济发展有密切的关联,劳动力中教育均等程度与收入分配的公平之间具有明显的正相关。我国低收入人群里普遍的特征是受教育程度低,而这又造成下一代新的贫困,产生贫困的代际传递,因此,将教育尤其是职业培训放在重要位置,对中等及高等职业教育进行明确的科学规划,从我国社会对技能型人才的要求出发,能够从根本上提高劳动者知识结构与劳动技能水平。大力发展职业技术教育,尤其要注重对贫困地区和贫困家庭学生职业教育的补贴,将职业教育与普通教育摆在并列的位置,此外,注重对于

---

① 易培强:《收入初次分配要保障人民共享发展成果》,《湖南师范大学社会科学学报》2013 年第 2 期。

高中教育及高等教育阶段的奖学金、助学金等政策,让他们依靠教育成为技术人才与专业人才,进而跳出贫困陷阱。而除了注重对青年学生的教育培训,还应不断提高农民的受教育水平,通过技术培训等使农民掌握更多的文化知识与技术能力,提高其在农业方面的技术水平,以及进一步提高其就业层次与收入水平。另外,对我国目前职业培训师资力量而言,学校应当从企业或高校中聘请高学识、精技术的人员来担任培训教师,既可以将专业人员的知识融合于课堂,也可以加强学校与企业间的联系,从而节约教育资源,培养实用型人才。另外,对于再就业群体,政府可以通过各种渠道与资金投入为其提供技术与职业培训,在实施过程中可引进第三方培训机构,政府对其进行资金投入与效益监管,使剩余劳动力在经过技术与职业培训后,能够提升在劳动力市场上的竞争力,可以转入知识技能水平要求更高的职业,提高他们的收入水平。

四要实行弱势群体救助。对于每个国家来说都存在低收入人群,而低收入只是一个相对概念,指居民个人收入水平低于社会"普遍"收入水平(平均收入或者中位收入)的状况。① 为了实现缩小低收入居民与其他居民收入间的差距,应在工资增长、优惠政策、机制保障等方面对其有所侧重,主要是全面推行工资集体协商制度:1995 年我国第一次将集体合同写入了劳动立法中,但是我国目前在工资集体协商制度方面还存在一些问题,主要是相关立法滞后,制度未能落实或在执行过程中出现异化,工会组织未完全发挥作用。政府应促进区域、行业、企业内部工资集体协商制度的建立,完善劳、资、政三方共组集体协商制度,弥补职工无权对工资进行发言的缺陷,改善企业运作效率。集体协商制度的推行可以促使工会和企业在认真测算的基础上,制定工时、工价标准,使职工工资不得低于最低标准以及维持工资正常增长。② 另外,政府应加强对劳动法实施的检查监督,保证制度落到实处。最后,在企业中加强工会组织建设,发挥工会在劳动者工资集体谈判中的主要作用,明确工会角色的独立性与专一性,扭转"劳方不敢谈、不会谈,资方不愿谈、拒绝谈"的局面,政府在其中主要以第三方的身份参与集体协商,充当谈判过程中的调停者与润滑剂,从而更好地协调劳资关系,进一步扩大劳动者的组织力量与提升劳动者群体归属感。

① 江西省社会科学院"收入分配研究"课题组:《当前我国收入分配政策体系构建研究》,《企业经济》2011 年第 4 期。
② 赵学清:《论我国收入初次分配中市场和政府的作用》,《河南社会科学》2015 年第 1 期。

2. 建立健全覆盖全社会成员的保障体系

我国现行社会保障体系的基本框架包括三个层次：(1)直接面向贫困或低收入阶层的各种社会救助制度，包括城市最低生活保障制度、下岗职工基本生活保障制度、乡村扶贫政策、灾害救济、城乡福利院以及其他社会救助措施。(2)面向劳动者的各项社会保险制度，包括基本养老保险、基本医疗保险、失业保险、工伤保险、生育保险等。(3)各种社会福利制度，如老年人福利、残疾人福利等。此外，还有一个正在发展中的补充保障系统，如企业年金、补充医疗保险、互助保障、慈善事业等。我国现行的社会保障体系为保持社会公平与稳定、促进经济发展发挥了重要作用，但在实施过程中还存在一些问题，必须通过深化改革建立健全覆盖全社会的社会保障体系。

一要确立共享共建共治理念。党的十八届五中全会确立的"共享发展"的理念，在"十三五"规划中得到进一步的呈现，党的十九大强调必须坚持人人尽责、人人享有，走共同富裕的发展道路。[1] 现代社会保障是以集体力量来化解个体风险，坚持互助共济是其与生俱来的本色。深化社会保障体系改革必须"以共享为基石，切实维护互助共济之根本"[2]。但是，社会保障属于公共服务，必须坚持政府主导，强化政府的决策责任，同时要科学划分各级政府之间的事权和财权，使各级地方政府可以根据自己的财政能力来提供大致均等的保障服务。为了让社会保障真正成为缩小地区差距、实现地区之间公正与协同发展的重要手段，必须通过社会保障制度的统一来促使公共资源得到更为公正的配置。此外，政府还应当充分调动企业、社会团体与个人及家庭的积极性，不仅要让其承担缴费等相应的责任与义务，而且要让代表不同群体利益的社会组织参与制度设计、监督制度运行。只有这样，才能确保各方主体有效地参与共建共治。

二要做好顶层设计。深化改革全面建成中国特色社会保障体系应当做好科学的顶层设计。在宏观层面上，应有超部门机构专责统筹，将社会保障体系建设总体设计纳入中央全面深化改革和国家治理体系现代化的总体设计中，实现对社会保障体系及其功能的科学定位。宏观层面的设计是基于国家发展目标与进程对社会保障体系进行科学规划，明确这一制度的建制初衷、发展目标与功能定位，同时厘清制度发展的路径。在中观层面上，应当解决不同社会

---

① 习近平：《决胜全面建成小康社会，夺取新时代中国特色社会主义伟大胜利——在中国共产党第十九次全国代表大会上的报告》，人民出版社2017年版。

② 郑功成：《中国社会保障发展报告：2016》，人民出版社2016年版，第12页。

保障类别或主要项目的结构、功能定位与资源配置方式,以及与相关制度安排的关系,避免主次不分或顾此失彼。例如,提出医疗保障体系的结构优化及其与医疗、医药之间的协同推进,老年保障体系中经济保障与服务保障之间的协同推进与结构优化,社会救助与扶贫开发之间的协同推进与结构优化等中观的统筹规划。在微观层面上,应当细化具体保障项目的顶层设计,重点是优化制度结构,合理分配责任,保证制度公正、有效且可持续。以医疗保险的顶层设计为例,在切实推进"三医"联动的条件下,不仅需要整合现行制度,还需要同步优化筹资机制与合理分担责任,并对分级诊疗、支付方式、信息系统与智能监管等做出具体而明确的制度安排。[①]

三要加快优化关键性制度安排。坚持以人民为中心的发展思想,决定了社会保障必须对人民不断增长的福利诉求适时做出回应并采取相应的行动,建立健全社会保障体系,必须加快优化关键性制度安排,尽快实现基本养老保险全国统筹,促使养老保险制度真正走向全国统一。必须在整合城乡居民医疗保险制度的基础上,积极推进居民医保与职工医保的整合,争取早日用一个制度覆盖全民,同时取消个人账户,均衡筹资责任负担,真正建成成熟的全民医保制度。必须尽快完善低保制度,包括实行一定的收入豁免来激励低保对象努力通过劳动获得收入增加、生活改善,促进低保与扶贫有序衔接,真正兜住低收入困难群体的民生底线,尽快启动《社会救助法》的立法程序。必须加快优化养老服务体系建设,关键是要立足社区,加大公共投入,同时将现代型的社会养老服务与传统型孝老、敬老的家庭保障有机结合。必须落实儿童优先战略,采取公私并举、官民结合、合理布局的方略,大力发展托幼事业,以此减轻居民家庭育儿负担,增进居民福利,实现人口均衡增长的目标。[②]

3. 发挥慈善事业调节社会分配公平的功能

2014年12月,国务院出台了《关于促进慈善事业健康发展的指导意见》,这是我国第一个以中央政府名义出台的规范和促进慈善事业发展的文件。2016年3月,我国颁布了《中华人民共和国慈善法》,为发挥慈善事业调节收入分配公平的职能建立了基本的法律法规。

一要健全慈善组织的行业准入制度。我国在慈善组织的准入制度上实行的是"双重管理"模式,呈现出"分层登记、双重管理、限制竞争、选择性扶持"等

---

① 郑功成:《中国社会保障发展报告:2016》,人民出版社2016年版。

② 郑功成:《全面理解党的十九大报告与中国特色社会保障体系建设》,《国家行政学院学报》2018年第1期。

特点。① 慈善组织同时接受登记管理机关和业务主管单位的双重管理,这导致大量符合设立标准但因得不到业务主管部门认可而不能登记注册的慈善组织产生,这种严格的组织准入机制严重影响了慈善组织的发展,必须改革现有的登记准入机制,降低慈善组织的准入门槛,依据不同的实际情况,灵活地采用针对不同慈善组织类型的准入审查标准,对于一些人数、资金都很少的民间慈善组织应放宽准入限制,给予足够的生存空间,对于规模较大的民间慈善组织则实行严格管理。

二要建立健全有效的监督机制。《中国慈善透明报告》整理出了公众最希望了解的慈善组织的三方面信息,其中"资金取向与使用状况"排在第一位,其次是"善款来源"。② 必须建立一个完善的能及时有效发布慈善数据和慈善信息的平台,除了个别捐赠者要求对捐赠信息保密的情况,应该把每一笔捐款的来龙去脉都记录清楚。此外,应当完善内部自律与外部他律共同作用的监督体系,强化政府对慈善事业的监督主体地位,民政部门要严格执行慈善组织年检制度和评估制度,围绕慈善组织募捐活动、财产管理和使用、信息公开等内容,建立健全并落实日常监督检查制度、重大慈善项目专项检查制度、慈善组织及其负责人信用记录制度,并依法对违法违规行为进行处罚。财政、税务部门要依法对慈善组织的财务会计、享受税收优惠和使用公益事业捐赠统一票据等情况进行监督管理。其他政府部门要在各自职责范围内对慈善组织和慈善活动进行监督管理。③ 与此同时,要发挥媒体与民众的外部监督作用,新时代的媒体作为沟通民众与政府、民众与慈善组织间的重要桥梁,扮演着宣传推动慈善组织形象建立及发挥着良好的监督作用的角色,媒体对慈善组织的监督一方面可以使公众通过媒体了解到慈善组织的运营状况,另一方面也能对慈善组织形成外在的舆论约束作用,激励慈善组织更好地履行本组织的使命。

三要营造适合于慈善事业发展的社会文化氛围。必须将慈善文化纳入社会主义核心价值体系和精神文明建设中,用先进的社会主义文化去感染人、塑造人,为慈善事业的发展奠定良好的文化思想基础。中国自古就有慈善的优

---

① 游祥斌、刘江:《从双重管理到规范发展——中国社会组织发展的制度环境分析》,《北京行政学院学报》2013 年第 4 期。

② 《2014 年度中国慈善透明报告:红会透明指数下降》,http://news.Youth.cn/gn/201409/t20140919_5760005.html,访问日期:2019 年 6 月 15 日。

③ 国务院印发《关于促进慈善事业健康发展的指导意见》,http://politics.people.com.cn/n/2014/1218/c1001-26234215-2.html,访问日期:2019 年 6 月 15 日。

良传统,《孟子》有云,老吾老以及人之老,幼吾幼以及人之幼。墨子提倡天下之人皆相爱,强不执弱,众不劫寡,富不侮贫,贵不傲贱,诈不欺愚。这些优秀的中国传统文化为中国特色社会主义慈善文化的构建提供了坚实的基础。必须大力宣传与弘扬慈善文化,树立慈善文化先锋代表人物,以点带面,进而引导广大人民群众树立正确的慈善价值观,逐步形成人人愿意慈善,人人奉献慈善的社会氛围,对主动承担社会责任,长期从事慈善事业的个人或企业给予宣传和表彰,鼓励社会各领域组建慈善志愿者队伍,传递有爱和谐,助人为乐的慈善文化。

四要建立健全慈善募捐制度。《中华人民共和国红十字会法》明确规定,红十字会为了开展救助工作可进行募捐活动。《中华人民共和国公益事业捐赠法》从国家管理的角度对捐赠行为进行了规范,但是对于募捐行为没有相应的制度规范,2016 年颁布的《中华人民共和国慈善法》规定了慈善组织募捐的形式与内容,但并未提到假冒募捐等的法律后果,制度的不完善造成了募捐行为的无序与募捐环境的恶化,对本该正常开展的募捐活动造成了很大的影响。同时要创新慈善捐赠的活动方式,可以借鉴西方发达国家进行慈善捐赠的多种方式,比如未来财产捐赠、无形财产捐赠等,进一步扩大慈善捐赠者范围,以便利更多想要参与这项有意义的捐赠活动的民众。与此同时,必须加强慈善组织自身的专业性建设,打造慈善组织专业化的运营机制,提高慈善组织的道德素质和职业精神,并且给予慈善工作者应有的认同与鼓励,使其在意识到自身价值时亦能实现其价值。

4. 以立法形式规范收入分配秩序

收支透明包括收入透明和支出透明,前者指收入来源透明、收入总额及构成透明,后者指财政资金使用部门财政支出的种类、规模及效果的透明。收支透明包括两个层次:居民收入的收支透明与财政收入的收支透明。居民收支透明化的好处在于能够防止个人所得税款流失,最大限度地限制"灰色收入"和"非法收入"。财政收支透明化的好处在于能够"提高财政预算管理水平、有效约束政府收入形成和支出中的不合理成分"[1]。因此,政府和居民收入的透明化是合理的收入分配秩序的重要特征和基本前提。

一要完善财税立法。在公平分配理念下进行财税法改革意义重大,因为财政与税收不仅是国家获取收入的手段,还是以解决市场失灵问题为宗旨的

① 易定红、张维闯、葛二标:《中国收入分配秩序:问题、原因与对策》,《中国人民大学学报》2014 年第 3 期。

宏观调控的重要工具。与之相适应,现代财税法的变革,在保证国家参与到社会产品分配过程的同时,还要经由宏观调控措施,发挥其再分配的作用,保障经济公平与社会公平,从而达到其调整目标。一方面可以考虑制定《财政转移支付法》,构建系统的、完整的转移支付法律法规体系,对转移支付之政策目标、原则及范围、数额及形式、资金的分配方法及拨付程序、监督管理等做出的具体的和权威性的规定。另一方面可以实施制度的第三次分配的税收优惠政策。国民收入的第三次分配指通过社会富裕阶层向社会或特定的社会群体转移自身的合法财产,从而调节分配格局,促进社会分配的公平。可以运用财政、税收等手段给予第三次分配以政策倾斜,尽快形成第三次分配格局,发挥其公平作用。可以考虑尽快开征遗产税,通过立法鼓励企业家投入捐赠慈善事业。

二要推行公职人员财产公开制度。公职人员控制着大量的社会资源,公职人员财产公开制度将有助于腐败治理能力和绩效的提升。"将财产公开法律制度合法化是当前形势下迫切需要的。财产公开法的出台也是政府展现政治意志和积极准备社会改革的决心。"①只有将财产公开制度从法律层面上加以确定,才能使其走得更远,更有效。但是,在确定公开的主体的范围时,应充分考虑到我国的国情,适宜的范围应为从事公务的人员及其配偶和子女,包括在国家机关(指国家权力机关、国家行政机关、审判机关、检察机关和军事机关)、政党组织、人民政协、事业单位、国有和集体所有企业等工作的人员以及由国家机关、国有公司、企事业单位委派到非国有公司、企事业单位、社会团体从事公务的人员。公开的范围应确定为固定工资收入和不固定收入、个人财产(包括动产和不动产)、一定额度以上的债权债务关系、其他无形财产(包括知识产权、期权和各种票据权利等)。但是"光有一部财产公开法而不为其配有配套制度,即使这部法律再完善,也没办法孤立地存在"②。因此,应该将公开法律制度与我国现行的刑法相关制度协调配套联系起来。可以考虑将虚假申报财产罪和拒绝申报财产罪引入刑法中,这样可以提高财产公开法律制度的执行力和权威性。

三要推进审计监督法律体系建设。改革开放后建立的中国审计制度在取得了巨大的成效同时,也存在"行政审计监督制度不够完善,一些法律规制内容与现阶段《审计法》等法律法规存在冲突,对财政经济违法违纪问题缺乏监

---

① 萨塔罗夫:《反腐败政策》,郭家申译,社会科学文献出版社 2011 年版,第 213~214 页。
② 黄维智:《刑事司法中的潜规则与显规则》,中国检察出版社 2007 年版,第 46 页。

督程序和方式上的协调性,以致出现监督的空白或重叠,并且一些审计法律法规的又存在修订滞后性等问题"。[①] 必须推进审计监督法律体系建设,制定《审计信息结果反馈法》《审计责任法》《审计署审计结果公告办理规定》等,通过完善立法,增强审计结果公告制度的实际应用性,确保审计信息更好地向社会公开,如审计内容涉及某些单位和个人滥用国家财富的行为、严重浪费国家公共资源的行为时,审计机关应当要重点进行公开公告。更为重要的是,必须完善绩效审计法律法规,建立科学的绩效评价体系来完善政府绩效审计程序,突出绩效审计重点,量化政府绩效审计标准,对政府部门的各种财务收支状况进行客观审计,实现科学化、合理化的管理统筹。

---

① 　李金华:《中国审计 25 年回顾和展望》,人民出版社 2008 年版,第 6 页。

第五章　形成发展成果共享的合理
有序收入分配格局障碍

收入分配格局调整涉及重大的利益关系变革。从初次分配来看,需要破除垄断对收入分配的影响,调整资本与劳动的基本利益关系;从再分配来看,需要调整政府、企业和居民的分配关系。因此,形成发展成果共享的合理有序收入分配格局实质上是基本利益关系格局的调整,需要处理好劳动与资本、城市与农村、政府与市场等重大关系,推动相关领域改革向纵深发展,必然会受到既得利益的阻碍和干扰。本章将对制约收入分配格局调整的各种因素或障碍进行深入分析,厘清收入分配格局改革的深层次矛盾和问题。

一、现实性障碍:收入差距持续扩大

改革开放以来,随着市场经济体制逐步建立和完善,经济持续增长进程中的居民收入普遍增加,但与此同时,个人收入差距悬殊,贫富分化等现象引起人们的广泛关注。合理的国民收入分配格局是一国经济持续健康发展的关键,也是实现社会和谐稳定的前提。[①] 形成发展成果共享的合理有序收入分配格局的现实性障碍有多方面的因素,主要体现在地区间、城乡间、行业间的收入差距持续扩大,以及失业率和基尼系数等指标的长期高位不下等现实性因素。

1. 地区间收入差距持续扩大

地区间障碍主要指东中西部地区的经济发展极不平衡,尤其是东部地区与其他地区之间的发展差距严重阻碍了合理有序的收入分配格局的形成。由于各地区改革开放时间的先后、程度及优惠政策有所差异,不同地区发展差距呈逐年扩大的趋势,尤其是东部地区与其他地区之间的差距明显。各种数据分析均可清晰地看出在各地区人均收入差异和经济增长中,无论是经济总量

---

① 胡锦涛:《坚定不移沿着中国特色社会主义道路前进,为全面建成小康社会而奋斗》,《人民日报》2012年11月8日。

还是人均 GDP 水平,东部地区都明显高于全国平均水平。

一是东部地区与其他地区的收入差距。总的来说,我国可分为东部、中部、西部和东北四大地区[①],东部沿海地区因地理条件优势经济社会发展水平高于中、西部地区。再加上改革开放的"阶梯式"发展战略,即由东部沿海地区依次向中西部地区推进,使得地区间的发展更加不平衡。统计数据显示(见表5-1),东部地区的 GDP 远比其余几个地区要高,东部地区生产总值为372988亿元,是中部地区的 2.53 倍,是西部地区的 2.7 倍,是东北地区的 6.45 倍。而中部地区与西部地区大致持平,但仍比东北地区的生产总值要高出许多。与此同时,东部地区人均可支配收入为28223元,比中部地区高53%,比西部地区高67%,而与此同时西部地区的人均可支配收入只占中部地区的91%,更不论与东部地区的差距了。此外,东北地区由于其地区内人口相对较少,其人均可支配收入相对较高,高出西部地区大约 24%(见表5-2)。

表 5-1　2015 年东中西部及东北地区生产总值

地区	2015 年生产总值(亿元)
东部地区	372988
中部地区	146948
西部地区	145013
东北地区	57815

数据来源:国家统计局:《中国统计年鉴(2016 年)》,中国统计出版社 2016 年版。

表 5-2　东中西部及东北地区人均居民可支配收入

地区	2015 年人均可支配收入(元)	占比(以中部为1)	占比(以西部为1)
东部地区	28223	1.53	1.67
中部地区	18442	1	1.09
西部地区	16868	0.91	1
东北地区	21008	1.13	1.24

数据来源:国家统计局:《中国统计年鉴(2016 年)》,中国统计出版社 2016 年版。

二是不同省市之间的收入差距。上海、北京等地区,人口数约占总人口的

----

① 李勇:《我国居民收入分配的理论与实践》,郑州大学出版社 2007 年版,第 170 页。

2.2%,属于高收入地区;天津、浙江、广东、福建、江苏、辽宁等 6 个沿海省份,人口数约占总人口的 21.8%,属于中上等收入地区;山东、东北、华北中部部分地区,人口约占总人口数的 21.8%,属于中下等收入地区;贵州、甘肃、陕西、西藏等中西部地区,人口数约占总人口的 50%,属于低收入地区。[①] 图 5-1 表明了各省市区 2015 年的生产总值,2015 年广东和江苏的生产总值远远高于其余地区,广东省生产总值为 72812 亿元,而西藏仅为 1026 亿元,两者相差 71 倍。

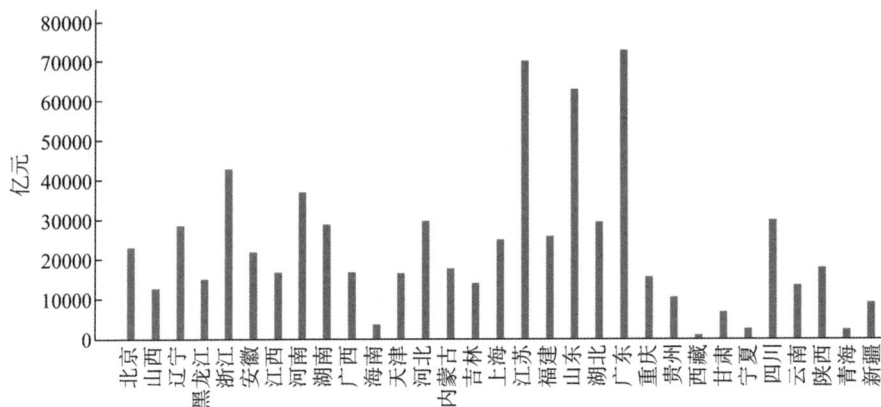

图 5-1 2015 年 31 个省区市生产总值

数据来源:国家统计局:《中国统计年鉴(2016 年)》,中国统计出版社 2016 年版。

与省际生产总值相对应的是不同省区市之间的收入差距。2015 年全国居民人均可支配收入突破两万元大关,达到了 20167 元,但这并不能掩盖不同省区市之间差距较大的事实(见表 5-3)。其中,上海、浙江、天津、江苏、安徽、广东、山东、云南、湖北、甘肃、新疆、西藏等地区的人均可支配收入高于全国平均水平。2015 年,我国居民可支配收入最高的上海市人均可支配收入为 49867 元,尽管西藏地区人均可支配收入实际增长率全国最高,达到了 14.2% 的增长,但其人均可支配收入水平仍是最低的,人均收入仅为 12254 元,人均收入最高的地区与最低地区之比为 4.06:1。

---

① 李勇:《我国居民收入分配的理论与实践》,郑州大学出版社 2007 年版,第 150 页。

表 5-3　2015 年各省区市人均可支配收入和实际增长率

地区	人均可支配收入（元）	比上一年实际增长（%）	地区	人均可支配收入（元）	比上一年实际增长（%）
全国	21966	8.9	天津	31291	8.5
北京	48458	8.9	河北	18118	8.8
山西	17853	7.9	内蒙古	22310	8.5
辽宁	24575	7.6	吉林	18683	6.6
黑龙江	18592	6.8	上海	49867	8.4
浙江	35537	8.8	江苏	29358	8.7
安徽	18362	9.3	福建	25404	8.8
江西	18437	10.1	山东	22703	8.8
河南	17124	9.1	湖北	20025	9.5
湖南	18979	8.6	广东	27858	8.4
广西	16873	8.4	海南	18979	8.6
重庆	20110	9.5	四川	17221	9.3
贵州	13696	10.7	云南	15222	10.5
西藏	12254	14.2	陕西	17395	9.8
甘肃	13466	10.5	青海	15812	10.0
宁夏	17329	8.9	新疆	16869	11.6

数据来源：国家统计局：《中国统计年鉴（2015 年）》，中国统计出版社 2015 年版。

2. 城乡收入差距持续扩大

改革开放以来，我国城镇居民人均可支配收入与农村居民人均纯收入稳步提高，但在城乡人均收入稳步提高的同时，城乡收入差距却越来越大。城乡收入差距的扩大不仅体现在城乡收入总量上，而且在人均水平上也有较大差别。

一是城乡收入总量的差距。改革开放以来，收入总量在城镇居民与农村居民之间的分配具有明显的规律性，城镇居民总收入所占比重持续上升，而农村居民总收入所占比重持续下降。① 城镇收入总量占总收入的比重从最初的35.7%到 2015 年达到了 79.1%，上升了 43.4 个百分点。而农村居民收入总

---

① 李勇：《我国居民收入分配的理论与实践》，郑州大学出版社 2007 年版，第 132 页。

量占总收入的比重则与此相反,1978 年我国农村居民收入总量占总收入的
64.2%,到了 2015 年这一比重已经下降到了 20.9%(见图 5-2)。

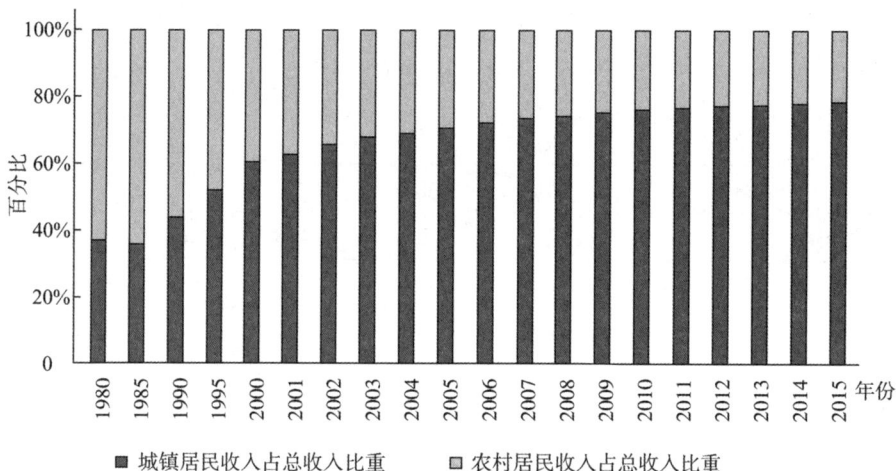

图 5-2　1980—2015 年城乡居民总收入对比

数据来源:国家统计局:《中国统计年鉴(2016 年)》,中国统计出版社 2016 年版。

　　二是城乡居民人均收入水平的差距。人均收入水平既不受人口增长率的
影响,也不受城镇人口比重变化的影响,从人均收入指标最能看出居民个体生
活水平的高低。[①] 表 5-4 和图 5-3 呈现了城乡居民人均收入水平的差距。从
横向上看,城乡居民收入比从 1978 年的 2.56 到 2009 年的 3.33,随后数值有
所回落,但总体上围绕在 3 倍左右。从纵向上看,1978 年城镇居民人均可支
配收入为 343 元,2015 年城镇居民人均可支配收入 31790 元,增长了 92.6
倍,而 1978 年的农村居民人均可支配收入为 134 元,2015 年增长到了 10772
元,增长了 80.99 倍,很明显,城镇居民人均收入水平不仅起点高,而且收入上
升的速度更快。也有学者考虑到我国不同地区间生活成本存在一定的差异水
平。扣除地区生活成本差异后,我国城乡居民实际收入倍差为 2,收入最高省
份和最低省份的倍差,城镇为 1.72,农村为 2.31。虽然看上去我国城乡收入
差距有一定降低,但从世界范围内来看,我国城乡居民收入差距在全球仍属于
较大国家行列。[②]

---

　　① 李勇:《我国居民收入分配的理论与实践》,郑州大学出版社 2007 年版,第 134 页。
　　② 吴伟:《我国居民收入差距研究——基于扣除生活成本地区差异的方法》,《调研
世界》2016 年第 7 期。

表 5-4　1978—2015 年我国城乡居民人均收入水平对比

年份	城镇居民人均可支配收入(元)	农村居民人均纯收入(元)	城镇居民人均收入相当于农村居民人均收入倍数
1978	343	133	2.56
1980	477	191	2.50
1985	739	397	1.86
1990	1510	686	2.20
1995	4283	1578	2.71
2000	6280	2253	2.79
2001	6860	2366	2.90
2002	7703	2476	3.11
2003	8472	2622	3.23
2004	9422	2936	3.21
2005	10493	3255	3.22
2006	11759	3587	3.28
2007	13785	4140	3.32
2008	15780	4760	3.32
2009	17174	5153	3.33
2010	19109	5919	3.23
2011	21809	6977	3.13
2012	24564	7916	3.10
2013	26955	8895	3.03
2014	29381	9892	2.97
2015	31790	10772	2.95

数据来源:国家统计局:《中国统计年鉴(1978—2015 年)》,中国统计出版社 1978—2015 年版。

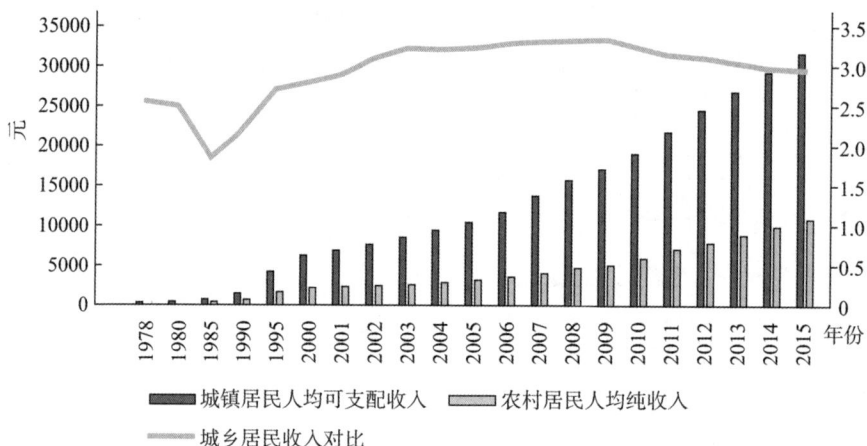

图 5-3　1978—2015 年城乡居民人均收入水平对比

数据来源：国家统计局：《中国统计年鉴（1978—2015 年）》，中国统计出版社 1978—2015 年版。

3. 行业收入差距持续扩大

行业收入差距影响了合理有序收入分配格局的形成。新兴行业和垄断行业如金融、保险、房地产、交通运输、邮电、科学研究、综合技术服务的职工不仅工资高、增长快，而且享有优厚的住房、医疗福利待遇。而传统行业如建筑、农、林、牧、渔业的职工收入低、增长慢。不仅如此，行业内部也存在着较大的收入差距，进一步影响了合理有序收入分配格局的形成。

一是不同行业在岗职工平均工资差距。改革开放以来，各行业在岗职工收入水平不断提高，但不同行业之间的收入差距也在进一步加大，尤其是垄断行业与其他行业间的收入差距越来越大。行业垄断指政府部门为保护某特定行业的企业及其经济利益而实施的限制、禁止新的经营者进入参与竞争的行为。[①] 垄断行业的高工资、高福利及政府给予的优惠保护政策使这些行业免受市场风险的冲击，促使行业间收入差距迅速拉大。[②] 行业间的收入差距扩大是一个普遍的趋势。2015 年我国城镇在岗职工平均工资 63241 元，与 2013 年相比增加了 6881 元，增长了 12.2%。但是，从行业门类来看，在岗职工平均工资最高的行业是金融业，平均工资达到 114777 元，比上年增长 6.0%，是全部行业的平均工资的 1.81 倍；在岗职工平均最低的行业是农、林、牧、渔业，

---

① 冯志：《国民收入分配不公的现状思考》，《法制与社会》2010 年第 7 期。

② 李勇：《我国居民收入分配的理论与实践》，郑州大学出版社 2007 年版，第 121 页。

平均工资仅为 31947 元,与上年相比增长 12.6%,只相当于全部行业平均工资的 50%,平均工资水平最高的行业与最低的行业相差 82830 元,两个行业平均工资水平之比为 3.59∶1。2015 年全国平均工资水平的前三位分别是金融业,信息传输、软件和信息技术服务业,科学研究和技术服务业,平均工资依次是 114777 元、112042 元、89410 元,分别是全国平均工资水平的 1.81 倍、1.77 倍、1.40 倍。而排在后三位的行业分别是水利、环境和公共设施管理业,住宿和餐饮业,农、林、牧、渔业,他们在 2015 年的工资分别只有 43528元、40806 元、31947 元,并且行业最高工资增长速度皆大于行业最低工资的增长速度,使得行业最高工资和行业最低工资的差距更加明显(见表 5-5和图 5-4)。

表 5-5　2014、2015 年不同行业在岗职工平均工资以及与全国平均工资的比值

行业门类	2014 年平均工资(元)	与全国平均工资比值	按 2014 年平均工资排序	2015 年平均工资(元)	与全国平均工资比值	按 2015 年平均工资排序
金融业	108273	1.92	1	114777	1.81	1
信息传输、软件和信息技术服务业	100845	1.79	2	112042	1.77	2
电力、热力、燃气及水生产和供应业	73339	1.30	3	78886	1.24	4
租赁和商务服务业	67131	1.19	4	72489	1.14	6
文化、体育和娱乐业	64375	1.14	5	72764	1.14	5
科学研究和技术服务业	64252	1.14	6	89410	1.40	3
交通运输、仓储和邮政业	63416	1.13	7	68822	1.09	8
采矿业	61677	1.09	8	59404	0.93	12
批发和零售业	55838	0.99	9	60328	0.95	10
房地产业	55568	0.99	10	60244	0.95	11
制造业	51369	0.91	11	55324	0.87	14

续表

行业门类	2014 年平均工资（元）	与全国平均工资比值	按 2014 年平均工资排序	2015 年平均工资（元）	与全国平均工资比值	按 2015 年平均工资排序
卫生和社会工作	46206	0.82	12	71624	1.13	7
建筑业	45804	0.81	13	48886	0.77	15
教育业	43194	0.77	14	66592	1.05	9
公共管理、社会保障和社会组织	42062	0.75	15	62323	0.91	13
住宿和餐饮业	37264	0.66	16	40806	0.64	18
居民服务、修理和其他服务业	33169	0.59	17	44802	0.71	16
水利、环境和公共设施管理业	28868	0.51	18	43528	0.69	17
农、林、牧、渔业	28356	0.50	19	31947	0.50	19

数据来源：国家统计局；《中国统计年鉴（2016 年）》，中国统计出版社 2016 年版。

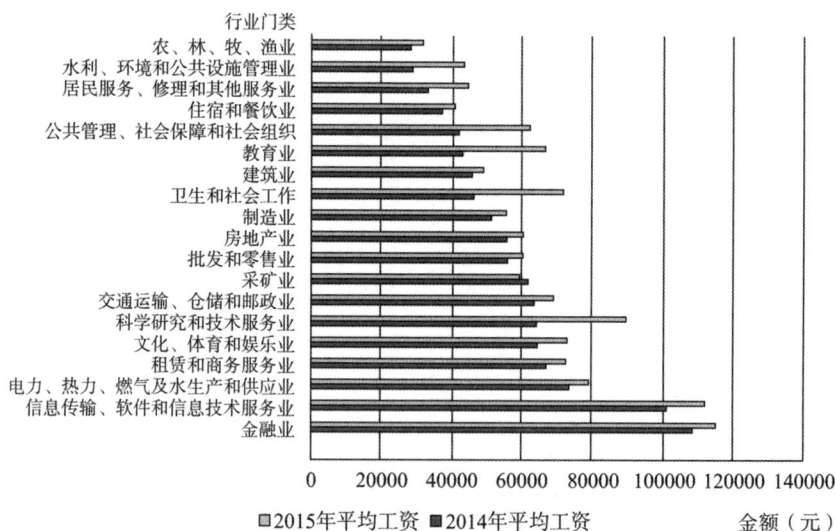

图 5-4　不同行业在岗职工平均工资以及与全国平均工资的比值

数据来源：国家统计局编：《中国统计年鉴（2016 年）》，中国统计出版社 2016 年版。

二是不同经济类型行业间的平均工资差距。2015 年国有经济单位、集体经济单位和非公有制经济单位的在岗职工平均工资分别为 65296 元、46607元、60906 元,与 2014 年相比分别上升了 8.8%、9.7%、9.8%。从 19 个行业上看,各个经济类型内部行业间的收入差距都不同程度地存在(见表 5-6)。从全部行业报酬水平来看,只有集体单位平均工资水平低于全国平均水平。从经济类型内部来看,国有经济和非公有制经济内部各行业的平均工资水平都较高,而集体经济单位内部的各行业工资水平都较低。

表 5-6　2015 年各经济类型行业间在岗职工平均工资以及与全国平均工资的比值

行业	在岗职工平均工资			与全国平均工资比值		
	国有单位（元）	城镇集体单位（元）	非公单位（元）	国有单位	城镇集体单位	非公单位
全部行业	65296	46607	60906	1.03	0.74	0.96
金融业	100672	82944	123640	1.59	1.31	1.94
信息传输、软件和信息技术服务业	69858	50901	117076	1.10	0.80	1.85
电力、热力、燃气及水生产和供应业	80066	54395	78327	1.26	0.86	1.23
租赁和商务服务业	55016	40731	82271	0.87	0.64	1.30
文化、体育和娱乐业	73447	49577	72093	1.16	0.78	1.14
科学研究和技术服务业	80409	58849	100210	1.27	0.93	1.58
交通运输、仓储和邮政业	70908	37461	68138	1.12	0.59	1.07
采矿业	59673	42900	59729	0.94	0.68	0.94
批发和零售业	69300	31804	60433	1.09	0.50	0.95
房地产业	55922	44062	60976	0.88	0.69	0.96

续表

行业	在岗职工平均工资			与全国平均工资比值		
	国有单位（元）	城镇集体单位（元）	非公单位（元）	国有单位	城镇集体单位	非公单位
制造业	64931	42026	55162	1.02	0.66	0.87
卫生和社会工作	73490	57917	60027	1.16	0.91	0.94
建筑业	49544	39276	49442	0.78	0.61	0.78
教育业	67442	55810	55937	1.06	0.88	0.88
公共管理、社会保障和社会组织	62452	55179	45462	0.98	0.87	0.72
住宿和餐饮业	43621	37197	40436	0.69	0.59	0.64
居民服务、修理和其他服务业	49144	41566	43131	0.77	0.65	0.68
水利、环境和公共设施管理业	42705	33262	49130	0.67	0.52	0.77
农、林、牧、渔业	31374	39049	38153	0.49	0.61	0.60

数据来源：国家统计局：《中国统计年鉴（2016年）》，中国统计出版社2016年版。

具体而言，国有经济单位平均工资水平最高，在其内部，高于全国平均公告工资水平的行业有11个，前三位的行业是金融业，电力、热力、燃气及水生产和供应业，科学研究和技术服务业，为100672元、80066元和80409元，分别是全国平均工资的1.59倍、1.26倍和1.27倍。排在后三位的行业是居民服务、修理和其他服务业，住宿和餐饮业，农、林、牧、渔业，工资水平分别是49144元、43621元和31374元，分别是全国平均工资水平的69%、67%和49%。工资最高行业是工资最低行业的3.2倍，相差69628元。

非公有制经济内部高于全国平均工资水平的行业有7个，前三位的行业是金融业，信息传输、软件和信息技术服务业，科学研究和技术服务业，为123640元、117076元和100210元，分别是全国平均工资的1.94倍、1.85倍和1.5倍。排在后三位的行业是住宿和餐饮业，居民服务、修理和其他服务业，农、林、牧、渔业，工资水平分别是40436元、43131元和38153元，分别是

全国平均工资水平的 64％、68％和 60％。工资最高行业是工资最低行业的
3.24 倍,相差 85487 元。

　　集体经济内部前三位的行业是金融业,科学研究和技术服务业,卫生和社
会工作业,为 82944 元、58849 元和 57917 元,分别是全国平均工资的 1.31
倍、0.93 倍和 0.91 倍。排在后三位的行业是住宿和餐饮业,水利、环境和公
共设施管理业和农、林、牧、渔业,工资水平分别是 33262 元、37197 元和 39049
元,分别是全国平均工资水平的 59％、52％和 61％。工资最高行业是工资最
低行业的 2.49 倍,相差 49682 元。

　　由此可见,三种经济类型内部,工资水平排在前三位的行业是基本一样
的,金融、科研、电力行业始终处于前列,但农、林、牧、渔业始终处于收入最低
之列。国有经济和非公有制经济的平均工资水平较高,其内部工资最高行业
与最低行业的收入之比也比较大,分别是 3.20 倍与 3.24 倍;集体经济的工资
水平较低,其内部工资最高行业和最低行业的收入比值也较小,为 2.49 倍。
从这个角度来看,我国国有经济和非公有制经济内部的行业收入差距要比集
体经济的差距更大。尤其是在垄断行业和竞争行业之间,目前差距存在不断
扩大的趋势。齐亚强通过对 2010 年中国家庭追踪调查数据的分析指出,随着
一个行业内国有企业所占比例的上升,该行业内部各社会群体之间的收入差
距呈明显扩大的趋势。这突出反映了行业垄断因素已经成为导致我国居民收
入差距过大的重要原因。如何有效地降低行业垄断的影响,充分发挥劳动力
市场的规制和调节作用,将是现阶段改善我国居民收入分配状况的关键
所在。[①]

　　4. 收入差距扩大标识:基尼系数

　　基尼系数是测度收入差别最常用的指标,其优点是可以用一个数值来反
映收入差别的总体状况,可以从收入构成的角度方便地进行分解分析,缺点是
不能反映个别阶层收入分配变动情况。基尼系数可以比较客观、直观地反映
和监测居民之间的贫富差距,预报、预警居民之间出现贫富两极分化。现实中
基尼系数在 0.3 以下为社会公平状态,在 0.3～0.4 之间为社会公平基本合理
状态,而 0.4 以上则属于收入差距过大,超过 0.5 就是差距悬殊。《世界银行
2005 年发展报告》显示,中国的基尼系数已经位列全部参与统计的 120 个国
家和地区中的第 85 位,收入差距的扩大对中国经济社会公正产生了严峻的影

---

　　① 齐亚强、梁童心:《地区差异还是行业差异?——双重劳动力市场分割与收入不
平等》,《社会学研究》2016 年第 1 期。

响,这会直接引发社会不安定因素激化,影响社会稳定,甚至是未来经济的可持续发展。① 图 5-5 表明,中国基尼系数已经超过国际上公认的 0.4 警戒线,居民总体收入差距正在不断扩大。

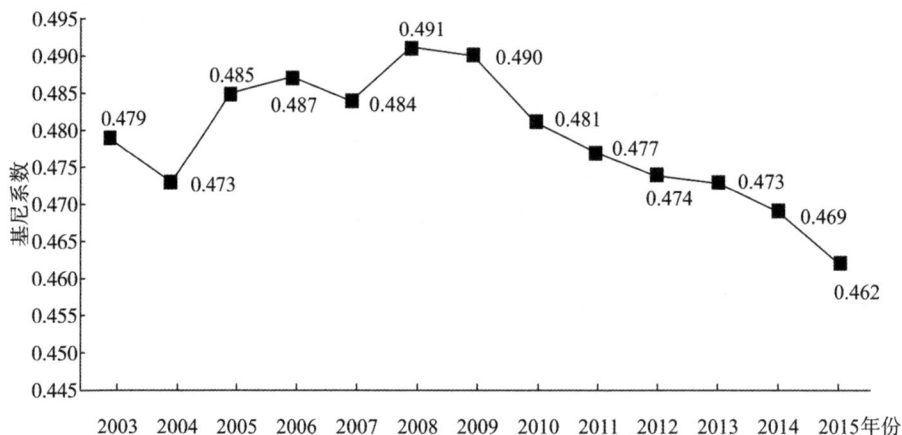

图 5-5　2003—2015 年我国基尼系数情况

数据来源:国家统计局:《中国统计年鉴(2016 年)》,中国统计出版社 2016 年版。

改革开放之初,我国基尼系数只有 0.16,但是随着经济体制和收入分配改革的深入推进,市场竞争机制逐步建立,居民收入存在明显的收入分配不公。1980 年基尼系数约为 0.21,1982 年为 0.28。20 世纪 90 年代后,基尼系数急剧上升,1993 年已达 0.407,超出国际警戒线的 0.4。自 2000 年开始,我国基尼系数越过警戒线且逐年上升,只 2004 年稍有下降,2008 年达到最高值0.491,之后开始连续下降。基尼系数的回落表明,我国居民收入差距较大的状况有所改善。但从绝对值角度看,仍处于较高位,2015 年为 0.462,远高于国际警戒线水平。基尼系数过高会造成不可想象的后果,调整收入分配格局,降低基尼系数迫在眉睫。

二、制度性障碍:制度安排的内在缺陷

制度安排是在某一特定范围或领域内规范人们行为的具体规则,道格拉斯·诺斯认为:"制度是一系列被制定出来的规则、秩序和行为道德、伦理规

---

① 刘娅婷、叶雯、熊德平:《金融发展、经济增长与收入差距——基于 1981—2012 年的实证分析》,《特区经济》2016 年第 1 期。

范,它旨在约束追求主体福利和效用最大化利益的个人行为。"①他将"制度"定义为"规则与秩序"。柯武刚、史漫飞认为:"制度是人类相互交往的规则。它抑制着可能出现的机会主义和乖僻的个人行为,使人们的行为更可预见并由此促进劳动分工和财富创造。"②制度可以促进劳动分工与财富创造,但是在设计制度中存在的内生性不足或缺陷会影响资源配置,特别是影响收入分配格局。

1. 产权制度

产权是一个社会所强制实施的选择一种经济品使用的权利。③ 指由人们对物的使用所引起的相互认可的行为关系,而产权制度是以产权为依托,对各种经济主体在产权关系中的权利、责任和义务进行合理有效的组合、调节的制度安排,产权制度是既定产权关系和规则相结合而形成的。产权是关于财产的权利,收入的分配在一定程度上是产权收益的分配,产权制度对收入分配具有较大的影响,党的十八届三中全会提出必须完善产权保护制度,《中共中央、国务院关于完善产权保护制度依法保护产权的意见》指出,必须加强各种所有制经济产权保护,完善平等保护产权的法律制度,加大知识产权保护力度、健全增加城乡居民财产性收入的各项制度,营造全社会重视和支持产权保护的良好环境。毋庸讳言,我国产权制度还存在一些问题。

一是农村土地产权制度。2016 年 10 月 30 日,中共中央办公厅、国务院办公厅印发了《关于完善农村土地所有权承包权经营权分置办法的意见》,提出建立规范高效的农地"三权"运行机制,进一步放活农地市场。作为农村家庭联产承包责任制之后的又一改革创举,农地"三权分置"政策已全面推开。但是,由于我国农地流转尚处于探索实施阶段,尚未形成成熟的流转市场,一些潜在的风险与流转过程相伴而生。对于农户而言,其经济权益保障困难,存在失业、失地、失权的风险,也会引发粮食安全、社会稳定等问题④,此外,农地流转过程中一些地方政府搞权力寻租,过度干预土地流转并从中牟利,导致农民合法权益被非法剥夺。随着新型城镇化的推进,农村土地日益增值,农村土

---

① 道格拉斯·C.诺斯:《经济史中的结构与变迁》,陈郁等译,上海人民出版社 1994 年版,第 226 页。

② 柯武刚、史漫飞:《制度经济学》,韩朝华译,商务印书馆 2000 年版,第 35 页。

③ 科斯、阿尔钦、诺斯等:《财产权利与制度变迁》,刘守英译,上海三联书店 1991 年版,第 166 页。

④ 段贞锋:《"三权分置"背景下农地流转面临的风险及其防范》,《理论导刊》2017 年第 1 期。

地增值部分由谁获得,成为影响各主体收入水平的重要因素。然而现行的农村土地产权主体不明、产权界限模糊、权能缺失等内在缺陷导致农民利益没有合法保障。

二是国有企业产权制度。改革开放以来,国有企业改革一直是整个经济体制改革的中心环节,改革的内容主要集中在产权和公司治理两个方面。从理论上讲,产权的制度安排决定了企业组织管理的制度及其效率,合理的产权安排有利于形成有效的企业治理机制,因此,产权改革是国有企业改革的基础和主线,而 40 多年的改革探索与实践也表明,建立现代企业制度,不进行产权改革是根本行不通的。2013 年,党的十八届三中全会通过《中共中央关于全面深化改革若干重大问题的决定》再次强调了产权作为所有定制的核心地位,必须健全归属清晰、权责明确、保护严格、流转顺畅的现代产权制度。同时,还提出要积极发展混合所有制经济,允许更多国有经济和其他所有制经济发展成为混合所有制经济,国有资本投资项目允许非国有资本参股,允许混合所有制经济实行企业员工持股,形成资本所有者和劳动者利益共同体这标志着该时期国有企业产权改革有了新的内容。经过多年股份制改造,虽然很多国有企业早已变成混合所有制,但政府干预仍然较多,行政化垄断体制未真正打破,准入限制未真正放开。[1] 国有企业中的政企不分问题仍然存在,国有企业运转与政府仍有着千丝万缕的关系,在资源获得、政策优惠、基础设施等方面都有着优势,导致相关垄断性国有企业很容易获得高收入,存在"过分的在职消费;行为短期化;过度投资,营造企业帝国;工资、奖金过快增长,侵蚀利润"等问题。[2]

三是资源环境产权制度。我国矿产资源产权制度主要存在所有权、管理权、经营权混淆导致权责不清,采矿权权能残缺以及一元矿权与二元地权的矛盾与冲突问题,对环境质量的使用权尚没有在法律层面上进行明确界定。[3] 此外,资源产权制度没有充分体现对所有者利益的保护,所有权收益补偿标准较低,企业迅速获得超额开采收益,形成"暴利",国家资源所有权收入变相转化成资源开发者和部分企业的超额利润。与此同时,资源环境产权配置制度

---

① 程俊、章敏、黄速建:《改革开放四十年国有企业产权改革的演进与创新》,《经济体制改革》2018 年第 5 期。

② 李爽:《实现公平分配的制度与政策选择》,经济科学出版社 2007 年版,第 87 页。

③ 曾先峰:《资源环境产权缺陷与矿区生态补偿机制缺失:影响机理分析》,《干旱区资源与环境》2014 年第 5 期。

也存在中央和地方资源产权关系的配置不当,集中表现在对资源属地应拥有的开发权和收益权。由于资源型企业与地方经济关联度较弱,造成企业人员与当地居民相当大的收入差距,地区间不合理的利益分配进一步加剧,对自然资源的垄断经营还造成环境污染。①

2. 工资制度

从公务员的工资制度上看,没有建立工资水平正常调整机制。基本工资标准多年没有调整,致使工资结构不合理,基本工资占比过低。地方政府在物价和社会工资不断上涨的压力下,自行发放津贴的额度越来越大,致使基本工资在公务员工资收入中的占比越来越低。在分税制财政体制下,公务员工资集中决策权受到了财力分散化的影响,不少地方政府对工资管理权限概念模糊,滥发改革性补贴和奖励性补贴以及未休假补贴、加班补贴等现象屡禁不止。公务员工资分级管理权限划分不清、责任分工不明,使得中央对各地公务员工资的宏观调控作用未能有效发挥。随着地方财力成为各地公务员工资水平决定性因素,造成地区间公务员工资收入差距重新扩大。虽然初次分配中的各地劳动力市场水平差距很大,是诱发公务员工资地区差距的一个客观因素。但是,地方财力因素拉大了公务员的工资地区差异,各地有钱就发、没钱不发、钱多多发、钱少少发,导致公务员工资水平缺乏公开透明度,地区之间相互攀比,社会各方面反映强烈,影响了公众对公务员工资的正确判断,影响了不同地区公务员对自己工资水平的判断。由于地区之间攀比甚至与垄断行业工资进行攀比,部分地区政府积极安排财力给公务员提高工资水平,与当地社会人员收入不平衡。

从企业的工资制度上看,工资水平偏低,增长机制僵硬,工资结构设置不合理,岗位绩效工资和年工资比重过低,不能体现合理的工资级差,缺乏激励和约束作用。尤其是国有企业的薪酬一般由基本薪酬、奖金、福利、津贴等几部分构成,国有企业经营者的薪酬中,基本薪酬不高,奖金所占比重较小,奖金是最具激励作用的一项。相反,国有企业薪资中的津贴和福利较多,但与业绩没有太紧密的联系,激励作用很小。这种过于平均的薪资制度,使企业的激励体系中责、权、利不匹配,激励作用不明显。大多数国有企业薪酬激励制度缺乏对管理、技术、劳动、资本等要素的分配,一些企业加强了对人力资本参与分配的管理,但是比重较小,难以发挥激励作用。部分国有企业照搬其他企业的

---

①　王敏:《资源环境产权制度缺陷对收入分配的影响与治理》,《税务研究》2007 年第7 期。

经验,但忽略了本企业的实际情况,导致薪酬管理盲目。还有一些企业采取激励措施时"一刀切",对所有人采取相同的激励手段,收效甚微。更为重要的是,劳动力市场中非国有单位的最低工资和工资支付管理保障不力,职工权益受到侵犯,非熟练、非技术劳动力的劳动报酬被压低到极限。① 城乡户籍制度还造成了同工不同酬现象。以城市环卫工人为例,中国城市环卫工人中的临时工大多是外地人、农民工,生活贫困,他们是农村户口,没有获得城市户口,而且受教育水平低,文化程度多为文盲或者小学毕业。大多数临时工长期从事城市清洁工作,只能拿到最低水平的工资,没有假期没有岗位津贴,没有和用人单位签订劳动合同,不能享受基本的社会保险、医疗保险和养老保险。这些临时工上岗前没有接受正规的岗前培训,劳动时间长,工作强度大,工作条件艰苦,工作安全意识较差。城乡户籍制度的存在,造成了城乡居民工作中的同工不同酬现象,是典型的制度缺陷造成的收入差距。②

3. 税收制度

税收制度是国家按照一定的政策原则组成的税收体系,是政府向纳税单位和个人征税的法律依据、工作规程和行动准则,以法律规范形式出现的制度体系。改革开放以来,我国税收制度逐步完善,但现存的税制结构缺陷、税制功能有限、税制改革困难等问题却阻碍了合理有序收入分配格局的形成。

一是税制结构缺陷。一般而言,间接税具有累退性,直接税具有累进性。在以间接税为主的税制结构下,整个税收制度也具有累退性,间接税比重越大,收入分配的差距也越大。我国现行税制结构主要以间接税为主,直接税的比重较小。但是一般来说,在调节收入分配方面,直接税能发挥更大效用,间接税则在增加财政收入方面的效用比较突出。但我国现行税制结构是以流转税为主体的单一税制结构,这种税制结构有利于体现收入原则,但对经济运行的纠正能力较差,不利于收入分配的调节和社会公平的体现。因为以流转税为主体的税制在充分发挥收入功能,保障税收大幅度增长的同时,弱化了所得课税调节收入分配的功能。③ 这种税制结构偏重税收的财政收入职能,而忽视税收的经济调节职能。流转税的累退性,加之所得税较弱的累进性,导致我国整体税制是累退的,这显然影响了税收制度调节居民收入分配作用的有效

---

① 李包庚:《对我国收入分配制度的若干思考》,《特区经济》2011年第2期。

② 魏文云:《同工不同酬——城市环卫工人队伍中的"临时工"》,《才智》2016年第23期。

③ 于国安、曲永义:《收入分配问题研究》,经济科学出版社2008年版,第171页。

发挥。此外,流转税占比偏重,导致低收入者成为税负的主要承担者,所得税占比偏轻,导致对高收入阶层的收入调节乏力,缺乏真正意义上的财产税,导致对高收入阶层存量财富调节"缺位"。[①] 工资、薪金所得大多来自工薪阶层,导致个人所得税主要来源于中低收入阶层,而高收入者由于具有较多的途径隐藏自身的收入,个人所得税对高收入者的调节收入功能并不明显。加上现行税法缺乏资本利得税、住宅房产税、遗产税等具有调节收入分配功能的税种,对高收入者的财产所得、收入所得的调控存在缺位。

二是税制功能有限。税收具有三大功能——筹集财政收入、调节收入分配和稳定经济,但目前税制在财政收入的筹资方面见长,对收入分配的调节功能有限。首先,税收调节体系不健全,税种之间缺乏协调与整合。我国利用税收调节收入分配主要依靠个人所得税,而社会保障税、遗产税没有建立起来,消费税、财产税不完善,功能发挥有限。消费税征收范围偏窄,奢侈性消费特点的商品或劳务被排除在外;财产税主要筹集财政收入,忽视调节功能,各税种大多针对经营性纳税人,很少顾及个体纳税人。其次,税收征管措施不到位。税收征管中存在执法不严现象,缺乏一套控制个人收入和财产的制度,不能及时、准确掌握纳税人收入财产的增减变化情况,对偷逃税者的惩罚力度不够,所以国家税收出现严重流失,就使得一部分人的财富迅速扩大,也削弱了国家的再分配能力,难以有效地帮助弱势群体。最后,侧重于再分配领域,而忽视初次分配领域的调节功能。在税制设计上,消费税、资源税、垄断利润税、房产税等都可在税收的初次分配中发挥作用,但是由于自身税制问题而影响功能发挥,税收的初次分配功能有限。在所得税中,企业所得税是调节行业或企业而非居民之间的收入差距,个人所得税才是应发挥调节居民收入分配差距的税种,但是由于个人所得税占全部税收的比重相对较小,调节国民收入分配格局的功能受限。

三是税种设计不科学。个人所得税一方面税负不公,同样的收入在不同条件下,计算的税负差异极大,分类所得税制导致所得相等而税负不等的弊端。我国的个人所得税制度一直以来实行分类税制形式,将个人的收入分为工资、薪金所得、劳务报酬所得、个体工商户生产经营所得等。随着经济的发展,个人收入呈现出多元化的趋势,且个人收入差距明显扩大,高低收入之间差距悬殊,分类的个人所得税制明显不利于税收公平。另一方面税率设计不

---

① 杨虹:《调节居民收入分配的税收制度研究》,中国税务出版社 2010 年版,第96 页。

合理,过高税率增强了纳税人偷漏税动机,高收入阶层逃税严重,个人所得税对收入调节作用不明显,不符合公平原则。近年来的一些改革措施虽然降低了低工资收入者的税收负担,但由于没有同时对其他类型的所得进行相应的修改,不同类型的所得税负差异越来越大,税负愈显不公。加上征管不完善,我国个人所得税在避免居民收入差距过大方面并未发挥应有作用。

4. 财政支出制度

财政一般具有三个职能:资源配置职能、收入分配职能和宏观经济职能。一个良好的财政制度有助于调节收入分配,财政的收入分配职能主要指对收入的再分配职能,财政支出通常指国家为实现其各种职能,由财政部门按照预算计划,将国家集中的财政资金向有关部门进行支付的活动。经过近几年深入推进转移支付制度改革,尽管转移支付制度更趋完善,结构不断优化,资金使用效益明显提升,但受我国经济社会发展不平衡、城乡二元结构比较明显、政府职能转变不到位,以及中央与地方财政事权和支出责任划分改革刚刚启动、地方税体系尚未建立等多种因素制约,转移支付改革尚需继续推进。特别是与建立现代财政制度、推进国家治理体系和治理能力现代化的要求相比,现行中央对地方转移支付制度还存在一些差距和不足。

一方面,从改革开放至今,我国的经济体制改革虽然打破了财政统收的局面,但财政支出的范围并没有相应的大幅调整,财政的资源配置定位模糊,财政支出责任与职能范围没有根据市场经济发展的需求进行相应调整,许多该由市场解决的问题,政府却大包大揽,浪费了稀缺的财政资源,分散了财力,这不仅使政府宏观调控的职能和力度弱化,也不利于市场经济体制的建立与完善。[①] 更进一步说,在我国的财政支出中,经济建设支出和行政支出的占比偏高,而文教卫和社会保障支出比重偏低,低于世界平均水平,也与发达国家存在着较大差距。公共财政的目标本应是优化资源配置、促进社会公平,但是当前我国财政支出距离公共财政的目标还相去甚远。

另一方面,政府财权事权改革与转移支付改革衔接不够,中央与地方财政事权和支出责任划分还不同程度存在不清晰、不合理、不规范等问题,主要表

---

① 姜焕叶:《我国财政支出中存在的主要问题及其解决措施》,《党政干部论坛》2016年第 11 期。

现在①：政府职能定位不清，一些本可由市场调节或社会提供的事务，财政包揽过多，同时一些本应由政府承担的基本公共服务，财政承担不够；中央与地方财政事权和支出责任划分不尽合理，一些本应由中央直接负责的事务交给地方承担，一些宜由地方负责的事务，中央承担过多，而地方没有担负起相应的支出责任；不少中央和地方提供基本公共服务的职责交叉重叠，共同承担的事项较多；省以下财政事权和支出责任划分不尽规范；有的财政事权和支出责任划分缺乏法律依据，法治化、规范化程度不高。这种状况不利于充分发挥市场在资源配置中的决定性作用，不利于政府有效提供基本公共服务，与建立健全现代财政制度、推动国家治理体系和治理能力现代化的要求不相适应，因此必须积极推进中央与地方财政事权和支出责任划分改革。

5. 社会保障制度

社会保障通常被称为社会的"安全网"，是一项社会安全制度，是政府进行收入再分配的重要手段，也是实现收入分配合理公正的重要途径，能够使人们分享经济社会发展成果，具有收入分配"调节器"的作用。中国社会保障制度在取得重大进展和突出成就的同时，由于人口基数大、社保制度发展时间短、地域差别大、人口老龄化来势迅猛等基本国情，我国社会保障制度依然存在很大缺陷。

一是"碎片化"现象。主要体现在：城乡社会保障体系二元化分割，城乡社会保障项目和水平差距较大；城镇社会保险统筹层次过低，县市级统筹单位之间的社会保险基金分割运营；政、企社会保障制度分割，企业和机关事业单位工作人员养老待遇差距悬殊。碎片化社会保障制度在城乡之间、城市之间、政企之间形成了福利鸿沟，既损害了社会保障制度的公平，也损害了社会保障的效率。在市场经济条件下，居民身份变化频繁、流动性大，这种状况也给居民带来诸多不便，必须树立"一体化"意识，逐步改革社会保障"碎片化"状态，按照"一个体系、多个层次"原则，建立覆盖城乡居民的社会保障体系。

二是筹资机制不合理。主要体现在：筹资责任分担不合理，公职人员几乎无须由个人履行任何缴费义务，低收入人口则需要按要求缴费。财政投入机制不健全，政府在社会保障方面的财政投入总体不足是导致一些低收入和贫困人口难以获得较好的社会保障的重要原因。筹资水平过高，容易对一些低

---

① 《国务院关于推进中央与地方财政事权和支出责任划分改革的指导意见》，http://www.gov.cn/zhengce/content/2016-08/24/content_5101963.htm，访问日期：2017年2月8日。

收入群体造成压力。根据目前我国社会保险制度的设计，五项社会保险的费率高达40％以上。筹资水平的差异性导致保障待遇的差异性，主要体现在不同的医疗保险制度方面，城镇职工与城乡居民医疗保险筹资水平的差异性直接导致了他们之间享受医疗保障的差距。此外，缴费上限、下限、基数等制度参数的设计不完善也影响其收入分配效果。

三是待遇补偿机制不科学。社会保障的待遇确定以缴费确定的模式为主，待遇享受与缴费的关联性较大，这种待遇确定模式不利于贫困人口提高收入，虽然有社会统筹的因素，但力度还不大，互助共济的作用不足。更进一步说，社会保障待遇的计算方法不利于调节收入分配，没有形成"累退"的待遇享受机制。养老保险待遇计算基数的选择不尽合理，城镇职工的基础养老金参照上年度职工平均工资计算，而城镇居民、农村居民则领取固定较低的基础养老金；医疗保险往往设定起付线与封顶线，而且门诊大多数不给予报销，不利于中低收入群体减轻医疗负担；最低生活保障标准过低，低保政策对缩小收入差距的作用并不明显；待遇调整措施大多数是临时性、随意性的，没有形成科学的调整机制，不利于低收入群体的待遇享受。

6. 教育制度

教育能够提高劳动者的素质与技能，对劳动者长远发展具有深远意义。合理的教育制度能够间接地提高劳动者收入，缩小收入差距，合理配置资源，形成有序的收入分配格局。但是我国中西部地区教育整体落后于东部地区，教育资源配置也不合理。

一是东西部教育的差距。由于自然、历史、社会等多方面原因，中西部经济社会发展相对滞后，教育基础差，保障能力弱，特别是农村、边远、贫困、民族地区优秀教师少、优质资源少，教育质量总体不高，难以满足中西部地区人民群众接受良好教育的需求，难以适应经济社会发展对各类人才的需要。这在一定程度上阻碍了中西部地区人才的输送，不利于经济的发展。虽然"双一流"（一流高校、一流学科）建设正在推进，但是"985工程""211工程"政策的持续影响使得中西部地区的高等教育与东部地区高等教育差距越来越大。[1]

二是教育资源配置不均衡。《国务院关于统筹推进县域内城乡义务教育一体化改革发展的若干意见》指出，在许多地方，城乡二元结构矛盾仍然突出，乡村优质教育资源紧缺，教育质量亟待提高；城镇教育资源配置不适应新型城

---

① 李晓玉、赵申苒、赵国祥：《论近二十年来国家高等教育政策调整对中西部地方高校的影响》，《河南大学学报》（社会科学版）2016年第2期。

镇化发展。教育资源配置失衡的主要表现:在教育经费投入的层次上呈现"倒金字塔形",即教育经费投入在基础教育和高等教育分配上出现了"倒挂"。公共教育资源向高等教育过分倾斜,而基础教育的公共投入严重不足。重点学校制度的设置,则进一步加剧了教育资源内部的不均衡,导致区域内学校之间的差距变大。加之普通高中、普通本科高校、中等职业学校和高等职业院校家庭经济困难学生国家资助政策不完善,补助标准较低。家庭经济困难儿童、孤儿和残疾儿童的学前教育补助不充分,农民工随迁子女平等接受义务教育和参加当地中考、高考问题依然突出等问题,导致教育不仅没有促进社会流动性问题,反而加剧了社会固化。[①]

7. 慈善制度

慈善是社会成员之间建立在自愿基础上的帮助行为,其实质是社会资源的自愿性分配(第三次分配)。随着我国经济快速发展,社会财富的增加,一些社会团体、富人群体逐渐走向了慈善之路,财富的第三次分配有利于合理有序的收入分配格局的形成。2016 年 3 月,《中华人民共和国慈善法》的出台,促进了我国慈善事业的健康发展,但是在具体实践中,当前我国的慈善制度依然存在一些问题。[②]

一是民间慈善准入难。在双重管理体制下实行严格的准入制度,导致民间慈善团体难以获得合法身份。在现有体制下,非政府组织或个人难以找到相应的挂靠单位,很难在民政部门登记注册,许多慈善组织只能在工商部门登记,获得企业组织的身份,而有的组织则长期处于非法地位。这种准入难、合法身份的不确定甚至缺失,导致民间慈善组织难以发挥其应有的效能,民间的部分慈善团体就很难公开募捐、享受相应的税收减免政策,还面临着组织被取缔的风险。另外,官办慈善组织具有明显的优越性,不仅有制度规范、政策倾斜,还掌握着大量的资源,对于民间组织就造成了垄断或不公平竞争环境,官办慈善组织可以凭借官方宣传、政府力量、财政资金支持等行政手段获得社会捐款,这大大抢占了民间慈善组织的发展空间。

二是慈善组织定性难。慈善组织是属于第三部门的,这种属性决定了它不同于政府的行政性或官僚性,也不同于企业的营利性,而具有更多的公益性

---

① 曲铁华、王美:《近三十年来我国教师教育政策变迁的特点、问题与解决路径》,《四川师范大学学报》(社会科学版)2016 年第 2 期。

② 高西庆、杨海璇:《权利导向立法中的权力导向风险——〈慈善法〉的新视角》,《清华法学》2016 年第 6 期。

或自愿性的色彩,但是目前由于制度缺陷、法律规范不严格等因素的影响,我国很多慈善组织的组织边界模糊、慈善组织性质难定、组织行为不规范,大大降低了慈善组织的公益性和第三次分配效用。我国慈善组织与政府关系密切,具有较强的行政性,一些官办慈善组织的人事任免、行政级别、经费来源都被纳入官方体系中,慈善组织的募捐大多依靠行政手段获取,对政府的依赖性强,一些慈善组织的款项也由政府决定如何使用,这就使得慈善组织的分配只能由政府来行使,不利于第三次分配中财富的合理使用。另外,慈善组织除了行政化倾向,部分慈善组织还有营利性倾向,会利用公众捐款从事营利性活动。[①]

三是慈善法律不完善。首先,关于慈善法律方面,地方政府立法多,全国性立法较少,政府规范性文件较多,法律少。这就使得慈善制度方面的法律支撑不足。而且立法大体涉及慈善捐赠、激励、监管等过于笼统的内容,可操作性弱。现有法律规范难以适应实践需求,法律制定落后于实践。《民办非企业单位登记管理暂行条例》无论在概念表述、十大分类、三种形态,还是性质界定、可操作性规定方面都与实际情况存在较大差距,使得慈善制度、慈善组织的运行、捐款分配出现困难。另外,这种法律的不完善,也使得慈善运作公开化、透明化程度较低,慈善款项的去向可能形成黑箱,民众不知道慈善组织如何运作,更加造成慈善组织行为的不规范。

三、行为性障碍:政府行为缺位越位并存

《中共中央关于全面深化改革若干重大问题的决定》指出,经济体制改革是全面深化改革的重点,核心问题是处理好政府和市场的关系,使市场在资源配置中起决定性作用并更好发挥政府作用。合理有序的收入分配格局中政府行为的越位和缺位现象,集中体现在政府与市场的边界界定不清,政府职能出现"该退出的没有退出,该进入的没有进入"的局面。

1. 政府在收入分配领域内的缺位

政府在分配领域内的"缺位"指政府对自己的本源责任的履行不充分。[②]收入分配体系由初次分配和再次分配构成。初次分配指市场内部的分配,其

---

① 吕洪业:《新中国慈善制度发展研究》,中国社会出版社2014年版,第119页。

② 谢晓琳:《越位与缺位:社会保障法律制度中政府的责任主体定位》,《兰州学刊》2008年第10期。

依据的主要是效率(要素)原则。再分配指在初次分配的基础上,政府通过政策措施来实现个人收入再分配,以达到公平收入分配的目的。再分配也是对要素收入再次调节的过程,包括税收和社会保障支出,其中个人所得税是其核心组成部分。完全按要素进行分配,势必造成两极分化,拉大收入差距。因此,政府应针对收入差距不断扩大的实际情况,研究改革收入分配制度和规范收入分配秩序,强调公平公正,照顾大多数人的利益,全面调动劳动者的积极性。[①]

一是初次分配领域,政府缺位主要体现在:(1)劳动报酬在初次分配中的比重过低,是当前我国收入差距过大的直接原因,[②]而工资增长落后于财政收入增长是导致劳动报酬在初次分配比重中下降的重要原因。[③] (2)对垄断行业的过高收入缺乏有效的监督与管理,导致垄断行业收入过高。(3)党政机关、事业单位和国有企业内部收入分配关系有待理顺,决定职工间工资差距的因素不够合理。(4)资本市场不完善,阻碍了居民扩大其财产性收入。在初次分配中,居民除可以获得以工资为主体的劳动报酬,还可以通过各种投资获得财产性收入,但是,当前突出的问题则是资本市场规模狭小、发展不稳定和区域市场发展不平衡,严重制约了财产性收入的增加。(5)税收管理不到位,腐败治理依然严峻,存在大量的灰色收入。

二是再分配领域,政府缺位主要体现在:(1)税收调控收入分配的对象出现错位。如个人所得税原本是针对高收入群体而设计的,但由于税制设计不科学、不合理,工薪阶层成为其主要征收对象,从而一定程度上加剧了收入差距的扩大,影响了收入分配的公平。(2)财产税缺失。财产税通常包括房地产税和财产转移税,后者主要指遗产税和赠与税。发达国家财产税在地方税收中占据重要的位置。我国的财产税收只占地方税收和地方政府收入的一小部分,没有体现出在地方财政中的主体地位。严格地说,我国现行的财产课税税种只有房产税、土地使用税、契税、车船税和土地增值税等。遗产税和赠与税在体现鼓励勤劳致富、反对不劳而获方面有着重要的作用,是世界各国通用的税种。我国虽然已经把这两个税种列入了立法计划,但至今也未开征。(3)中央对地方财政转移支付调节收入分配的功能较弱。我国目前实行的是单一的

---

① 石卫祥:《实现公平收入分配的个人所得税政策研究》,《税务研究》2008 年第 7 期。

② 丁静:《提高劳动报酬在初次分配中比重的对策分析》,《特区经济》2010 年第 3 期。

③ 陈新、周云波、陈岑:《中国收入分配中的主要问题及收入分配制度改革》,《学习与探索》2014 年第 3 期。

纵向转移支付制,尚没有建立完备的地区之间的横向转移支付制度财政转移支付规模偏小,转移支付模式单一,难以承担均衡地区财力的重任。相对于地方对均衡财力的实际需要而言,中央对省级政府转移支付的力度不足,且转移支付制度的形式单一,目前只有 10% 左右属于均等化转移支付,作用非常有限。[①] (4)社会保障覆盖面窄、保障水平低,并且存在严重的城乡差异。政府转移性支出分为社会保障支出、财政补贴支出、捐赠支出和债务利息支出,其中以社会保障支出为主,并且它全部进入家庭。社会保障支出包括企业职工基本养老保险、居民社会养老保险、城镇职工基本医疗保险、居民基本医疗保险、工伤保险、生育保险、失业保险等 7 项支出。[②] 从制度供给的内容上看,我国城镇初步建立起了比较完善的养老、医疗、失业、工伤保险在内的社会保险和社会救助体系,但是广大农村的社会保障存在着明显的供给不足且保障水平低。

三是第三次分配领域。所谓第三次分配,指建立在公民自愿的基础上的,通过开展募集、捐赠等各种方式的慈善活动,目的是使相对富裕阶层拿出部分财富,帮助社会贫弱群体改善生活、医疗、教育等环境。第三次分配与初次分配和再分配最主要的区别首先在于,它是由社会公众主导的分配手段,主要依靠人们的社会责任感和公德心,是人们主动完成的对社会贫弱阶层的救济和帮助。在我国,政府在第三次分配中的缺位的主要表现有二:一是立法滞后,虽然颁布了慈善法,但相关配套法律法规不足;二是监管缺失,慈善组织的透明化建设才刚刚起步,相应的内部监督制度和信息披露制度不完善,政府监管的低效和社会监管的缺失,损害了人们的捐助热情和慈善事业的发展。[③]

2. 政府在分配领域内的越位

政府在分配领域内的"越位"主要指政府超越了自身的限制,用行政权力干预甚至是部分代替立法权力,产生了诸如制度的规范性不足,强制性、权威性和透明性不够等问题[④]。具体来说,政府在收入分配领域的越位主要表现在两个方面:一是政府运用行政手段干预企业的价格和市场准入等,这一方面使得垄断行业获得大量的超额利润,另一方面又降低了企业的活力。二是官

---

① 郝彦菲:《国民收入再分配存在的问题及对策》,《宏观经济管理》2013 年第 6 期。

② 郭庆旺、陈志刚、温新新、吕冰洋:《中国政府转移性支出的收入再分配效应》,《世界经济》2016 年第 8 期。

③ 张璐:《第三次分配中政府职能的转变和定位》,《人民论坛》2016 年第 2 期。

④ 谢晓琳:《越位与缺位:社会保障法律制度中政府的责任主体定位》,《兰州学刊》2008 年第 10 期。

办慈善组织效率低下。当前我国一些相对规模较大的慈善组织都属于行政或事业编制,接受财政全额拨款,工作人员享受公务员待遇(参公管理),这就带来工作效率低下、官僚作风严重和透明度差等问题,甚至会导致腐败。与此同时,我国对慈善组织的准入实行严格的审批登记许可制,异常严格的准入制度和管理制度成为民间慈善组织发展的桎梏。

四、结构性障碍:既得利益群体的阻力

在当代中国,对于既得利益群体的理性认识是一个逐步系统、深化的过程。"针对破除既得利益格局,学者们想出了不少办法,如减少政府对市场和社会的干预,减少行政审批、行政许可的范围和数量,实行严格的官员财产申报制度,保障媒体监督自由,加强官员惩戒力度以及提升官员思想道德水平等。"[1]在收入分配领域,由于收入分配差距的持续扩大,既得利益群体的阻力或多或少已成为深化收入分配格局调整的重要约束或影响因素。

1. 既得利益群体的类别与特征

我国既得利益群体的产生是随着改革开放逐步成长起来的。从实质上说,肇始于1978年的改革是一种渐进的增量改革,是在不损害相关群体利益的基础上创造新的经济利润的改革,但这种改革只能使少部分人先富起来,按照效率优先、兼顾公平的原则,力求把"蛋糕"做大,分配问题放在次要位置。随着一部分人先富了起来,他们逐渐在各个行业、领域掌握资源,并处于优先地位。而在改革的过程中,这些群体会利用制度、资源、政策等条件获取自身利益,形成相对稳定的利益群体。换言之,既得利益群体是在社会经济改革进程中,凭借自身资源、政策优势或制度漏洞,形成的比较稳定的特殊利益群体,他们对公共资源享有一定的支配权,其目的是维护自身特殊利益。有学者指出,改革开放进程中存在以下几类既得利益群体。一是有审批和管制权的部分官员。随着城市化、工业化的发展,很多领域都需要进行建设,审批权就成为一项获利的重要途径,一些企业为获得优先资源就会贿赂相关掌握着权力资源的官员,寻租与腐败往往在这里产生。这些掌握着获利高的权力的官员就形成了一定的群体,他们会反对改革,会巩固自己的权力地位,以维持现有利益格局。二是部分国有垄断企业,特别是央企和地方重要国企中的一些高

---

① 曹志瑜:《当代中国既得利益集团形成的内在机理及防治思路》,《领导科学》2013年第2期。

管。央企和重要的地方国企凭借国家和地方赋予的政治、经济与金融特权,获取超额利润,他们对公共资源拥有支配权,在所属领域具有话语权和影响力,使政策向自身倾斜。三是房地产开发商,房地产作为地方政府的支柱产业能够带来巨大的财政收入和利润,一部分房地产开发商与政府关系密切,对政府政策有一定影响力。这三大类利益群体有动力维护既得的利益格局,影响收入分配领域的深化改革。①

既得利益群体有几个特征:(1)既得利益群体拥有一定的权力地位或资源。从既得利益群体产生的历史背景来看,过去的竞争环境弱,这些群体通过权力地位获得优势资源,并加以累积,占据有利地位,形成既得利益的格局。他们获得利益的方式是非正常的,靠的是不正当的竞争,比如一些部门、行业通过行政垄断获得超额利润,其中的成员将利润转化为个人收入或职位消费。(2)既得利益群体是一种利益联合体,是基于共同利益追求而相互联合的,这就无形中增强了既得利益群体的行动力量,如果他们阻碍收入分配的改革、利益的重新划分,那么影响面是广泛的,阻碍力是强大的,而且既得利益群体还会造成社会福利的损失,也会使得分配更加不公,资源更多地会被他们占用。(3)行为的表面合法性。由于既得利益群体是通过合法的制度安排获取利益,其行为是不违法的,并且,有的既得利益群体还拥有一定的权力资源,能够影响政府政策的制定与实施,会竭力维护对其有利的相关制度。比如当下的收入分配改革推行很难,其中关键就在于收入分配制度的改革是重新划分利益,这会损害既得利益群体的利益,他们一定竭力阻止改革的推行以保护其利益。这种行为的表面合法化就降低了既得利益群体阻碍收入分配改革的风险。(4)既得利益群体既是被改革的对象,又可能是改革的策划者与实施者。在收入分配改革过程中,既得利益群体参与其中,他们会制定有利于自己的政策,在实施中他们也会避免自身利益受损,这会大大降低收入分配改革的质量,对于合理有序格局的形成构成巨大的阻力。②

2. 既得利益群体阻碍收入分配改革进程

收入分配改革必然涉及利益关系的重新调整,改革开放至今,不同领域、部门、行业和群体之间的收入提升、生活改善幅度参差不齐。而在调整过程中,不同群体、不同领域受益或受损的程度不同,因此所持立场也不一样,这是因为改革方案出台会对现行的利益关系进行调整。既得利益群体必然不满

---

① 黄苇町:《深化改革要摆脱既得利益集团的掣肘》,《同舟共进》2010 年第 10 期。
② 黄苇町:《深化改革要摆脱既得利益集团的掣肘》,《同舟共进》2010 年第 10 期。

意,成为方案出台和实施的最大阻力,这也是收入分配改革方案难产的原因。因为收入分配的问题涉及面广,具有长期性、艰巨性、复杂性的特征,所以必须着眼长远、统筹考虑。① 我国收入分配体制改革的总体方案从 2004 年启动,但直到 2013 年《关于深化收入分配制度改革的若干意见》的颁布才明确了改革方向。收入分配改革的举步维艰,一是因为利益的难以协调,不同部门的责任权限不同,对收入分配改革的认知度不同,在部门分割的体制下,部门之间缺乏规范的磋商沟通机制,加上部门之间利益的博弈,改革方案的出台极其困难。二是因为既得利益群体希望维持现状。② 收入分配的核心是"提低、控高、扩中",这是对财富存量的改革,提低与扩中必然会损高,因而既得利益群体会利用自身的政治资源维护自身利益,通过一系列策略影响政府政策制定。

3. 既得利益群体影响收入分配改革政策

"作为经济体制改革的利益受益者,既得利益集团不愿意继续改革,也不愿意回到过去的计划经济时代,更不愿意收入分配改革创造公平发展的环境来打破当前的利益结构,使其利益受损。"③因此,既得利益群体会采取各种措施以阻碍收入分配改革的政策及其推行,收入分配改革涉及不同的区域、行业和社会阶层,决策者在制定和实施政策中难免受到既得利益群体的影响。但是,部分既得利益群体也会通过慈善捐赠、缴纳高额税收的方式获取民众的认可,从而缓和收入分配差距拉大产生的矛盾,以达到民众的认可,以继续保持当前的利益格局,从而拖延改革的进程。当然,既得利益群体也可能通过寻租、游说等方式歪曲改革方案,使得收入分配的改革有利于维护既得利益群体的利益。

五、市场性障碍:现代市场体系尚未健全④

市场体系是由具有不同交换内容、不同属性、不同功能和处于不同流通环

---

① 《收入分配改革酝酿 8 年仍未出台疑受阻 3 大既得利益群体》,http://news.hexun.com/2013-01-01/149681885.html,访问日期:2019 年 6 月 15 日。

② 曹志瑜:《当代中国既得利益集团形成的内在机理及防治思路》,《领导科学》2013年第 2 期。

③ 束磊:《既得利益集团在收入分配改革迟滞中的影响》,《新西部》(理论版)2012 年第 5 期。

④ 关于相关市场问题对收入分配的分析在本书第六章中会进一步深入探讨。

节、不同状态的各类特殊而又互相衔接的市场所组成的有机统一体。① 改革开放以来,我国的经济体制改革沿着市场化的方向不断推进,构建现代化的市场体系是建立和完善社会主义市场经济体制的重要内容。1993 年十四届三中全会通过《关于建立社会主义市场经济体制若干问题的决定》,勾画了社会主义市场经济体制的基本框架,提出了建立全国统一开放的市场体系,实现城乡市场紧密结合,国内市场与国际市场互相衔接,促进资源的优化配置。② 2003 年十六届三中全会提出要"建设统一开放竞争有序的现代市场体系"。③ 2007 年十七大报告提出要加快形成统一开放、竞争有序的现代市场体系,发展各类生产要素市场,完善反映市场供求关系、资源稀缺程度、环境损害成本的生产要素和资源价格形成机制。2013 年,党的十八届三中全会强调要使市场在资源配置中起决定性作用,必须建设统一开放的、竞争有序的市场体系,加快形成企业自主经营、公平竞争,消费者自由选择、自主消费,商品和要素自由流动、平等交换的现代市场体系,着力清除市场壁垒,提高资源配置效率和公平性。④ 经过改革开放 40 余年的发展,我国的市场体系建设取得了重大进步,但离统一开放、竞争有序的现代市场体系还有不小的距离。

1. 行政性垄断导致收入差距扩大

垄断行业是那些依靠国家特殊政策或专有技术垄断整个行业生产与经营的行业,如石油、烟草、盐业、电信、金融、热力、自来水、煤气、电力、航空、铁路等。⑤ 这些行业本身就具有一定的资源优势,且在国有经济中所占比重较大,行业集中度高,凭借国家行政权力的支持和保护有着严格的进入规制形成的垄断势力。它们所取得的垄断地位,并不是依靠技术创新或资本投入,而是依靠行政权力阻止市场竞争的结果。可以说,依附于自然垄断之上的行政性垄

---

① 杨秋宝:《加快完善现代市场体系的理论拓展与改革突破》,《哈尔滨市委党校学报》2014 年第 2 期。

② 《中共中央关于建立社会主义市场经济体制若干问题的决定》,http://cpc.people.com.cn/GB/64162/134902/8092314.html,访问日期:2016 年 12 月 29 日。

③ 《中共中央关于完善社会主义市场经济体制若干问题的决定》,http://jingji.cntv.cn/2012/11/05/ARTI1352087360703188.shtml,访问日期:2016 年 12 月 29 日。

④ 《中共中央关于全面深化改革若干重大问题的决定》,http://news.xinhuanet.com/politics/2013-11/15/c_118164235.htm,访问日期:2016 年 12 月 29 日。

⑤ 崔友平:《行业行政垄断对收入分配的影响及对策》,《中共中央党校学报》2015 年第 6 期。

断是当前我国垄断行业的本质特征。[①] 行政性垄断是"公权"与"私利"相结合,具有行政与经济的双重性质,是行政行为的异化表现。行政性垄断广受诟病的最重要原因就是其利用行政力量来干扰市场运行,造成市场行为的扭曲,影响资源配置的效率,造成社会福利损失,损害经济效率和社会正义。更进一步说,所谓行政性垄断指用行政权力控制市场准入,在一个市场只允许一家或少数几家企业垄断经营的情况。[②] 行政性垄断会产生两种效应:社会福利净损失和福利从消费者向生产者的转移,尤其是垄断收入从消费者向生产者的转移经过多年的积累会从根本上改变社会财富的分配状况,也即市场势力会加剧收入分配中的马太效应,让富有的家庭进一步增加财富,让贫困的家庭进一步减少财富,最终会加剧社会财富分配的不均等。[③] 李治国、孙志远选取我国石油行业内 15 家上市公司的投入产出数据,通过计算得出,2009—2012 年间由垄断导致的社会福利损失分别是 22.89 亿元、57.56 亿元、126.63 亿元、125.85 亿元;石油上游行业因寻租活动导致增加的管理费用成本高达 936 亿元,下游行业高达 995 亿元。由此可见,我国石油行业垄断所造成的社会福利的损失是巨大的,行政垄断导致了上游产量的减少和下游价格的提高,侵占了消费者的利益;垄断租金的损耗没有创造社会价值,是资源的浪费,并且寻租行为使民营油企处于不公平的市场地位,加强了国有油企的行政垄断。[④]

统计数据表明,2014 年全国平均工资最高的行业是金融业(108273 元,是全国平均工资的 1.92 倍),全国平均工资最低的行业是农林牧副渔业(28356元,是全国平均工资的 0.50 倍)。2015 年全国平均工资最高的行业也是金融业,全国平均工资最低的行业也是农林牧副渔业。一些学者的研究表明我国行业间的收入差距不断扩大,主要体现为垄断行业与非垄断行业的收入差距。邱兆林的研究结果表明,行政垄断是行业收入差距扩大的主要因素。[⑤] 聂海峰、岳希明的研究结果也显示行政垄断是继教育水平之后职工工资差距的第

①　赵卓:《利益集团、行政性垄断与规制改革》,《理论探讨》2009 年第 3 期。

②　王锐:《垄断对我国行业收入分配的影响及对策研究》,《经济问题》2007 年第 2 期。

③　刘志彪、石奇:《竞争、垄断和市场势力》,《产业经济研究》2003 年第 4 期。

④　李治国、孙志远:《行政垄断下我国石油行业效率及福利损失测度研究》,《经济经纬》2016 年第 1 期。

⑤　邱兆林:《行政垄断、技术进步与行业收入差距——基于工业行业面板数据的实证分析》,《贵州财经大学学报》2014 年第 6 期。

二大决定因素,与职工年龄的影响程度大体相同,但明显大于其他因素。① 于良春、菅敏杰应用费景汉—拉尼斯分解方法对行业收入差距的贡献度进行了测度后指出,行业垄断程度是我国行业收入产生差距的最重要因素,它对行业收入差距的贡献比重超过 70%。②

首先,行政性垄断行业比其他行业更能获得超额的垄断利润。行政性垄断行业具有低价甚至无偿获得各种资源的优势,所以行政性垄断行业就可以凭借其在上游要素市场充分享有的资源定价的主导权而将资源要素的租金转化为巨额的垄断利润。行政性垄断行业存在较高的进入壁垒,普遍缺乏潜在的进入者威胁,加之行政性垄断行业缺乏将垄断利润转化为资本所有者回报的机制,因而它们可以将巨额的垄断利润内化为自己职工的收入。这就将本应是全民共享的资源收益变成了只是一部分人享有的利益收入,加剧了社会财富分配的不公平,扩大了收入分配的差距。

其次,我国的垄断性行业倾向于在企业内部分配利润。我国的行政性垄断行业中有大量的国有企业。国有企业容易形成剩余所有权与最终控制权的不一致的"内部人控制"现象,作为"理性人"的国有企业经营者会追求自身利益的最大化,在利益分配中,本应代表"资方"(国家)利益的单位法人,往往不是从"资方"利益出发,而是异化为"劳方"(职工)利益代言人。"内部人"通过与"雇员"合谋,尽量减少向所有者(国家)的上缴和企业积累的份额,增加向个人分配的份额,以致出现企业亏损而职工工资收入反而增加的现象。加上行业内的所有制较为单一,集中程度相对较高,行业内几乎没有竞争压力,由此导致国有企业不但效益好的工资偏高,即便是亏损企业的平均工资水平也高于社会平均水平。③

再次,行政性垄断行业阻碍了竞争有序的市场体系的形成。竞争是市场经济的本质特征之一。虽然非公有制经济比重整体上已经超过国有经济,并且在一般竞争性领域占较大比重,但国有经济在基础产业、基础设施和公用事业领域占有绝对垄断地位,政府对这些行业有着严格的进入规制,主要表现在对资本实力、技术水平、从业资历等实行严格的审批制度,抬高了行业的准入

---

① 聂海峰、岳希明:《行业垄断对收入不平等影响程度的估计》,《中国工业经济》2016年第 2 期。

② 于良春、菅敏杰:《行业垄断与居民收入分配差距的影响因素分析》,《产业经济研究》2013 年第 2 期。

③ 王锐:《垄断对我国行业收入分配的影响及对策研究》,《经济问题》2007 年第 2 期。

门槛,将大部分企业排除在外。由于较少或几乎不存在潜在的进入者,行政性垄断行业普遍长期缺乏竞争,这不仅导致行政性垄断企业运行效率低下,也为企业内职工的高工资和高福利提供了充足的资金来源,使垄断性部门和竞争性部门存在很大的收入差别。此外,与行政性垄断企业相比,其他企业面临着更为不平等的政策环境。行政垄断行业往往能获得更多的政策倾斜和更宽松的监管环境。比如行政性垄断的企业可以擅自增加收费项目,随意扩大收费范围,任意提高收费标准。这些新增的收入来源最后必然又成为企业职工的收入。而其他企业,政府在对他们的管理中,力量太大且随意性太强,容易发生设租和寻租行为,这会减少这些企业的利润收益,最终减少其职工的收入。

2. 要素市场发育滞后导致收入差距扩大

生产要素参与分配,指要素的所有者依据对要素的所有权以及各种要素在生产经营中投入的比例大小和贡献大小取得相应的报酬。生产要素分配理论认为,国民收入是在土地所有者、劳动所有者、资本所有者之间的分配。土地所有者取得的是地租,劳动所有者取得的是工资,资本所有者取得的是利润。因为生产要素分配理论认为,国民收入的分配是根据各生产要素的"功能"进行的,所以也称之为"功能性"收入分配。随着我国市场化改革的不断深入,生产要素按其贡献率参与分配已是一种历史的必然选择。但是,目前我国的生产要素市场发育滞后,存在着要素市场不完全、要素价格扭曲等问题,正是要素市场的不完善阻碍了合理有序收入分配格局的形成。

一是要素市场不完全对收入分配的影响。首先是劳动市场。我国劳动力市场处于一种多元分割状态,城乡之间、城市内部、农村内部都没有统一的劳动力市场。根据劳动力市场分割理论,城镇劳动力市场可以分为主要市场和次要市场。在主要市场中,一方面,垄断行业凭借其垄断优势不平等地参与市场竞争,将获得的垄断利润转化为在岗职工的工资,使得垄断行业的工资水平明显高于其他行业的工资水平;另一方面,主要市场劳动力普遍拥有较好的教育水平,具有较高的人力资本存量,从而获得了更多的收入。在次要市场中,劳动力供给长期过剩,劳动力市场满足或基本接近于完全竞争市场,这一特点决定了工资的市场定价,必然导致低工资持续"粘性"。主要劳动力市场和次要劳动力市场不均等的工资额度及工资增幅导致收入分配差距悬殊并且持续拉大。与此同时,我国长期存在的城乡二元结构的户籍制度将我国的劳动力市场划分为了农业和非农业户籍劳动力市场,阻碍了城乡劳动力的自由流动和优化组合。无论是直接对农村务工者采取的歧视性就业政策,直接排斥其就业,还是在福利待遇上的厚此薄彼,都加剧了城乡间收入的差距。其次是资本市场。我国资本市场尚未健全,市场上存在的较为严重的信息不对称问题,不仅造成了资本要素配置的低效率,还造成了资本所有者因为所持资本收益率的不同,而获得了不同的资本要素收入。政府金融政策偏向工业和城市以及资本逐利的天然本性都使得资本更多地流向城市,农村资本供给和需求存在巨大失衡,农村发展缺少必需的资本,造成金融资本在城乡之间的配置极不合理。最后是土地市场。我国现行土地市场存在着城乡二元分割和政府垄断供应的突出问题。相关法律的规定,农村土地与城市建设用地不可以自由转化。城乡土地市场的双轨制使得这两类土地在互相转换时存在着巨大的租金空间,地方政府在征地的过程中凭借国家暴力机关的垄断权力,处于绝对有力的地位,拥有超强的议价能力,而被征地方几乎处于被动的地位。但是由于存在严格的监督和管制,地方政府不可能直接将低价征地的收益转化为经济利益,而可能采取与房地产商合谋的隐蔽性手段将土地价格以低价售出,使得征地所带来的收益在地方政府及其官员和房地产商之间分配。

二是生产要素价格的扭曲对收入分配的影响。在市场经济中,均衡的价格机制能引导资源的合理配置。价格发出信号引导资源流向高收益领域,促成资源的高配置率和高效率使用。但是现实中存在价格机制失灵和价格信号失真引发的市场主体错误预期,会对利益分配产生巨大的扭曲。我国要素价格还未能实现市场化,表现在劳动力市场上,地方政府为了招商引资和保护本地企业的发展对企业支付给劳动力过低的工资采取有意或无意的漠视态度,使得劳动力价格长期被低估。[1] 在土地市场,真正能体现市场价格的只是房地产用地,工业用地招拍挂流于形式。在一次性收取土地出让金的批租制下,土地价格很难反映未来市场价值。在自然资源(如石油、天然气等)市场上,地方政府是唯一的卖方,也有可能存在委托—代理问题,甚至可能存在内部人控制的问题,地方政府官员为了个人收益的最大化可能与自然资源的买方合谋,生产经营企业交纳的资源使用费仅仅是政府的行政性收费,其数额远低于市场均衡水平上的资源价格。生产要素的被低估使得财富向三个方向转移:(1)财富从一般部门向行政性垄断部门转移;(2)财富从个人向政府转移;(3)财富从劳动者向资产所有者转移。[2] 在资本市场上,政府为保证工业企业的发展

① 褚敏、靳涛:《政府悖论、国有企业垄断与收入差距——基于中国转型特征的一个实证检验》,《中国工业经济》2013 年第 2 期。
② 张曙光、程炼:《中国经济转轨过程中的要素价格扭曲与财富转移》,《世界经济》2010 年第 10 期。

拥有足够的资金,采取金融抑制手段,导致企业贷款利率的降低和资本价格的低廉,驱使企业以资本代替劳动,其直接的影响是降低了劳动收入在国民收入中的比重。金融抑制手段也使得穷人面临更高的贷款利率和更低的存款利率,由于商业银行从存贷利差中获得了大量补贴,形成了一种穷人补贴富人、居民补贴企业的"倒挂"机制。这种倒挂机制必将导致收入分配扩大化。[1]　此外,我国要素市场的市场化程度远不如产品市场,不同企业在资本、土地等要素市场由于企业所有权性质、产业政策导向、政企关系等原因而面临不同的融资成本、土地价格、关键生产资源的价格、税费和补贴。凭借较低的生产成本,企业可以获得超额利润,同样,如果超额利润的大部分归于资本收入,那么生产要素市场竞争程度越低,超额利润越大,劳动收入份额也会越低。[2]

3. 市场秩序混乱阻碍合理有序的分配秩序的建立

市场秩序是市场经济体系中各类市场的主体和客体的规范化状况及各类主体在经营活动中对市场经济中的各种规则和公共习惯的认同和遵从状况。[3]　我国已经初步建立了市场经济体制的基本框架,但是市场秩序混乱的问题仍然存在,假冒伪劣、欠账不还、不正当竞争、无照经营、价格欺诈、地方保护等现象屡屡发生。诚信守约的契约精神、平等互利的交易理念和以公平为核心的竞争道德观的缺失形成了市场交易主体在市场交易中不考虑他人存在、过度逐利的短视行为和不愿接受最低限度道德约束的价值取向。市场秩序的非理性为不诚实劳动和非法经营取得收入提供了可能,合理有序的收入分配秩序因而难以建立。尤其是国家公职人员,拥有干预资源和要素分配的权力,同时执掌市场监管、社会管理和公共服务的职能,在市场秩序不健全的市场经济中,容易形成以权力分配为中心的畸形秩序,企业和个人对权力的投机会导致大量的公务员权力寻租现象。[4]　王小鲁根据对全国城镇居民的灰色收入的统计,测算出 2008 年全国城镇住户灰色收入规模达到 5 万亿元,占当年 GDP 的 15％。他认为围绕权力产生的腐败和寻租行为是灰色收入的主要

---

①　陈斌开、林毅夫:《金融抑制、产业结构与收入分配》,《世界经济》2012 年第 1 期。

②　章上峰、陆雪琴:《中国劳动收入份额变动:技术偏向抑或市场扭曲》,《经济学家》2016 年第 9 期。

③　市场秩序状况课题调研组:《当代中国市场秩序存在的问题、成因及对策》,《教学与研究》1998 年第 1 期。

④　易定红、张维闯、葛二标:《中国收入分配秩序:问题、原因与对策》,《中国人民大学学报》2014 年第 3 期。

来源之一。[①] 社科院数量经济与技术经济研究所的学者测算,2009 年我国制度外收入平均为当年 GDP 的 15.44%,根据他们的估计,2012 年我国政府的制度外收入在 1.81 万亿元左右。[②]

对于合理有序的收入分配格局而言,非法行为所带来的黑色收入和违规行为所带来的灰色收入,一直是收入差距扩大和社会矛盾激化的主要原因。极少数人所从事的贪污、受贿和走私等非法行为,不仅从法律上威胁了社会治安,还从经济上扰乱了分配秩序,损害了公平正义、激化了社会矛盾,而一些人所特有的"好处费"、"回扣"以及"各种补贴"等隐性收入则不仅扭曲了社会的职业认知和从业导向,还强化了收入分配的不平等和社会阶层的人为划分,这对于实现居民的共同富裕和促进社会的健康和谐显然都极为不利。取缔非法收入和规范隐性收入则是形成有序收入分配格局的关键所在。

---

① 王小鲁:《灰色收入与政府改革》,《上海经济》2011 年第 5 期。

② 王宏伟、李平、樊明太:《我国国民收入分配中政府收支的规模与结构》,《西部论坛》2012 年第 22 期。

第六章　发展成果共享的合理有序
收入分配格局实现路径

形成发展成果共享的合理有序收入分配格局,需要改善初次分配结构,提高劳动报酬在分配中的比重;需要调整政府、企业、居民在国民收入中的分配关系,提高居民收入在国民收入中的比重;需要加快垄断行业改革,完善以税收、社会保障、转移支付为主要手段的再分配调节机制,规范收入分配秩序。

一、深化初次分配改革,实现发展型共享

初次分配是整个收入分配过程中的起始环节,决定了收入分配格局的基本情况,因此深化初次分配改革,对实现发展成果共享起着至关重要的、基础性的作用。在初次分配过程中,一旦收入分配格局出现严重失衡,再次分配和第三次分配也很难对既有的收入分配格局做出根本性的调节和补充,收入分配秩序很难进行有效的规范。因此,在初次分配改革阶段,就要坚持发展成果共享,为最终形成合理有序的收入分配格局打下坚实的基础。每个收入分配阶段,发展成果共享的侧重点不同,在初次分配过程改革中,应以实现发展型共享为目标。

(一)深化初次分配改革实现发展成果共享的基本要求

在市场经济体制中,起点的差别容易造成强者愈强、弱者愈弱、收入差距急剧拉大的"马太效应"。"促使经济、政治比赛公正进行的努力在事先比事后要重要得多。"①尽管市场在资源配置中起到决定性作用,经济发展本身对收入分配格局产生的影响却是有限的。深化初次分配改革实现发展成果共享,必须促进经济的持续发展和人的全面发展,并重视有为政府与有效市场的共

---

① 　詹姆斯·布坎南:《自由、市场和国家——20 世纪 80 年代的政治经济学》,吴良健等译,北京经济学院出版社 1988 年版,第 141 页。

同作用。

1. 发展型共享强调社会经济的持续发展

在宏观层面上,发展型共享强调社会经济的持续发展,发展成果共享的基础是生产力的发展和不断进步,是效率的不断提高。一方面,"发展"为"共享"提供了物质基础。一旦生产力水平落后,将无法创造出社会共享的成果,发展成果共享也就失去了根基,成为空中楼阁。只有实现社会经济的持续稳定发展,实现发展成果在"质"与"量"的全面提升,才能够使每个社会成员共享更多的、更高质量的发展成果。只有作为社会整体的财富不断创造和积累,才能够让作为个体的社会成员切实共享到改革发展所形成的好处。另一方面,"发展"为"共享"提供了机会。格泽戈尔兹·科勒德克(Grzegorz W. Kolodko)提到,"只有发展才会减少失业并减少不公平"①。依据奥肯定律,失业率与GDP存在负相关关系,GDP每增加2%,失业率将会下降1%,随着社会经济进步的实现,就业机会才不断增加,社会成员才能够拥有更多的创造发展成果的机会,才能够真正地参与到发展之中,从而实现真正意义上的发展型共享。

2. 发展型共享强调人的全面发展

在微观层面上,发展型共享强调人的全面发展,这意味着以人民的根本利益为归依,不断满足人们多方面的不同的需求。② 在收入分配环节,人的全面发展意味着全体社会成员收入的不断增加,从而实现生活水平的提高。这也就要求,在初次分配改革中实现发展型共享,就是要保证劳动者报酬占比随着国民经济的发展而不断提高,保证居民收入在国民总收入中的比重实现合理性的增长。而要实现这一目标,就要保证两点:一是参与共享发展的机会均等。发展型共享强调收入分配的起点公平,在初次分配改革过程中,必须保证社会成员参与财富创造的机会均等。③ 对于个体而言来说,在劳动力市场上,只要拥有相同条件、资质的劳动者就能享有平等的就业机会,不受其户籍、地域、身份、地位等的限制。对于企业主体而言,无论民营还是国有企业,只要符合资质,就有平等地享有市场准入、信贷、资源共享的权利,公平地参与市场竞争之中。二是公平地获得发展成果。发展型共享并不是单纯的"平均主义"

---

① 格泽戈尔兹·W.科勒德克:《从休克到治疗》,刘小勇等译,上海远东出版社2000年版,第254页。

② 李雪娇、何爱平:《政治经济学的新境界:从人的全面自由发展到共享发展》,《经济学家》2016年第12期。

③ 陈斌开、曹文举:《从机会均等到结果平等:中国收入分配现状与出路》,《经济社会体制比较》2013年第6期。

"利益均沾",而是要素所有者根据要素贡献的大小获得相应的报酬,社会贡献多则获得的报酬高,反之,社会贡献低则报酬低,实现公平化、合理化的差异分享。①

3. 发展型共享强调市场主导和政府参与

在深化初次分配改革实现发展型共享的过程中,既要发挥市场的主导作用,又要有政府的必要干预。一方面,初次分配中的发展型共享强调发挥市场机制的主导作用,市场机制既是一种资源配置的机制,也是一种分配的机制,市场在资源配置中起到决定性的作用,这也就意味着,市场在收入初次分配中扮演着同样重要的角色。完善的、成熟的市场机制是保证初次分配中发展型共享的基础,在一个统一的、竞争的、完备的市场中,生产要素的价格由供求关系和其自身的稀缺性决定,那么,生产要素的价格,即生产要素所有者得到的报酬就是公平合理的。因此,在初次分配改革过程中,应该充分发挥市场的供求机制、竞争机制和价格机制,不断健全劳动力、资本、土地等要素市场,形成合理的要素分配机制,使要素所有者获得合理的报酬。另一方面,深化初次分配改革实现发展型共享需要借助政府的力量,通过政府的有效干预创造公平竞争的分配环境,提升市场活力②。我国的市场机制是由政府控制的计划经济转轨发展而来的,发育还不成熟,存在着要素定价不合理、市场分割、发展滞后等诸多问题。因此,在深化初次分配改革过程中,在避免政府在初次分配过程中过度干预的前提下,要合理地发挥政府监管的力量,深化社会主义市场经济体制改革,培育完备的市场,弥补市场失灵,创造公平竞争的市场分配环境。

(二)深化初次分配改革实现发展成果共享的深层问题

虽然实现发展型共享是深化初次分配改革的内在要求,但是深化初次分配改革实现发展成果共享依然存在着深层次的问题,在初次分配过程中,违背发展型共享基本要求的现象还广泛存在:一是从要素结构上看,劳动者报酬增长率与国民生产总值增长率发展不同步,劳动者报酬比重下降。根据 GDP 收入法测算,2000—2015 年,劳动者报酬的年均增长率(13.78%)低于国民生产总值增长率(14.31%)0.53 个百分点,劳动者报酬在国民收入中的比重从51.38%下降至 47.89%(见图 6-1)。二是从主体结构上看,居民收入在国民

---

① 张贤明、陈权:《论改革发展成果共享的三项原则》,《理论探讨》2014 年第 5 期。
② 苏海南:《收入分配之我见》,中国财政经济出版社 2011 年版,第 241 页。

总收入中的比重呈波动下降的态势。按照《中国统计年鉴》资金流量表中相关数据,2000—2014年,初次分配中居民收入在国民总收入中的比重呈现波动下降的趋势,从67.15%下降至了60.09%(见图6-2)。三是从居民内部收入分配差距上看,2016年我国的基尼系数已经达到了0.462,[①]超过了国际基尼系数警戒线(0.4),区域间、城乡间、行业间收入分配不公问题依旧存在,初次分配过程中出现了发展型共享的困境。

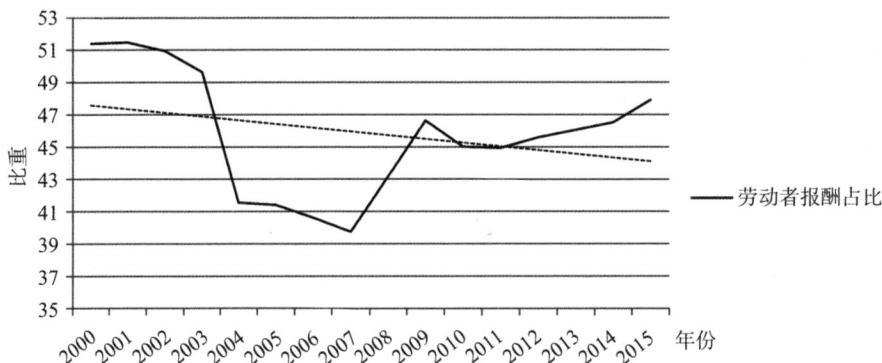

图 6-1　2000—2015年初次分配格局中劳动者报酬比重变化情况

数据来源:根据GDP收入法计算整理,2004年数据来源于《中国国内生产总值核算历史资料:1952—2004》,http://bbs.pinggu.org/thread-2709055-1-1.html,其他年份数据来源于《地区生产总值收入构成项目》(2001—2016年),国家统计局:《中国统计年鉴》(2001—2016年),中国统计出版社2001—2016年版。由于2008年及2013年数据缺失,这两年的数据按照前后两年平均值估算。

　　要从根本上解决初次分配中出现的违背共享发展要求的现状,必须进一步厘清制约收入初次分配格局中的深层问题,找到初次分配改革的切入点和发力点。当前,我国初次分配过程中,劳动力要素定价扭曲、资本要素市场不完善、土地要素定价不合理等诸多问题制约着收入分配格局合理化、有序化发展。劳动力要素定价的扭曲导致了劳动者报酬与经济的非同步发展,劳动者并没有充分地享受到经济发展所创造的成果。资本要素市场的不完全,导致社会成员获得财产性收入的机会不均等,社会成员无法在资本市场实现财富的积累;土地要素的定价不合理,使得农民无法通过土地要素获得等值的收

---

①　国家统计局:《国家统计局局长就2016年全国国民经济运行情况答记者问》,http://www.stats.gov.cn/tjsj/sjjd/201701/t20170120_1456268.html,访问日期:2019年6月15日。

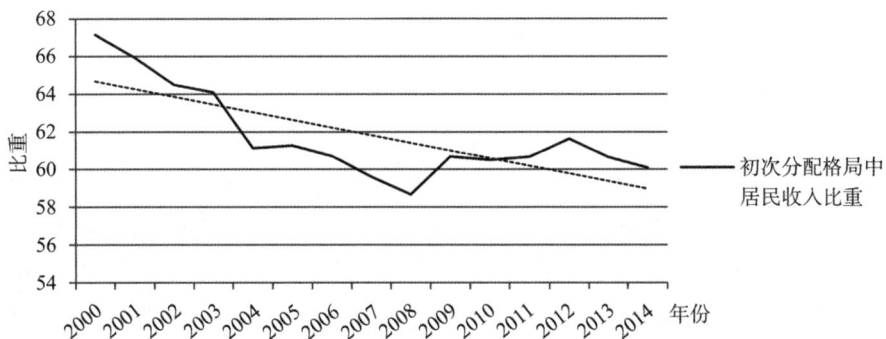

图 6-2　2000—2014 年初次分配格局中居民收入比重变化情况

数据来源:《资金流量表(实物交易)》(2001—2016 年),国家统计局:《中国统计年鉴(2001—2016 年)》,中国统计出版社 2001—2016 年版。

入。此外,劳动力、资本、土地要素市场的不完备也共同导致了居民收入占比的下降。

1. 劳动力要素定价扭曲

改革开放以来,我国劳动者报酬不断提高,但是劳动者报酬的增长率与国内生产总值增速、生产率提高速度却是非同步发展的。作为创造社会价值最重要的市场主体,劳动者并没有充分享受到改革发展所带来的成果,而这正是由我国劳动力市场发展不健全所导致的。劳动力要素的相对过剩和劳动力市场的二元分割导致劳动力要素定价扭曲,侵害了劳动者获得合理报酬的权利,使得经济发展所带来的成果无法惠及最广大的普通劳动者。

一方面,劳动力相对过剩。在我国,劳动者报酬比重降低的问题,并不是由劳动者数量的减少而导致的,而是由于劳动者数量相对过剩。我国人口众多,2016 年年末人口达到了 13.83 亿,[①]劳动力基数大,受到我国劳动力市场转轨所带来的影响,大量农村剩余劳动力进入城市,进入非农部门,再加上国有企业改革带来的城镇居民结构性失业、高校毕业生在内的新增劳动力的逐年增加,使得劳动力要素供给相对过剩。随着劳动力要素的相对过剩,诸多问题显现出来:(1)同质性的劳动力大量存在,尤其是劳动力密集型行业,这就进一步加剧了劳动力市场的竞争程度,劳动者的工资收入无法反映其真实的价

————————

① 截至 2019 年年末,中国大陆人口突破 14 亿大关,包括 31 个省、自治区、直辖市和中国人民解放军现役军人(不包括香港、澳门特别行政区和台湾地区以及海外华侨)人数 140005 万人。

值。企业为了实现自身利润的最大化,往往会压低劳动者的工资,甚至出现拖欠工资的现象,但不会担心"用工荒"的出现。(2)很大一部分劳动者文化水平不高、职业技能偏弱,缺少在教育、培训和技能提升等方面的人力资本积累,使得这些劳动力缺乏竞争优势,不得不在价值链低端工作,获得较低的工资。(3)劳动者在劳动力市场处于弱势地位,劳动者无法与企业进行平等的工资谈判协商。劳动力市场的恶性竞争使得劳动者内部很难自发地形成目标一致的、强有力的组织与企业进行有效的工资谈判协商,劳动者的工资低于合理的定价。[①] 再加上地方政府为实现提高地方 GDP 的经济目标,通常会以廉价的劳动力、低廉的用工成本作为吸引点达到招商引资的目的,使得劳动力市场缺乏有力的保护,劳动者的合法权益被忽视,这不仅影响了劳动者报酬的上升空间,更使得劳动者报酬普遍低于社会平均水平,尤其是劳动密集型产业。

另一方面,劳动力市场分割。劳动力市场的分割,在一定程度上违背了发展型共享所强调的机会均等和公平获得发展成果的基本要求。劳动力要素的相对过剩造成了劳动份额的下降,而劳动力市场的分割在加剧劳动份额下降的同时,进一步造成了劳动者内部收入分配的不公。当前,我国劳动力市场发育程度较低,并且呈现分割封闭状态,劳动力要素的自由流动受到限制,劳动者无法共享平等的就业机会,获得平等的劳动报酬。我国劳动力市场的分割很大程度上是制度因素造成的,主要表现为城乡二元分割和体制内外分割。[②] 劳动力市场的城乡二元分割导致了城乡劳动者收入分配的不公平,发展成果向城市劳动力倾斜。新中国成立之初,我国建立了城乡二元的户籍制度,将劳动者束缚在户籍所在地,使得农村积累了大量的剩余劳动力,改革开放以后,尽管农村劳动力得以进入城市,但是由于户籍制度中的种种障碍并未消除,农村劳动力在劳动力市场仍处于弱势地位,受到了不公正的待遇。农村劳动力在与城市劳动力的竞争中处于极端不利地位,城市中的大部分农村劳动力只能从事城市居民不愿意从事的脏、累、险的工作,而收入却依旧很低。即便农村劳动力能与城市劳动力从事同样的工作,所获的工资也是不同的。再加上农村劳动力无法享有依附户籍制度的教育、住房等工资外收入,进一步拉大了城乡劳动力之间的收入分配差距。劳动力市场的体制内外分割导致了体制内

① 林原:《经济转型期最低工资标准决定机制研究》,知识产权出版社 2012 年版,第142 页。

② 肖潇:《共享发展成果须处理好劳动力市场中的三组矛盾》,《山东社会科学》2016年第 1 期。

外劳动者收入的不公平,发展成果向体制内劳动者倾斜。党政机关、事业单位、国有企业这些"体制内"单位并没有像"体制外"单位一样有着灵活的就业机制和竞争性的收入分配机制,造成了劳动力要素体制内外的分割。而体制内的单位员工的工资收入水平往往高于社会平均水平,员工享受的福利更多,形成了体制内外收入分配的不公平。

2. 资本要素市场不完善

在资本市场中,投资者将自身积累的财产通过投资实现资本的转化、增值,共享经济发展所带来的成果。成熟完善的资本要素市场可以实现资源的优化配置,通过提高资本的配置效率、资本要素的投资回报率,实现居民收入的增加。但是,我国的资本市场发展明显滞后于经济的实际发展水平,资本市场的健全程度远不如劳动力市场。资本市场的不完善造成了社会成员收入来源的单一化,社会成员无法更好地共享资本市场发展成果。

一是资本市场结构不合理。证券市场是资本市场中的重要组成部分,在资本市场较为成熟的发达国家,证券市场的结构往往是债券市场的比重较大、股票市场的比重较小。[①] 但是,作为我国证券市场的两个重要组成部分的债券市场和股票市场发展并不均衡,股票市场的比重远大于债券市场的比重,债券市场的发展与经济发展并不同步。债券市场因其稳定的收益率、较低的投资风险,是普通社会成员更加倾向的财产增值的渠道,而股票市场的风险高、投机性强,并不十分适合寻求稳定增值的普通社会成员的需求。此外,在发展相对滞后的债券市场中也存在着机构上的不合理,在债券市场中,政府债券和金融债券比重更高,而利润更高、更适合普通投资者的企业信用债券的比重偏低,2016 年政府债券和金融债券的比重为 72.46%,而企业信用债券仅为27.46%(见图 6-3)。

二是投资渠道单一。资本市场投资渠道的单一化使得社会成员共享资本市场发展的机会变小。在我国居民金融投资绝大部分集中于储蓄,但是由于我国的利率管理行政化程度较高,利率市场化不足,利率水平相对于物价水平明显偏低,居民收入很难通过储蓄实现增长,如果考虑到通货膨胀等诸多因素,可以说收入会呈现负增长的趋势。虽然,随着资本市场的不断发展,股票、基金、期权期货等金融产品和金融衍生品不断出现,但是远远不能满足实际需

---

① 陈秀梅、韩克勇:《我国资本市场发展对居民收入分配结构的影响分析》,《价格理论与实践》2013 年第 8 期。

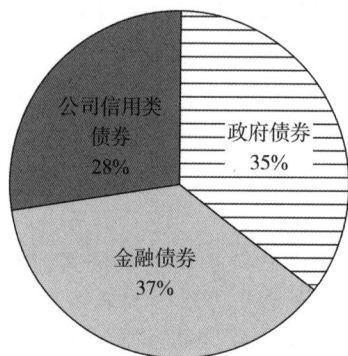

图 6-3　2016 年我国债券市场结构

数据来源：《2016 年金融市场统计——国内各类债券统计表》，http://www.pbc.gov.cn/diaochatongjisi/116219/116319/3013637/3013645/index.html，访问日期：2019 年 6 月 15 日。

求。[1] 股票市场虽然准入门槛较低，但是其较大的波动性和投机性并不符合寻求稳妥的投资者的偏好，基金产品的投资率较低，期权期货又对投资者的专业知识提出了较高的要求，债券市场中普通投资者很难在银行间市场上进行投资。因此，针对不同收益偏好和风险偏好的居民的投资产品不足，普通投资者实际上的投资机会较少，投资需求无法得到满足。

三是监管体制不完善。资本市场监管体制不完善，使得投资者共享发展成果的合法权益被侵害。当前我国资本市场监管体制不够完善，存在监管机构多头管理、核准机制不完善、信息披露不及时等问题。[2] 监管机构的多头管理，使得证监会、人民银行、银保监会等金融监督机构沟通不畅，无法实现监管合力，有效打击资本市场的违法违规操作，投资者合法权益缺乏保障。核准机制的不完善，一些不符合上市条件的上市公司出现在资本市场，造成行业质量参差不齐，再加上退出机制的不完善，投资者无法甄别出优秀的上市公司进行投资，增加了资本市场的风险，为保持市场环境稳定埋下了隐患。信息披露的不及时，使得投资者无法及时有效地获得投资对象的相关信息，容易出现内部非法信息交易和价格操控，造成投资者的权益受到损害。

---

① 韩海燕、姚金伟：《要素市场对构建合理有序居民收入分配格局的影响研究》，《现代经济探讨》2015 年第 11 期。

② 张军、龙少波：《中国资本市场监管制度演变与展望》，《经济研究参考》2014 年第 4 期。

3. 土地要素定价不合理

改革开放以来,以土地改革为核心的农村改革解放了被束缚的社会生产力,并为农民收入的提高提供了保障。但是目前我国土地要素市场发展不健全,非市场化使得农民无法从土地增值中受益。作为财产性要素之一的土地要素,农民无法通过合理的要素定价实现财产性收入的增加,定价的不合理剥夺了农民共享土地要素市场发展成果的权益。其中,产权界定模糊是导致土地要素定价不合理的根本原因,在我国现行的土地制度中,农村土地所有权、收益权和处置权都有着模棱两可的界定,对农村土地产权界定不明确,导致了土地征收和流转过程中农民获得合理收入的权利被侵害。

一是非市场化的土地征收侵害了农民的权益。土地产权内涵界定不清晰,导致土地征收过程中出现诸多问题,影响农民在土地征收过程中获得合理财产性收入的权利:(1)土地补偿标准低于实际价值。当前,《中华人民共和国土地管理法》规定"按照被征收土地的原用途给予补偿",并没有考虑到土地的实际市场价值,一些地区土地征收后的市场价值往往是补偿标准的几倍乃至10倍以上。[①] 偏低的补偿标准不仅没有使农民在土地增值中受益,反而可能会产生生计问题,有调查显示,福建省被征地农民人均补偿费用为1.47万元,而福建省当年人均年消费支出就为5498.3元。[②] 偏低的土地补偿标准却使用地企业获得高额利润,极少部分人从而暴富,而这恰恰是建立在对农民利益损害的基础之上的。(2)征收程序不规范。现有的法律对土地征收的申请、审批、公告、实施等程序进行了规定,但是在实际的操作过程中,仍存在着多头报批、批地时间长、公示程序不合理等诸多问题。(3)征收机制不合理。当前,我国严格把控将农村集体土地转变为城镇国家土地,土地用途的更改必须经过政府的行政审批,政府垄断了征地权,土地要素市场无法形成竞争的市场机制。虽然,对农村土地的管制起到了保护耕地的目的,但是,在一定程度上也造成了土地要素配置过程中的效率损失。由于农民在土地出让的非市场化操作过程中处于弱势地位,不能够与政府、开发商进行直接平等的协商,农民很难甚至没有机会共享土地的财产价值。

二是土地流转不规范影响了收益获得。改革开放以来,大量的农民进入

---

① 汪晖、陶然:《中国土地制度改革:难点、突破与政策组合》,商务印书馆2013年版,第2页。

② 张立先、郑庆昌:《保障农民土地财产权益视角下的农民财产性收入问题探析》,《福建论坛》(人文社会科学版)2012年第3期。

城市务工或者在本地乡镇企业工作,农村土地出现闲置。统计数据显示,我国农民可支配收入中的工资性收入比重越来越高,2013—2015 年,工资性收入比重从 38.73％上升到了 40.28％[①],农民对土地的依赖性降低,这就为农民土地承包权的流转提供了可能,也增加了农民通过土地流转获得财产性收入的可能。但是,当前土地承包权流转并没有形成统一的市场,土地承包权流转的非规范化使得农民通过土地流转获得的收益大打折扣。从土地流转的对象上看,基本上都是相熟的亲戚或者朋友,因此通常只是通过口头约定的形式象征性地收取低额的租金,并没有实现土地承包权流转的规模化。土地流转的形式往往是以转包、出租的形式为主,入股流转等能够取得较大收益的方式还只是处于起步阶段。

(三)深化初次分配改革实现发展成果共享的调整路径

初次分配对实现合理有序的收入分配格局起着关键性的作用,是保障全体社会成员共享发展成果的基础,因此,在深化初次分配改革过程中,要不断健全劳动力、资本、土地市场,采取综合举措实现劳动者报酬占比随着国民经济的发展而不断提高,拓宽多种渠道切实增加居民财产性收入,保证居民收入在国民总收入中的比重实现合理性的增长,不断提高劳动者报酬,实现发展型共享。

1. 提高劳动者报酬

发展型共享强调实现劳动者报酬比重随着经济的发展同步增长,在我国,工资收入是社会劳动者主要的收入来源,2013—2015 年,工资性收入在全国居民人均可支配收入中的占比一直保持在 56％以上。[②] 因此,在初次分配过程中,要采取综合举措,着力提高劳动者报酬。

一要完善最低工资保障制度。最低工资制度强调"共享"与"发展"。一方面,最低工资制度是对处在价值链底层的劳动者获得劳动报酬权力的制度保障,是确保低技能劳动者公平享有发展成果的制度底线。另一方面,科学的最低工资标准为低收入人群进行人力资本投资提供了物质前提,最低工资标准

---

① 《全国人民人均收支情况》,国家统计局:《中国统计年鉴(2016 年)》,http://www.stats.gov.cn/tjsj/ndsj/2016/indexch.htm,访问日期:2019 年 6 月 15 日。

② 《全国人民人均收支情况》,国家统计局:《中国统计年鉴(2016 年)》,http://www.stats.gov.cn/tjsj/ndsj/2016/indexch.htm,访问日期:2019 年 6 月 15 日。

保障了劳动者的基本生活,使得劳动者能够有富余的资金进行自我投资、提高自身技能,从而实现自我的发展和收入的进一步提高。因此,发展型共享的视角下,深化初次分配改革过程中应进一步完善我国的最低工资制度:合理制定最低工资的标准,充分考虑当地经济发展水平、行业发展情况、当地物价水平等多方面因素,保障最低工资的标准实现动态化、常规化的调整;完善最低工资标准的决定机制,由各级政府劳动保障部门同工会、企业家协会等共同研究制定方案,广泛听取多方意见,聆听低收入人群的诉求,保障劳动者与企业之间的地位平等①;加强最低工资标准的监督,明确监督主体和责任,确保最低工资标准得以切实执行,不是一纸空文。

二要合理化工资增长机制。合理的工资增长机制是确保劳动者的收入同经济发展相协调的制度安排,因此,要通过法律法规的形式确保工资机制的增长,重点关注劳动密集型企业、中小企业低收入劳动者的工资增长问题。在推进工资增长过程中,可以尝试性地建立企业和劳动者利润共享机制,马丁·L.威茨曼(Martin Lawrence Weitzman)在分享经济中提到,劳动者分享企业剩余价值来自劳动产权的专有性和稀缺性②,劳动者有权分享企业产生的利润,这既能保证劳动者收入提高,又能激励劳动者提高生产效率,实现劳资双方互惠共赢。

三要推进工资集体协商制度。工资集体协商机制是实现最低工资保障制度和工资增长机制的有力手段,在劳动力市场中,劳动者往往处于弱势地位,无法平等地、有效地与企业进行协商对话,企业从利润最大化的角度出发,缺乏主动协商的动力,因此,就要通过政府部门、工会组织和企业组织三方协同配合,共同协调劳资双方的利益。首先,要不断扩大覆盖率,根据企业的规模大小有针对性地开展不同形式的协商,规模较大的企业可以采取企业工资集体协商方式,规模较小的发展不成熟的企业可以采取行业工资集体协商或者区域工资集体协商方式,确保工资协商机制的全覆盖。其次,建立系统的法律体系,增强法律强制性和约束性,制定更具有可行性的规章制度,明确执法主体。最后,明确政府部门、工会组织和企业组织的自身定位,形成合力共同推进工资协商制度,政府部门要从传统的行政干预转变为用法律手段进行劳动

---

① 付文林:《最低工资、调整成本与收入分配效应的结构差异》,《中国人口科学》2014年第1期。

② 马丁·L.威茨曼:《分享经济:用分享制代替工资制》,林青松等译,中国经济出版社1986年版,第71页。

监察、争议处理,工会组织作为劳动者权利的维护组织要主动地为劳动者争取权益、解决纠纷,企业组织要转变发展思路,主动为职工谋求利益。

四要健全职业技能培训。发展型共享强调人的全面发展,提高劳动者职业能力有助于提高劳动者的生产效率,增加其在劳动力市场的竞争力,从而获得更高的劳动报酬。因此,在深化初次分配改革过程中,应该进一步健全职业技能培训机制,加大人力资源开发运用。这个过程中既需要政府起到引领作用,又需要企业的积极参与,更需要劳动者自身主动学习。政府应加大教育投入和职业技能培训投入,帮扶劳动力市场中的弱势群体,重点针对失业人员、低技能的劳动者开展免费的职业技能培训。鼓励企业加大培训力度,从实际需求出发,设立合理的培训机制和培训内容。倡导劳动者主动提升自身的文化水平、技能素质,最终实现从低级劳工市场向高级劳工市场的转变。

五要深化户籍制度改革。加快户籍制度改革,打破户籍所带来的就业歧视,形成统一的劳动力市场,保障城乡居民享有同等的发展权利。随着《关于进一步推进户籍制度改革的意见》的出台,我国的户籍制度改革进入了新的阶段,但是不能否认的是,户籍制度所带来的城乡二元结构影响还是很大。因此在深化初次分配改革过程中,要逐步取消依附于户籍之上的收入特权,重点关注进城务工的农村劳动力的收入情况,这既包括工资收入又包括工资外收入,切实保障农民工的利益。此外,各地政府在制定政策的过程中,应充分考虑到本地农民工的实际情况,将本地农民工的失业率纳入城镇失业率中,合理制定就业政策。

2. 增加居民财产性收入

判断初次分配过程中是否实现了发展成果共享,除了要看劳动者报酬比重这一关键性的指标,还要看居民收入在国民总收入中的比重的情况。提高居民收入比重的一个重要途径就是要增加居民财产性收入。[①] 在深化初次分配改革过程中,要不断拓宽居民增加收入的渠道,使社会成员拥有更多的机会合理配置财富,获得更多的财产性收入。目前,我国居民财产性收入的比重较小,以2015年为例,全国居民人均财产净收入为1739.6元,仅占居民人均可支配收入的7.92%,其中,农村居民可支配收入中的财产性收入占比更是低至2.20%,与此同时,财产性收入增长的潜力是巨大的,2013—2015年,我国

---

① 白重恩、钱震杰:《国民收入的要素分配:统计数据背后的故事》,《经济研究》2009年第3期。

财产性收入的一直保持在 10% 左右的增长速度。[①] 在深化初次分配改革过程中,要增加居民财产性收入,就要逐步完善资本要素市场和土地要素市场。

一要发展资本要素市场。2013 年国务院转批的《关于深化收入分配制度改革的意见》中明确指出,必须加快发展多层次资本市场,实现居民财产性收入的增加。完善的资本市场能够为社会成员提供更多的渠道和更多的机会实现财产的保值、增值,使投资者真正共享经济增长带来的好处。针对资本市场中存在的诸多问题,在发展资本市场过程中要做到以下几点:(1)要大力推进利率市场化,将定价权交给市场,逐步增加直接融资的比例,优化资本资源配置,加强投资者资金的回报率;(2)要降低资本市场准入门槛,合理增加投资性产品,使居民能够根据自身的投资偏好、风险偏好选择不同的投资产品,拓宽居民增加财产性收入的渠道;(3)要完善资本市场的监管,监管工作中始终坚持保障投资者合法权益的原则,制定科学的监管标准,确保资本市场公平的竞争环境和稳定的政策环境,加强对上市公司的监管,为投资者提供完整的、及时的信息,避免信息不对称造成的投资者知情权的损害。

二要发展土地要素市场。在深化初次分配改革过程中,只有不断地增加农民的收入,加快农民收入的增长速度,才能切实缩小农民与城市居民之间的收入差距,让农民充分共享经济发展的成果。当前,土地已成为城镇化过程中的稀缺资源,农民作为土地产权主体之一,有权共享土地所带来的财产价值,获得财产性收入的增加,因此,要不断培育土地要素市场的发展,深化以农村土地产权为核心的土地制度改革。首先,明确农村土地的产权,通过正式的规定,消除产权的模糊性,明晰产权的主体和权利,明确土地集体所有权、农民土地承包权以及土地经营权。其次,深化征地制度改革,提高征地补偿标准,征地补贴标准的测算方式由过去的按照原用途价值转变为充分考虑土地未来增值,完善征地程序和机制,逐步形成统一的土地要素市场,创新土地征收做法,借鉴广东南海"土地股份制"模式和江苏昆山农民直接分享土地资产收益的模式。[②] 再次,完善土地流转服务体系,创新土地承包经营权流转的方式,鼓励多种形式的土地承包权流转方式,实现土地流转规模化、市场化。最后,健全农村土地法律体系,用法律的手段保护农民共享土地收益的权利,转变政府过

---

① 《全国人民人均收支情况》,国家统计局:《中国统计年鉴(2016 年)》,http://www. stats.gov.cn/tjsj/ndsj/2016/indexch.htm,访问日期:2019 年 6 月 15 日。

② 汪晖、陶然:《中国土地制度改革:难点、突破与政策组合》,商务印书馆 2013 年版,第 41 页。

去的行政干预为法律监管,确保在市场机制下,农民能够获得更多的土地收益,切实提高农民收入。

二、深化再次分配改革,实现调节型共享

在初次分配中,一些合理的因素和不合理的因素共同导致了收入差距的拉大,一定程度上造成了收入分配格局的扭曲,而这些问题并不能通过经济的发展实现自发的调节。这时候就需要发挥政府的作用,通过税收、社会保障、转移支付等再次分配的手段对初次分配中出现的分享"偏差"进行调节,优化收入分配格局,实现发展成果由全体社会成员共享。

(一)深化再次分配改革实现发展成果共享的基本要求

扭转收入分配格局失衡的问题,必须充分发挥政府在再分配领域的调节作用,进一步完善公共财政体制,调整财政支出结构,增加对公共服务和社会保障事业的投入,更加关注公共教育、公共卫生、公共交通、公共文体,以及住房保障、就业保障、医疗保障相关领域,改善民生,加快建立服务型政府,统筹协调公共服务发展与社会转型、经济增长。在深化再次分配改革过程中,应以实现调节型共享为目标。

1. 调节型共享强调更加注重公平

再分配中的公平追求的是社会公平,它着眼于让每个社会成员都切实共享发展成果,实现整体社会福利的增进,让每个人都能够过上体面的、有尊严的生活。虽然每个社会成员在初次分配中由于资源禀赋和贡献的程度不同,获得的收入不同,但是从发展成果共享的视角出发,要通过再次分配的调节,将收入分配差距控制在合理的范围内。高收入人群通过初次分配本身就享有了相对优渥的生活,因此,再次分配过程的关注重点就在于对低收入人群给予保障,实现发展成果从富有人群向贫困人群流动。通过再次分配过程向低收入人群进行必要的保障,以直接补贴的形式或者间接的基本公共服务的形式,来保障低收入人群的基本生活,维护社会的稳定和公平。要注意的是,对低收入人群的特殊保障并不是高收入人群对低收入人群的施舍怜悯,而是低收入人群所拥有的共享发展的权利。再次分配中对低收入人群的重点保障有其合理性,由于历史的原因,改革开放以来,一部分人、一部分地区先富了起来,而这背后有着后富群体的付出和奉献。此外,对低收入人群的保障,能够使他们

拥有更多的收入用于人力资本的投资,进一步提高创造共享成果的能力,实现发展成果的整体增进。因此,深化再次分配改革过程中,应该确保全体社会成员尤其是低收入人群实现有尊严的共享,过上体面的生活。

2. 调节型共享强调政府主导作用

在初次分配过程中市场存在失灵,导致单纯依靠发展型共享并不能完全地实现合理有序的收入分配格局,因此,在再次分配过程中,政府应承担起调节收入分配差距的责任,将社会财富和发展成果从富有阶层向贫苦阶层转化,实现发展成果的调节型共享。在再次分配改革过程中,能否实现调节型共享,关键是政府能否充分发挥作用,能否做出合理的制度安排。[①] 这就从客观上要求政府需要不断协调发展成果共享中整体与部分的利益、公共与个体的利益,以实现成果共享的协调。在政府主导的再次分配中,要通过财富的筹集和财富的支出两个方面对国民收入进行调节型共享。财富筹集方面,政府借助强制手段,通过税收将人们已经获得的收入的一部分纳入财政收入,以此调节初次分配过程中要素所有者之间的收入和财产之间的差距,改变初次分配中形成的收入分配格局,缩减贫富差距。财富支出方面,通过社会救助、社会保险、社会福利等的社会保障机制为低收入人群提供基本的生活保障,通过以实现公共服务均等化为目的转移支付平衡区域间、城乡间收入分配差距。

(二)深化再次分配改革实现发展成果共享的深层问题

近年来,我国加大了收入再次分配的调节力度,力图通过税收、社会保障、转移支付等手段缩小收入分配差距,弥补收入初次分配过程中的发展成果共享的不足。但是,由于调节制度和手段的不完善,再次分配在一定程度上并没有实现发展成果共享。一方面,经过再次分配,居民收入在国民总收入中的比重变化并不明显(见表6-1),以2014年为例,初次分配中居民收入占国民总收入的60.09%,经过再次分配,居民收入占比60.65%,仅增加了0.56%。另一方面,居民收入分配差距依旧较大,2015年,高收入户人均可支配收入是低收入户的10.4倍,城乡方面,城乡可支配收入差距高达2.7倍,区域方面,东、中、西、东北四大区域间的差距明显,2015年东部地区人均可支配收入是中部

---

① 　蔡昉:《中国收入分配:完成与未完成的任务》,《中国经济问题》2013年第5期。

地区人均可支配收入的 1.54 倍,是西部的 1.69 倍。[①] 再次分配的调节并没有实现财富从高收入人群流向低收入人群,甚至出现了逆向调节的现象,出现了共享的困境。

表 6-1 2000—2014 年再次分配后居民收入比重变化情况

年份	初次分配格局中居民收入占比(%)	再次分配格局中居民收入占比(%)	占比变化情况(%)
2000	67.15	67.54	0.39
2001	65.93	66.07	0.14
2002	64.49	64.43	−0.06
2003	64.10	63.97	−0.13
2004	61.14	61.05	−0.09
2005	61.28	60.84	−0.44
2006	60.73	60.25	−0.48
2007	59.61	58.89	−0.72
2008	58.66	58.28	−0.38
2009	60.69	60.53	−0.16
2010	60.50	60.40	−0.10
2011	60.67	60.78	0.11
2012	61.64	61.99	0.35
2013	60.66	61.29	0.63
2014	60.09	60.65	0.56

数据来源:《资金流量表(实物交易)》(2002—2016),国家统计局:《中国统计年鉴(2002—2016)》,http://www.stats.gov.cn/tjsj/ndsj/,访问日期:2019 年 12 月 10 日。

1. 税收机制调节力不强

在市场经济中,税收是国家通过政治权力参与国民收入分配的重要手段和有力工具。发展成果共享的核心价值追求就是公平,这就要求在税收机制的调节应该以实现社会公平为基本目标,全体社会成员作为税收的调节对象

———————

① 《全国居民按东、中、西部及东北地区分组的人均可支配收入》,国家统计局:《中国统计年鉴(2016 年)》,http://www.stats.gov.cn/tjsj/ndsj/2016/indexch.htm,访问日期:2019 年 6 月 10 日。

应该处于平等的位置。我国当前的税收体系对收入分配的调节起到了重要的作用,但是不能忽视的是,税收结构、税种设计以及税收征管等方面的问题,在一定程度上违背了高收入人群多纳税、低收入人群少纳税的量能纳税原则,造成了社会成员间不公平的实际税负,从而影响了收入分配的调节力度。

一是税收结构不合理。各个国家根据自身经济制度、政治制度、文化制度、经济发展水平和社会公共需求的不同,在税收结构上有着不同的选择。税收根据能否被转嫁可以分为直接税和间接税,在我国现行的税收结构中,间接税处在主要位置,直接税占比偏低,以 2015 年为例,间接税占我国税收收入的比重为 60.6%,直接税所占比重为 39.4%。[①] 从社会整体角度看,绝大部分的间接税因其容易被转嫁到低收入人群身上,并没有很好的调节收入分配差距的能力,反而有扩大收入分配差距的反向作用。[②] 从微观个人角度看,间接税没有体现量能纳税的原则,具有累退性。因此,以间接税为主的税收结构,弱化了税收的调节功能,并存在着逆向调节的趋势。

二是税种设计不合理。在我国税收种类中,按照对收入分配调节力度的大小,依次为个人所得税、财产税和消费税,这三个税收设计上的不合理在一定程度上弱化了税收的调节作用。个人所得税一直被视为调节收入分配最有效的税种之一,但是我国个人所得税调节收入分配乏力,2016 年我国个人所得税收入占税收总收入的 7.74%,相比于其他国家这个比重偏低,2012 年美国、澳大利亚、韩国的个人所得税比重分别为 11.97%、39.42%、22.76%。[③] 此外,个人所得税在设计上也存在着急待解决的问题:(1)在征收范围上,当前个人所得税设定的 11 个项目并不能够涵盖到全部个人收入,尤其是高收入人群的收入来源往往具有多样性,不利于对高收入人群的收入调节;(2)税率设置不合理,不同的征税项目对应着不同的税率,这就导致不同来源的收入的纳税率不同,工资、薪酬的税率最高的达 45%,但其他的最高只有 20%,不同的税率设置为高收入人群提供了避税空间,甚至出现企业高层管理人员每年只拿一元薪水的现象。个人所得税设计上的不合理导致中低收入阶层成为纳税

①　《中央和地方一般公共预算主要收入项目(2015 年)》,国家统计局:《中国统计年鉴(2016 年)》,http://www.stats.gov.cn/tjsj/ndsj/2016/indexch.htm,访问日期:2019 年 6 月 15 日。

②　李婷、李实:《中国收入分配改革:难题、挑战与出路》,《经济社会体制比较》2013 年第 5 期。

③　《政府财政统计年鉴(2013 年)》,http://www.imf.org/external/index.htm,访问日期:2019 年 6 月 15 日。

的主力,以 2015 年为例,个人所得税中工资、薪金所得的占比高达 65.23%
(见表 6-2)。普通劳动者承担了较多个人所得税,违背了高收入人群多纳税、
低收入人群少纳税的纳税原则,大大降低了对高收入的调节力度。财产税是
对财富存量的调节,不同于个人所得税对财富流量的调节。随着我国经济的
快速发展,家庭财富积累的速度快速增长,尤其是高收入阶层,财产税能够有
效地调节收入存量差距的问题。但是,当前我国的财产税在税系中非常薄弱,
设计上存在着不科学之处:一方面税种设置不合理,以房产税为例,我国的房
产税以房屋账面原始价值为基准,这就导致了由于购买时间的不同,所承担税
负是不同的,尤其是近些年我国房地产市场火爆发展,房产价格成倍上涨,进
一步造成了税收的不公平。另一方面财产税存在空白地带,当前我国尚未设
置遗产税和赠与税,这将导致收入分配差距的代际转移,进一步加剧社会阶层
的固化。消费税是调节收入分配的一个较为重要的手段,但是,目前我国消费
税尚未充分发挥其调节高收入的作用,不仅消费税的征收范围略窄,特殊消费
税中一些高消费的产品、服务并没有纳入征收的范围之内,如高档住宅等,因
此并没有形成对富人收入的有力调整,更为重要的是,当前消费税设置的项目
多为消费需求小的消费品,使得消费税并没有起到缩小收入分配差距的作用,
反而进一步扩大了收入分配的差距。

表 6-2　2006—2015 年工资薪金所得占个人所得税比重情况

年份	个人所得税合计 (万元)	工资、薪金所得 (万元)	工资、薪金所得比重 (100%)
2006	24526703	12894523	52.57
2007	31849412	17507730	54.97
2008	37223126	22448694	60.31
2009	39435885	24877876	63.08
2010	48372678	31584637	65.29
2011	60540777	39018449	64.45
2012	58203246	35895401	61.67
2013	65315273	40950031	62.70
2014	73765974	48201301	65.34
2015	86172598	56212652	65.23

数据来源:《全国个人所得税分项目收入表》,http://www.chinayearbook.com/search.
aspx? k=%D6%D0%B9%FA%CB%B0%CE%F1%C4%EA%BC%F8,访问日期:2019
年 6 月 15 日。

三是征管体系不完善。完善的税收征管体系是确保税收充分发挥调节收入分配的有力保障,当前,我国并没有建立起系统的、科学的税收征管体系。一方面,当前的税收征管体系存在责权划分不清的问题,纵向上各级税务机关定位不明确,横向上税收的管理和服务部门之间责权划分不清。另一方面,相关信息机制不健全,税务机关内部存在信息壁垒,与银行等第三方联网难度大。于是在实际的税收征管过程中,征管不到位、监督力度不强、管理手段落后、税务工作人员业务水平不足等一系列问题使得一部分人群、一部分收入没有被征收到,从而制约着税收在调节收入分配中的作用。

2. 社会保障机制不健全

社会保障是政府进行收入再次分配的另一重要手段,政府以社会救助、社会福利、社会保险等方式对社会成员进行基本保障,维护社会公平。与税收制度不同,社会保障机制对收入差距的调节,并不是通过调节高收入人群的方式,而是通过对低收入人群提供物质帮助。合理的社会保障制度是社会公民尤其是低收入人群实现发展成果共享的有力保障,但是在当前的社会保障体系中存在着财政支出偏低、未实现全覆盖、待遇差距大等问题,造成了不同群体间社会保障权利的不公平,影响了再分配的调节作用。

一是财政支出偏低。资金投入是社会保障制度得以正常运作的物质基础,政府对社会保障的财政投入将直接影响其效果。近年来,虽然政府在社会保障方面的支出保持着较快的增长速度,但社会保障支出占财政总支出的比重基本保持不变。数据显示,2007—2015年,社会保障和就业支出从5447.16亿元上升至19018.69亿元,增长了近3.5倍,但是,社会保障和就业支出占一般公共预算的比重基本上维持在10%左右(见表6-3),与其他国家相比,这个数字偏低,2013年英国为35.16%,波兰更是达到了46.7%。[1] 社会保障的财政支出是确保社会保障制度有效发挥调节收入分配的职能的物质基础,财政支出的有限,很难实现社会保障的全覆盖,使得某些人群尤其是低收入人群容易被忽视,很难保证社会成员享有的待遇一致,难以实现对低收入人群的重点保障。

---

[1] 《中央政府各项支出比重》,国家统计局:《国际统计年鉴(2016年)》,http://data.stats.gov.cn/lastestpub/gjnj/2016/indexch.htm,访问日期:2019年6月15日。

表 6-3　2007—2016 年社会保障支出情况

年份	国家财政支出(亿元)	社会保障与就业支出(亿元)	占比(%)
2007	49781.35	5447.16	10.94
2008	62592.66	6804.29	10.87
2009	76299.93	7606.68	9.97
2010	89874.16	9130.62	10.16
2011	109247.79	11109.4	10.17
2012	125952.97	12585.52	9.99
2013	140212.1	14490.54	10.33
2014	151785.56	15968.85	10.52
2015	175877.77	19018.69	10.81

数据来源:《中央和地方一般公共预算主要支出项目》(2008—2016 年),国家统计局:《中国统计年鉴(2008—2016 年)》http://www.stats.gov.cn/tjsj/ndsj/2016/indexch.htm,访问日期:2019 年 12 月 10 日。

二是未实现全覆盖。实现社会保障的全覆盖,使社会保障"人人享有",是实现发展成果共享的必然要求。但是,在我国社会保障并没有真正意义上实现覆盖到全体社会成员,以社会保险为例,到 2015 年末共有 85833.4 万人参加基本养老保险、66581.6 万人参加城镇基本医疗保险、21432.5 万人参加工伤保险、17771 万人参加生育保险、17325.98 万人参加失业保险,就算是覆盖人数最多的基本养老保险还是有 5262.6 万适龄劳动力未被覆盖到,覆盖人数最少的失业保险更是有 60125.02 万就业人员未被覆盖到[1]。有限的社会保障覆盖率使得一些群体面临着更加严峻的养老、医疗、失业等方面的压力,而在未被社会保障覆盖的人群中很大比重的便是低收入人群,低收入人群由于自身支付能力的有限、就业歧视等诸多因素,往往选择不参加或者是没有机会参加社会保险,从长远的角度来看,这部分人群未来的生活存在着更高的风险和支付压力,这将进一步加剧纳入社会保障人群和未被纳入社会保障人群之间的收入差距,在某种程度上讲,就是加剧了高收入人群和低收入人群之间的收入差距,造成了收入的逆向调节。

---

[1] 《社会保险基本情况》,国家统计局:《中国统计年鉴(2016 年)》,http://www.stats.gov.cn/tjsj/ndsj/2016/indexch.htm,访问日期:2019 年 12 月 10 日。

三是待遇差距较大。由于社会保障制度设计得不合理,不同群体之间社会保障待遇差距大,以基本养老保险制度为例,城镇基本养老保险针对的人群是城镇职工,城乡基本养老保险针对的人群是城镇职工以外的城镇居民和农村居民,这两种保险在实际的待遇上存在较大差异,这种差异既表现在城乡间又表现在城镇居民内部。以 2015 年为例,城镇职工退休人员每月可以领取的基本养老金为 2200 元,而城乡居民每月可以领取的基本养老金却低于 200元,有些地区的城乡居民每月领取的基本养老金甚至低于 150 元,两种保险制度在待遇上存在 10 多倍的差距[1]。此外,城镇居民之间,自 2005 年以来,企业退休职工的养老金以 10% 以上的速度增长,即便如此,与机关事业单位退休职工的养老金差距仍然逐步扩大。社会保障待遇的差异,非但没有解决居民收入的差距,反而有加大收入分配差距的趋势。

3. 转移支付制度不完善

通过转移支付制度可以将财政筹集的资金向偏远贫困地区、低收入人群进行转移,实现不同地区间政府的财力平衡,缓解区域收入分配差异。近年来,我国逐步加大对相对落后地区和农村的转移支付力度,在缩小东中西部差距、城乡差距上起到了积极的作用。但是不能忽视的是,转移支付过程中对收入分配差距的调节力度还是有限的,从居民在转移支付中获得转移性收入来看,反而是出现了高收入地区的转移性收入更高的情况出现,以 2015 年为例,宁夏、新疆人均转移性收入占可支配收入的占比分别为 17.5%、17.03%,低于北京(19.19%)、上海(21.81%),绝对值上差距更大。[2] 转移支付制度未能很好地实现收入再分配的调节作用,主要是因为转移支付制度设计得不合理,某种程度上违背了公共服务均等化的价值导向,造成了资金运行效率低,进一步加大了区域间的贫富差距,影响转移支付对国民收入再分配的调节力度。

一是专项转移支付问题仍较多。近些年,我国加大了对专项转移支付的控制,逐步缩减专项转移支付项目的数量和资金比重,同时取消了专项转移支付的配套资金要求,减轻了财政困难地区的申请压力,但是专项转移支付中依旧有一些问题存在。一方面,专项转移支付是以项目法为主的资金分配方式,行政人员在这个过程中的自由裁量权过大,由于有限理性等原因很难做出科学的划分,导致部分资金出现低效化。另一方面,专项转移支付有其"专门"的

---

① 郑功成:《中国社会保障发展报告:2016》,人民出版社 2016 年版,第 92 页。

② 《分地区居民人均可支配收入来源》,国家统计局:《中国统计年鉴(2016 年)》http://www.stats.gov.cn/tjsj/ndsj/2016/indexch.htm,访问日期:2019 年 12 月 10 日。

用途,资金本身带有特定的现实目标,地方政府必须将这部分资金使用于中央所要求的"专项"之中,这就导致了这部分资金无法进行有效的统筹,地方政府缺乏自主权,限制了地方政府尤其是贫困地区的地方政府将资金投入当地民生急需解决的公共服务领域之中,无法做到"急民之所需"。

二是一般性转移支付有待优化。随着国家一系列文件的出台,一般性转移支付的支出逐年上升,2016年达到了3.2万亿元,在全部转移支付中的占比也逐步提高,到2016年一般性转移支付占全部转移支付的比重已经上升到了60.5%,[1]以一般性转移支付为主的转移支付结构逐步形成,并呈现出良好的态势。但是,这并不意味着一般性转移支付没有改进优化的空间。一方面,一般性转移支付资金并未较好地向低收入人群和低收入地区倾斜,其中一个重要的因素就是一般性转移支付中资金行政性浪费问题严重,地方政府为了从中央获得更多的资金支持,会派驻工作人员在北京、省会进行办公,行政性消耗大,一些地方政府在获得资金后,容易出现资金被投入政府官员的政绩工程之中,而不是用于群众最急需的民生领域[2]。另一方面,一般性转移支付的测算方法有待提高,尚未形成基于因素法的系统测算指标体系和科学的信息采集系统。当前的测算方式中因素设置不够细致、数据获取难度大,仍留有转移支付资金额度讨价还价的空间,这就使得其无法真正考虑到贫困地区、低收入人群密集地区的迫切需要,无法科学地实现"调节型共享"。

三是转移支付法律法规不健全。在我国现行的法律体系中,关于转移支付的部分存在着法律层级较低、威慑力不足的问题。当前,我国并没有颁布针对财政转移支付的基本法,也没有专门的法律,仅仅是在《中华人民共和国预算法》中的个别条目对转移支付进行了一般性的规定,授权国务院制定具体的办法。但是,由于现实因素的影响,国务院并没有出台相关的行政法规,只是颁布了一些规范性文件。当前,对于转移支付的规定更多的是来自财政部制定的部门章程,使得转移支付的规范和管理缺乏更高层次的法律支持。法律的缺位导致了财政转移支付资金的转移用途不规范、浪费,甚至是贪污腐败行为的产生,2016年审计署第30号公告中提到,农林水事务补助资金侵占、浪

---

① 肖捷:《国务院关于深化财政转移支付制度改革的报告》,http://www.mof.gov.cn/zhengwuxinxi/caizhengxinwen/201612/t20161226_2504987.htm,访问日期:2019年6月15日。

② 吴应运、谭静:《我国财政转移支付制度探析》,《人民论坛》2016年第5期。

费等问题就涉及金额 13.11 亿元。^① 由于对财政转移支付过程中的违法行为认定不清,转移支付的评估和监管也难以实现,严重地影响了转移支付的效果,影响了其调节收入差距的作用。

(三)深化再次分配改革实现发展成果共享的调整路径

再次分配对实现合理有序的收入分配格局起着至关重要的作用。在深化再次分配改革过程中,应该有针对性地、系统性地加快税收制度、社会保障制度、转移支付制度的改革步伐,实现调节型共享。

1. 深化税收体制改革

在深化税收体制改革过程中,应逐步优化税收结构、完善税种设计、健全征收体系,形成高效的税收机制。

一要优化税收结构。合理的税收结构对发挥税收的收入再分配调节作用至关重要,因此,在税收体制改革过程中,要采取切实可行的措施合理调节间接税和直接税比例,提高直接税比重。通过直接税的累进性,对高收入人群进行收入的有效调节,逐步缩小收入分配差距,并通过税收结构的调整,适度降低居民整体税负感,提高居民部门在国民收入中的比重,使社会成员共享经济发展的成果。

二要完善税种设计。完善税种设计,逐步形成涵盖收入、财产、消费的全方位的税收体系,实现对高收入人群的有力调节。首先,个人所得税改革应该从我国的现实情况出发,循序渐进,逐步实现综合与分类相结合,合理设置费用扣除标准,个税起征点的标准要根据最低生活标准、经济发展水平等诸多因素实现动态调整,以家庭为纳税单位,综合考虑家庭的生育、抚养、教育等方面的成本。在扩大个人所得税的目录,力争涵盖全体社会成员的所有收入,尤其是金融类收入的同时,要合理调整税率,着力调整工资薪金所得适用的税率,适度降低个人所得税最高税率,调高最高税率所对应的纳税额度,使个人所得税真正实现对高收入人群的调节。其次,加快财产税的改革,合理设计财产税,解决我国财产税存在缺位的现象。财产税在我国的税收结构中处于辅助地位,但是在调节贫富差距,尤其是在缩小财富存量差距上有着其他税种不能

---

① 中华人民共和国审计署:《2016 年第 30 号公告:关于 2015 年度中央预算执行和其他财政收支审计查出问题整改情况》,http://www.audit.gov.cn/n4/n19/c91672/content.html,访问日期:2019 年 6 月 15 日。

替代的作用。在推进财产税改革过程中,应在全国范围内有计划地逐步推广房产税,将房产税的设计定位在调节居民收入分配差距上,针对当下房产在高收入人群的财富中占据了相当大的比重,可以尝试设立累进性的房产税,实现对财富存量的差距的有效调节。此外,在充分调研的基础上,根据实际情况适时开设遗产税,避免收入差距的代际转移,在这个过程中,还应注意的是,配套出台赠与税作为辅助税种,避免富有者钻遗产税漏洞,在死亡前将财富转移给子孙或者亲友。最后,合理设计消费税,发挥其直接的再分配作用。在不影响中低收入阶层的正常生活的基础上,要将高收入人群的高消费产品及消费行为科学地纳入消费税的征收范围之中,如游艇、飞机这类只有高收入人群才会消费的物品,以及高档旅游、高档桑拿、赛马等高收入人群的奢侈消费行为。合理设置税率,针对不同产品设置不同的消费税率,通过消费过程确保对高收入人群进行有效的调节,逐步缩减收入分配差距。

三要健全税收征管体系。健全税收征收体系,避免偷税漏税的行为出现。优化纳税服务,指派独立的纳税服务部门,明确纳税服务职责,专门进行纳税服务任务,不再承担纳税执法。强化税收风险管理,建立科学的税收风险识别和应对机制,加强对高风险纳税人的监管,防止偷税、避税问题的出现。坚持纳税人自主申报制度,在充分尊重纳税人的同时,加大监督力度,查处力度,执法必严,打通各类征管系统,形成有效的信息沟通、共享。

2. 深化社会保障改革

共享理念为我国社会保障制度的改革提供了新的发展方向和发展思路,在深化再次分配改革过程中,要加快社会保障制度改革,充分发挥其调节收入差距的作用。

从保障范围上看,要强调覆盖的全面性。"十三五"期间,应该把扩大社会保障覆盖面作为社会保障调节收入分配的重要突破口,加大财政支持,实现社会保障全覆盖。实现社会保障全覆盖要做到两个方面:一是保障全民性项目的全覆盖,如基本养老保险、医疗保险等,要将农民工群体、社会流动人口、自由职业者这些因为制度原因被排斥在外的人群纳入社会保障体系之中;二是要实现针对特殊人群的社会保障项目对该人群的全覆盖,例如,社会救助项目应该把贫困线以下的低收入人群全面纳入其中,增加低收入人群的收入,使得弱势群体能够合理地共享发展成果。

从保障重点上看,要关注低收入群体。社会保障机制的再分配调节的重点是对低收入人群的保障,在社会保障的改革过程中应该重点关注农村贫困人群、失地农民、城市贫困人群、贫困地区贫困人口等弱势人群。[1] 这些弱势群体往往从事着高强度、低收入的工作,面临着更严峻的住房、教育、医疗、失业的压力,一旦某一环节出现变故,对于整个家庭来说都是无法承担的压力,将进一步导致贫穷的固化,社会收入差距的代际转移。因此,要从弱势群体、低收入人群的实际需求出发,形成包括最低生活保障、医疗保障、失业救助、公租房提供、贫困人口教育补贴在内的系统的保障体系,形成向弱势群体、低收入人群倾斜的待遇补偿机制。[2] 同时不能忽视的是,对贫困人群的社会保障,应以提高其自身能力为前提,帮助贫困人群通过自身力量创造更多价值,实现"有尊严"的"获得"。

从保障对象上看,要保障均衡发展。在社会保障制度改革过程中应确保城乡间和区域间社会保障待遇的均衡发展,逐步打破户籍制度造成的社会保障待遇不均衡,真正发挥社会保障的收入再调节作用。为此,在社会保障制度改革过程中,应保证城乡之间均衡的发展,保障农民享有与城市居民同等的待遇。针对城乡二元的社会结构导致了城乡社会保障的二元化,城市居民享有的较高的社会保障水平是建立在对农村居民社会保障利益侵蚀的基础之上的现实,在社会保障制度改革中,应该将改革的重点放在农村,关注农民的切身利益。改革初期逐步"差别化的统一模式"[3],在保证制度模式相统一的前提下,可以存在不同的社会保障项目。改革中期,健全农村养老保险、医疗保险、工伤保险、生育保险等各个社会保障项目,建立城乡社会保障项目的衔接机制,实现相同项目间管理、筹集、给付的对接统一,在改革的终期实现统一的城乡社会保障制度。此外,在社会保障制度改革过程中,也应保证区域之间的均衡发展,保障不同地区居民享受同等的待遇。我国各地区由于自身经济发展水平的不同,各自的社会保障水平也存在着很大的差异,依附于户籍之上的是差异性的社会福利,这种差异与社会成员的社会贡献不相关,产生了本地人与外地人的不公平、户籍人口与非户籍人口的不公平。因此,需要中央政府出面,通过财政转移以及政策调节的方式,逐步缩减社会保障待遇区域间的差异,实现均衡发展。

---

[1]　维托·坦茨:《政府与市场:变革中的政府职能》,王宇等译,商务印书馆 2014 年版,第 122 页。

[2]　郑功成:《中国社会救助制度的合理定位与改革取向》,《国家行政学院学报》2015 年第 4 期。

[3]　李迎生:《社会保障与社会结构转型》,中国人民大学出版社 2001 年版,第 73 页。

3. 深化转移支付改革

深化转移支付改革过程中,增强转移支付在收入再分配过程中的调节力度,实现区域间的收入水平的均等化,让不同地区、不同收入阶层的社会成员共享发展成果,是建构合理有序收入分配格局的应有之义。

一要实现向低收入地区倾斜。要实现转移支付制度向低收入地区倾斜,要做到以下几点:(1)调节转移支付结构,形成以一般转移支付为主的转移支付结构。一般转移支付中将重点放在更具科学性的均衡性转移支付上,提高资金的使用效率,实现对低收入地区的倾斜。(2)建立专项转移支付项目退出机制,根据实际的情况,将违背发展成果共享的项目及时地、动态化地清理。(3)建立标准化的测算体系,充分考虑不同区域的财政收支情况、经济状况、贫困人口总数、人口结构等客观因素,通过科学的信息采集每项数据指标,为转移支付资金配置打造可靠的数据基础,从而实现转移支付力度向财政困难的政府、低收入群体较多的地区倾斜。

二要优化转移支付资金配置。我国并没有专门管理转移支付资金的部门,由于转移支付的项目众多,尤其是专项转移支付,众多部门参与到了转移支付资金的管理过程之中,存在部门之间的职能交叉、多头管理,由此带来资金配置的碎片化和交叉化,影响转移支付资金的使用效果。因此,在转移支付改革过程中,可以吸取其他国家的经验,建立一个专门的从事转移支付的管理机构,从项目设置到测算再到执行,合理设计,统筹安排。

三要形成系统化监督体系。面对我国转移支付法律体系不健全的现实问题,当前,我们应该积极推动关于转移支付的法律体系建设,形成全方位、全覆盖的法律体系,对转移支付行为进行全面的管理。现阶段,结合我国的具体实际,可以考虑从国务院的层面,制定相关的行政法,并配套以辅助制度,形成一个系统的转移支付的法律体系,从而确保转移支付的有效实行以及监督。同时,在健全法律体系的基础上,完善转移支付管理监督机制,实现转移支付从立项到分配再到支付的全流程监督,形成有效的约束机制和问责机制。此外,在完善财政、审计等相关部门的内部监督的同时,充分发挥社会舆论力量的外部监管作用,实现转移支付资金使用的公开化、透明化。

三、深化第三次分配改革,实现补充型共享

再次分配的调节旨在将收入分配的差距控制在合理、公平的范围内,实现发展成果的共享,其关注的是社会整体福利的增进。但在这个过程中,往往会

有一些低收入人群、特殊人群、困难人群无法得到重点的照顾,再加上政府财力的有限,往往会形成分享的空白地带。因此,就需要发挥第三次分配的社会补充机制,通过社会慈善力量自发的、非强制性的慈善捐赠方式对社会财富进行汇聚与分配,补充市场机制与政府机制的不足。在深化第三次分配改革过程中,应以实现补充型共享为目标。

(一)深化第三次分配改革实现发展成果共享的基本要求

第三次分配是实现收入分配格局合理化、有序化过程中不可或缺的组成环节,在深化第三次分配改革过程中要明确补充型共享的基本要求,重点关注、帮扶低收入人群,通过发挥社会慈善力量,实现对初次分配和再次分配的补充。

1. 补充型共享强调对特殊低收入人群的关注

从补充型共享的作用对象上看,第三次分配是对特殊低收入人群的重点关注和集中帮扶。发展成果共享强调的是"人人共享",但是由于初次分配和再次分配中的局限性,一部分低收入人群、弱势群体被排斥在共享发展之外,破坏了社会的稳定和公平,这时候就需要通过第三次分配借助社会力量来实现发展成果向低收入人群、弱势群体倾斜。第三次分配中对低收入人群的补充型共享既要求实现物质上的补充,又要求实现精神上的补充。物质层面上,要通过自发、自愿的方式,鼓励收入较高的人群向低收入人群提供物质捐赠或者是其他方式的救助,使特殊低收入人群的生活得以改善,逐步缩小收入差距。精神层面上,低收入人群、弱势群体往往处于社会的底层,存在一定的社会歧视,第三次分配要保障捐助方和受捐方处于平等的地位,通过物质的帮助和精神上的关怀让受捐者感受到社会的温暖、友善和爱意,在保证受捐者物质生活提高的同时,实现精神世界的富足。

2. 补充型共享强调发挥社会慈善力量的作用

从补充型共享的作用主体上看,第三次分配过程中要充分发挥社会慈善力量。如果说在收入分配过程中,市场是无形的手,政府是有形的手,那么社会慈善力量就可以看作是"第三只手"。慈善组织是"第三只手"的重要组成,它是独立于市场和政府之外的第三部门,具有公益性与自治性等特征,更加接近社会大众,明确了解低收入人群的需求,能够有效地保障社会个体如弱势群体、特殊群体的利益,实现发展成果共享。此外,慈善组织与政府相比,往往运行成本较低、服务质量好、效率较高,这就使得慈善组织可以快速、及时、有效地对特殊人群的需求做出反应,具有针对性优势。除了慈善组织,"第三只手"还包括参与捐赠慈善的个体与企业,这显示出第三次分配在资金筹集上的多样性与灵活性,能够使民间财富在最大程度上得以发挥,这是市场和政府无法比拟的优势。可以看出,"第三只手"是保证发展成果向低收入群体流动的关键环节,在实现合理有序收入分配格局中发挥至关重要的作用。因此,在第三次分配改革过程中,应充分强调动员社会各界力量,培育慈善力量,为特殊低收入人群能够共享发展成果做出努力。

(二)深化第三次分配改革实现发展成果共享的深层问题

在共享发展理念下,第三次分配机制作为市场机制与政府机制的补充,在收入分配中发挥着重要的补充型共享作用。但当前,我国慈善事业相对滞后,存在一定的"慈善失灵"问题,社会慈善力量的分配作用难以达到预期。要从根本上解决第三次分配中出现的违背发展成果共享的情况,就要通过进一步的研究,厘清制约收入第三次分配格局调整的深层问题,找到第三次分配改革的切入点和发力点。当前,第三次分配中补充型共享面临着以下困境。

1. 社会慈善观念未成型

在当前收入分配格局出现一定扭曲的现实下,第三次分配本应发挥越来越重要的作用,但是我国存在着慈善观念尚未形成的现实问题,影响到第三次分配机制的正常运转。意识是行为的先导,我国慈善精神滞后、公民慈善意识不强,是当前共享意识不足、慈善事业参与低的重要原因。当前,仍有较多公民个体认为,慈善事业属于政府的救济行为,或是"富人的游戏",个人不具有从事慈善行为的责任和义务。据《中国慈善发展报告 2016》中的捐赠来源及捐赠途径分析,2011—2014 年个人捐赠在社会捐赠总体中占比依次为31.62%、29.21%、18.42%、11.1%,[①]个人捐赠占比仍然较小,但是放眼全球,个人的小额捐赠在越来越多国家的善款来源中占有不可忽视的一席之地,2013 年美国的个人捐赠额达 2406 亿美元,占捐赠总额的 72%,远远高于中国的个人捐赠占比。[②] 我国年度慈善捐赠人均额低于 50 元,[③]捐赠总额占 GDP

---

① 杨团:《中国慈善发展报告 2016》,社会科学文献出版社 2016 年版,第 41 页。
② 杨团:《中国慈善发展报告 2015》,社会科学文献出版社 2015 年版,第 318 页。
③ 中华人民共和国民政部:《2015 年社会发展统计公报》,http://www.mca.gov.cn/article/sj/tjgb/201607/20160700001136.shtml,访问日期:2019 年 6 月 15 日。

比重大致在 0.1% 左右,处于较低水平(见表 6-4),远低于美国的 2.0%。[1] 显然,我国公民个体慈善意识薄弱,共享理念不强,这已成为阻碍第三次分配、实现合理有序收入分配格局的主要难题。慈善意识薄弱进一步导致慈善动机不足,直接表现为中国式慈善捐赠的主动性较弱。慈善捐赠受半体制化动员方式影响明显,工作单位、学校以及社区等组织的倡导会促使个人被动员捐赠。尤其是在发生大灾难时,党政机关、事业单位往往广泛动员干部、职工、学生参加慈善捐赠。甚至在有些情况下,政府会以行政命令的方式强制性地进行社会动员,将募捐结果与领导政绩挂钩,常有摊派和索捐问题的发生,进一步加深了公众的逆反心理。

表 6-4　2011—2015 年慈善捐赠各项指标汇总

指标	2011	2012	2013	2014	2015
民政部门和社会组织共计接收社会捐赠额(亿元)	490.1	572.5	566.4	604.4	654.5
人口数(亿人)	13.47	13.54	13.61	13.68	13.75
人均捐赠额(元)	36.38	42.28	41.62	44.18	47.60
GDP(亿元)	489300.6	540367.4	595244.4	643974.0	685505.8
捐赠占 GDP 比重(100%)	0.10	0.11	0.10	0.09	0.10

数据来源:《社会服务发展统计公报(2011—2015 年)》,http://www.mca.gov.cn/article/sj/tjgb/,访问日期:2019 年 6 月 15 日;《中国统计年鉴(2012—2016 年)》,http://www.stats.gov.cn/tjsj/ndsj/,访问日期:2019 年 6 月 15 日。

2. 慈善组织公信力不足

慈善组织是慈善事业的重要组成部分,慈善组织的公信力是第三次分配得以实现的基础。一般情况下,慈善组织公信力受组织运作的规范性、公开性与发展的完善性等多方面因素的影响。

一是慈善组织问题频发。近年来,我国慈善组织问题频发(见表 6-5),影响了社会整体对慈善组织的信任,降低了公众参与慈善的积极性。我国慈善组织公信力危机更多源于我国慈善组织自身的行政化倾向与官僚作风。[2] 大量官办慈善机构挂靠政府部门,形成"上下级"关系,并通过嫁接政府信誉、依

---

[1]　杨团:《中国慈善发展报告 2015》,社会科学文献出版社 2015 年版,第 324 页。
[2]　陈东利:《论中国慈善组织的公信力危机与路径选择》,《河北师范大学学报》(哲学社会科学版)2012 年第 1 期。

托政府权力的方式来获取公众捐赠,缺乏自身的独立性。

表 6-5　2011—2015 年慈善事件汇总

时间	事件
2011 年	郭美美微博炫富致红会陷入危机
	"中非希望工程"卢美美事件
	中华慈善总会与"尚德门"发票事件
	河南宋庆龄基金会慈善放贷事件
2012 年	新华都基金涉嫌利用空壳公司"诈捐"
	儿慈会年报账目错误事件
2013 年	红监会被指实为红会公关部,面临新一轮信誉危机
2014 年	周筱赟质疑嫣然天使基金存在黑幕,7000 万元善款下落不明
	"四月网"质疑壹基金贪污,3 亿多元捐款去向不明
	腾讯网曝光红十字会出租备灾救灾仓库牟利
	"上海一公斤"自曝内部管理出现账目糊涂、募捐不入账、票据丢失严重、乱拿发票顶账等问题
2015 年	中华少年儿童慈善救助基金会"星光专项基金"高额行政支出遭质疑

资料来源:《慈善发展报告》(2012—2016 年),社会科学文献出版社 2012—2016 年版。

　　二是善款使用缺乏透明。善款使用的透明与否是判断组织慈善组织公信力高低的重要标准,我国慈善组织普遍存在着善款使用不透明的问题。2014年慈善机构(组织)壹基金、天使妈妈、嫣然基金等基金会都曾由于信息公开和透明问题受到公众质疑。中国基金会透明度发展研究报告显示,2015 年 3046家基金会的透明度(FTI)均值为 50.88,即行业整体 FTI 得分不合格,并且得分在均值线 50.88 分以下的基金会数量多于均值线以上的基金会。[①] FTI 反映的是基金会行业自身披露信息的及时性和完整性,得分情况显示出慈善组织的信息公开工作并不到位,信息自觉披露意识不强,透明度问题突出。而透明度问题将会进一步增加公众对慈善组织的不信任感,降低自身捐赠的积极性。

---

　　①　基金会中心网、清华大学廉政与治理研究中心:《中国基金会透明度发展研究报告(2015)》,社会科学文献出版社 2015 年版,第 14～15 页。

三是慈善组织发展滞后。从慈善组织整体来看,慈善力量的发展与我国社会经济发展相比存在一定的滞后性,基金会、慈善会在基层组织的建设仍较为薄弱,无法满足社会公益慈善活动专业化、规范化的需求。与此同时,非法人社团则普遍存在规模小、服务面窄、稳定性差等问题,慈善力量发展的滞后性不利于公众对慈善组织信任感的培养。由此可见,作为慈善事业主导力量的慈善组织,由于自身缺陷与不足,并未在慈善事业中发挥调节贫富差距的作用,甚至还对公众的慈善态度产生负面影响,阻碍了公民的共享意识的形成以及共享行为的发生。

3. 法律支持建设不完善

《中华人民共和国慈善法》(以下简称"《慈善法》")对慈善事业的促进机制、监督机制有了较为明确的说明,对民政部门提供的服务、进行监督等主体责任进行了具体的规范(见表 6-6)。但从法律整体而言,《慈善法》为慈善事业所构建的支持体系仍不够健全,促进机制、监督机制等法律支撑建设仍是任重而道远。

表 6-6　《中华人民共和国慈善法》支持机制有关条目

支持机制	主体	条目	类型	内容
促进机制	民政部门	第六十九条	信息支持	县级以上人民政府民政部门应当在统一或者指定的信息平台,及时向社会公开慈善信息,并免费提供慈善信息发布服务
	国家	第七十七条	政策支持	县级以上人民政府应当根据经济社会发展情况,制定促进慈善事业发展的政策和措施
		第八十条	物质激励	自然人、法人和其他组织捐赠财产用于慈善活动的,依法享受税收优惠
		第八十六条	政策支持	国家为慈善事业提供金融政策支持,鼓励金融机构为慈善组织、慈善信托提供融资、结算等金融服务
		第八十七条	服务支持	各级人民政府及其有关部门可以依法通过政府购买服务等方式,支持符合条件的慈善组织向社会提供服务
		第八十九条	活动支持	国家鼓励企业事业单位和其他组织为开展慈善活动提供场所和其他便利条件
		第九十一条	表彰激励	国家建立慈善表彰制度,对在慈善事业发展中做出突出贡献的自然人、法人和其他组织,由县级以上人民政府或者有关部门予以表彰

续表

支持机制	主体	条目	类型	内容
监督机制	慈善组织	第十一条	章程	慈善组织的章程,应当符合法律法规的规定,并载明相关事项
		第十二条	职责	慈善组织应当根据法律法规以及章程的规定,建立健全内部治理结构,明确决策、执行、监督等方面的职责权限,开展慈善活动
		第十二条	会计	慈善组织应当执行国家统一的会计制度,依法进行会计核算,建立健全会计监督制度,并接受政府有关部门的监督管理
		第五十六条	项目	慈善组织应当建立项目管理制度,对项目实施情况进行跟踪监督
		第七十二条	信息	慈善组织应当向社会公开组织章程和决策、执行、监督机构成员信息以及国务院民政部门要求公开的其他信息
监督机制	慈善信托	第四十九条	信托	信托监察人对受托人的行为进行监督,依法维护委托人和受益人的权益。信托监察人发现受托人违反信托义务或者难以履行职责的,应当向委托人报告,并有权以自己的名义向人民法院提起诉讼
	民政部门	第九十二条	职责	县级以上人民政府民政部门应当依法履行职责,对慈善活动进行监督检查,对慈善行业组织进行指导
		第九十五条	评估	民政部门应当建立慈善组织评估制度。鼓励和支持第三方机构对慈善组织进行评估,并向社会公布评估结果
		第一〇八条	处罚	县级以上人民政府民政部门和其他有关部门及其工作人员有相关情形之一的,由上级机关或者监察机关责令改正;依法应当给予处分的,由任免机关或者监察机关对直接负责的主管人员和其他直接责任人员给予处分
	公众	第九十七条	权利	国家鼓励公众、媒体对慈善活动进行监督,对假借慈善名义或者假冒慈善组织骗取财产以及慈善组织、慈善信托的违法违规行为予以曝光,发挥舆论和社会监督作用

一是促进机制有待完善。对于促进机制而言,激励措施实施主体大都不

明确,除了在信息服务支持上,明确民政部门应当免费提供慈善信息发布服务,其他政策支持、物质与精神激励措施并未明确实施主体,可能将导致慈善激励措施上的落实困难。此外,在税收优惠等激励措施上,缺乏一定的可操作性,且非货币捐赠缺乏税收优惠支持。促进措施的不足,将难以促发共享理念以及共享机制的形成。

二是监督机制存有空白。对于监督机制而言,尽管《慈善法》已构建了较为初步的慈善组织监督体系,但是慈善监督机制仍较为不完善,对第三次分配的推动作用有限,表现为:(1)监管内容缺失,关于彩票公益金、宗教慈善、募捐个人或志愿团队等重要方面的监管内容几乎为空白。(2)第三方评估规范缺失,尽管《慈善法》中鼓励第三方机构对慈善组织进行评估,但尚未从法律上对第三方评估的独立性予以保障,也未对第三方评估的机制、程序予以规范。(3)慈善诉讼内容缺失,慈善诉讼逐渐成为慈善监督中的重要司法监督内容,但是现行的《慈善法》中并未具体涉及有关规定。

(三)深化第三次分配改革实现发展成果共享的调整路径

深化第三次分配改革必须培育慈善理念、树立公民发展成果共享的意识,提高公民的捐赠积极性,以慈善组织的规范促进收入分配机制的完善,以慈善支持的完善实现成果共享的保障。

1. 培育慈善捐赠理念

要从根本上促进第三次收入分配,推进合理有序收入分配格局的形成,必须树立正确的公民慈善理念、自觉的公民慈善意识。

一要促进慈善认知提升。从当前公民个体对慈善捐款主体的认知来看,要转变传统上慈善责任的错误认知,应加强慈善认知教育,树立慈善捐款是公民个体的责任和义务的认知观,侧重宣传以共享为基础的捐赠观念,使每个社会成员能将慈善捐赠视为己任,实现责任"共享",并以责任"共享"进行互助,以达到财富的"共享",最终形成发展成果的"共享"。

二要发挥媒体宣传作用。媒体宣传与推广对慈善文化与理念的发展具有重要推动作用,应落实《中华人民共和国慈善法》的具体要求,通过多手段、全方位、立体化的宣传方式营造慈善氛围。针对媒体慈善宣传活动的实际效果,可进行一定评估,对评估结果优良、宣传效果明显的媒体行为予以鼓励、表彰,甚至可依据国家政策减免相关费用。此外,还应着重建设"互联网＋"慈善文化的宣传模式,利用移动互联网的便捷性、即时性、互动性特征,通过多样的参与方式将现代慈善理念带给普通大众,推动公民个体参与慈善捐赠的积极性,实现慈善捐赠行为的日常化,让慈善捐赠成为一种生活习惯。

三要加强慈善文化教育。教育是培养慈善理念的主要方式,教育部门应当对学校等教育机构进行课程设置引导,落实《中华人民共和国慈善法》要求,将慈善文化纳入教育教学内容。此外,还可鼓励高等教育机构开展慈善研究,成立基于"智库"定位的慈善研究机构,以慈善文化教育、慈善文化交流与倡导为平台,开展慈善教育和文化宣传,推动慈善文化的不断丰富与慈善观念的不断普及。

2. 建立可信慈善组织

公信力是慈善组织的基础,对慈善事业的发展具有重要意义,在一定程度上影响着收入分配格局的实现。在深化第三次分配改革过程中,要提高我国慈善组织公信力,应从组织的自身建设的角度出发,实现慈善组织独立管理、促进慈善组织信息公开、加强慈善组织能力建设,从而形成可信的慈善组织。

一要实现慈善组织独立管理。在慈善事业的发展中首先要合理划分政府的权限,不再直接参与慈善组织的管理,而是担任外部监督者的职责。政府只有真正地从慈善领域退出,慈善组织才能自主发展,摆脱对政府的依赖,明确组织的自身定位,实现自身的独立与规范管理。慈善组织只有真正实现实现内部的独立管理,公众才能对其形成正确认知,才会提升其信任度。

二要促进慈善组织信息公开。慈善组织是利用发展成果的公共资源以提供公共服务的,在获取社会捐赠后,能否忠诚、充分、高效地实现成果共享,是公众最为关注的。一方面,应建立透明的信息机制,充分利用互联网等新技术,完善门户网站信息发布功能,及时、完整地公布慈善捐款的来源,并且开通微博、微信,增加捐赠者、受捐者的交流和互动,自觉地接受监管部门和捐赠者的动态监督。另一方面,通过第三方独立的评估机构对慈善组织的信息披露进行客观的评估,并常态化、制度化地公布评估,接受公众、媒体的监督①。

三要加强慈善组织能力建设。慈善组织规范运作是提高公信力的重要途径,而规范运作需要以专业能力作为支撑。可以说,慈善组织的能力建设要从三个角度入手:(1)慈善组织的服务属性,要求慈善组织应以加强社会服务能力建设作为组织效能提升的首要目标。加强社会服务能力建设,应直接引进具有先进慈善理念和实践技能的人才,大力优化慈善组织的人才队伍结构,实现专业人才的合理配置,全面充实慈善组织的后备人才队伍,以人才队伍促自

---

① 杨思斌、吴春晖:《慈善公信力:内涵、功能及重构》,《理论月刊》2012年第12期。

身专业性与服务质量的提升。① （2）慈善资源是慈善组织实现目标的物质基础，慈善组织应加强资源动员能力建设，保持稳定的慈善资源供给渠道，同时还要不断扩大慈善资源的来源，坚持民间化和国家化的道路，通过访问、举办研讨会、考察、巡回演讲和展览等文化交流活动，与捐赠机构形成密切联系，以实现捐赠机构的持续支持。（3）社会互动能力是慈善公共性的内在要求，是慈善组织的一项基本能力，所以，慈善组织应增强社会互动能力建设，保持开放性，与社会良性互动，以此争取广泛的社会支持，动员更多的慈善资源，不断提升能力服务。

3. 加强制度机制建设

作为第三次分配的慈善捐赠，其作用与功能的有效发挥离不开制度的保障，加强慈善制度建设，有利于逐步建立起慈善捐赠促进或激励机制，调动捐赠主体行善与财富共享的积极性，也有利于慈善监督体系的完善，确保善款使用与财富共享的有效性。

一要加强慈善促进机制建设。促进机制的建设，首先应明确激励政策的实施主体以及主体的责任，确保政策的落地实施。对于促进机制的主要内容——税收优惠，则应逐步完善慈善捐赠税收优惠政策，密切财政、税务、民政部门的分工合作，简化免税资格认定审核程序。同时，还应考虑到实物捐赠是个人捐赠的主要形式的中国实情，提高促进机制的可操作性，完善实物捐赠的制度建设，制定可纳入税收优惠范围的实物清单，并设立专门的部门或机构对实物进行市场价值评估，经过评估后，可依据评估价值享受税收优惠。

二要加强慈善监督机制建设。加强慈善监督制度，首先应将慈善捐赠中彩票公益金、宗教慈善、募捐个人或志愿团队等重要组成的监管内容纳入《中华人民共和国慈善法》中，完善慈善监管对象。对于监督形式，可充分发挥司法监管作用，建立专门的慈善监督委员会受理慈善监督案件。同时，还可创新监督方式，以法律形式赋予第三方评估机构的独立监督地位，规范第三方机构的慈善评估机制、慈善评估程序以及慈善评估结果的公开与应用，利用第三方评估开展慈善监督。

---

① 周秋光、王猛：《当代中国慈善发展转型中的抉择》，《上海财经大学学报》2015 年第 1 期。

四、深化收入分配秩序改革，实现规范型共享

收入分配秩序是否规范直接影响收入分配格局是否合理有序，影响发展成果能否实现真正意义上的共享。一旦收入分配秩序出现严重的不规范性，违背了初次收入分配发展型共享的要求，即便是具有调节能力的再次分配和补充效应的第三次分配，也很难从根本上实现对收入分配格局的调整和优化。因此，在推进收入分配格局合理化、有序化的过程中，还需要不断深化收入分配秩序改革，坚持以实现"规范型"共享为目标，限制不合理的高收入和灰色收入。

（一）深化收入分配秩序改革实现发展成果共享的基本要求

收入分配秩序是否规范直接影响收入分配格局是否合理、有序，在收入分配秩序改革过程中要坚持规范型共享的基本要求，通过合理的制度安排和有力的监管实现对公权力的约束，避免本应由社会共享的发展成果沦为某些人或者某些群体的私利。

1. 规范型共享强调对公权力的规范

发展成果共享强调"人人共享"，强调共享的主体是全体社会成员，并不是多数人，而是所有人，所以发展成果的共享并不是建立在损害某一部分群体的利益之上的，而是实现所有人的利益的增进。因此，在完善的收入分配秩序中不允许出现为实现自身私利而侵害他人利益的现象存在。然而在实际的收入分配秩序中，无论是初次分配、再次分配还是第三次分配，都存在着某些群体或者某些人凭借公权力为自身谋求不合理的高收入和灰色收入，使本属于全社会成员共同所有的发展成果变成了某些群体或者某些人的私利，在侵害了其他社会成员共享发展成果的权利的同时，造成了收入分配差距不合理扩大化。因此，深化收入分配秩序改革的过程之中，要明确对公权力的规范，将权力放进笼子里，确保每个社会成员平等地共享发展成果。

2. 规范型共享强调有效的制度安排

实现发展成果共享必须"作出更有效的制度安排"。① 实现规范型共享需

---

① 《中华人民共和国国民经济和社会发展第十三个五年规划纲要》，http://xiay. shqp.gov.cn/gb/content/2006-07/14/content_89157.htm，访问日期：2019 年 6 月 10 日。

要有效的、合理的制度安排,没有"制度"作为"共享"的基石,"共享"也将成为空中楼阁。因此,在收入分配秩序改革的过程中,要不断优化顶层设计,通过健全的法律、合理的制度、有力的监管,保护全体社会成员共享发展成果的权利,避免经济发展成果被特殊的群体或者个人所侵占。只有通过法律的约束力,才能有效地规范各个经济行为主体的行为,增强威慑力,避免为实现自身利益而损害他利益的行为。只有通过制度的改革和规范,才能够真正将权力放到笼子里,使某些人无法利用职能之便获得不合理收入。只有通过监管的方式,才能够真正发挥法律和制度的作用,对出现违法违规的行为进行惩处、威慑。

(二)深化收入分配秩序改革实现发展成果共享的深层问题

收入分配秩序的不规范,使得经济发展成果被某些群体、某些个人利用非正常的、非法的手段大量占有,侵害了通过合法渠道、付出努力的社会成员的利益。我国的收入分配秩序的非规范性有两个明显的表现:一是由行政垄断形成的不合理的高收入,二是由权力寻租造成的灰色收入。从本质上来说,这两种收入的产生都是源自公权力的不规范使用,造成了收入差距的非正常扩大。

1. 行政垄断行业的现实存在

行政垄断行业的员工享有不合理的非市场化的高收入,扭曲了收入分配格局,阻碍了发展成果共享的实现。我国的行政垄断并不是市场竞争的结果而是由市场机制的不健全和不完全竞争所导致的,而市场的不完全竞争正是由政府行政权力的过度介入所造成的。[①] 行政垄断行业员工的收入水平,无论是工资收入部分还是住房、社会保障等工资外收入部分,都明显高于市场化竞争激烈的非垄断行业。以 2015 年城镇单位就业人员平均工资为例,排名前四的行业中,具有行政垄断性质的行业就有两个,其中,金融业位居第一,为114777 元,电力、热力、燃气位居第四,为 78886 元,这两个行业的平均工资分别是城镇平均工资(62029 元)的 1.85 倍和 1.27 倍,更是平均工资最低的农、林、牧、渔业(31947 元)的 3.59 倍、2.47 倍。[②] 而造成这一现象的深层次原因

---

① 于良春:《反行政性垄断与促进竞争政策前沿问题研究》,经济科学出版社 2008 年版,第 18 页。

② 《按登记注册类型和行业分城镇单位就业人员平均工资》,国家统计局:《中国统计年鉴(2016 年)》http://www.stats.gov.cn/tjsj/ndsj/2016/indexch.htm,访问日期:2019年 6 月 10 日。

在于:

一方面,行政垄断行业存在超额利润。在充分竞争的行业中,价格是由市场机制决定的,因此非垄断行业所获得利润也是处在合理的范围之内的。这些企业为实现自身利润的最大化,在用工成本的设定上,会充分考虑自身的运营情况和负担能力,因而这些企业的员工实际的收入情况以及收入的增长情况会由市场所决定,保持在相对合理化、规范化的范围之内。但是,不同于凭借资本、技术、管理、服务或者产品等方面的优势而形成的经济垄断,行政垄断并不是在充分、公平的竞争环境下形成的,具有操控市场价格的能力。行政垄断行业凭借特殊的行政权力和国家政策的支持,通过严苛的准入机制,限制其他企业的进入,从而充分占领市场,操控市场价格,获得超额利润。处在市场优势地位的行政垄断行业并不会担心用工成本的过高或者增加所带来的运营风险,而是通过市场价格的提高实现用工成本的转移,通过对消费者利益的侵害实现自身的高收入。① 即便是处于亏损状态的行政垄断行业,也能够凭借政府的优惠政策或者财政补贴获得高收入、高福利。由此,行政垄断行业员工的工资收入水平,尤其是高层管理人员,明显地高于社会平均工资收入水平。

另一方面,行政垄断行业存在所有者缺位。在不规范的分配机制下,行政垄断行业通过垄断地位获得的超额利润会在企业内部进行分配,转换为内部人员的高薪资、高待遇、高福利。这种问题的产生是因为行政垄断行业往往是国有制企业,在国有经济中产权是归全民所有的,而多层的委托代理关系导致了所有者的缺位。② 在这种情况下,行政垄断行业的管理者真正拥有了企业的控制权,在所有者缺位导致激励机制和约束机制不健全的情况下,出现了内部人控制的现象。于是,本应由全体人民共享的利润就被转化为了企业员工的利益。可以说,行政垄断行业的高收入其实是建立在侵害全体人民共享发展成果权利的基础上的,是对社会公平的破坏。

2. 权力寻租产生的灰色收入

权力寻租是将"权力"看作是一种资源通过交易实现价值交换的过程,不同于劳动力、资本、土地等生产要素所有者按照要素贡献的大小而获得的合法收入,权力寻租产生的灰色收入是游离于法律与监管边缘的非正常收入。詹

---

① 张贤明、杨博:《改革发展成果共享视域下的行政性行业垄断与规制》,《中国行政管理》2013 年第 12 期。

② 周雪光:《"关系产权":产权制度的一个社会学解释》,《社会学研究》2005 年第 2 期。

姆斯·布坎南认为寻租并不能够创造生产价值，是对社会利益的破坏。[①] 因为权力寻租的本质也是损害全体社会成员利益，使得改革发展实现的成果通过非正常的渠道集中到了某些群体、某些个人手中，造成了收入的非正常性扩大，扭曲了收入分配格局。在我国，随着社会经济的转轨，寻租产生的灰色收入存在于经济市场化进程中，并集中分布在极少部分的利益群体手中，进一步造成了不合理的收入差距。由于灰色收入本身就有隐蔽性，很难通过正常的社会统计对其规模以及对收入分配格局的扭曲程度进行界定。但是，不可否认的是，权力寻租产生的灰色收入是实际存在的，并在一定程度上破坏了收入分配制度的激励性，加剧了社会成员收入的不公平感。近些年来，贪污、挪用公款、集体私分、巨额财产来源不明案件日益突出。权力寻租的产生从根源上来说，是由于制度设计的漏洞和监管的不力，给了某些人可乘之机。

一是制度设计有漏洞。改革开放以来，我国的行政体制改革的步伐并没有与经济发展的需求实现同步化，在简政放权中，随着中央权力的下放，地方政府的职权增加，形成了权力高度集中的领导体制，再加上现行公共资源管理、公共投资、土地征收等多个领域制度建设的滞后性，政府拥有更多干预经济活动的权力，这就为寻租行为提供了空间，使本应为全社会谋福利的公权力异化成了为某些特殊群体实现自身利益最大化的工具。[②] 在公共资源领域，由于现有制度对公共资源产权界定不清晰，对如何划分公共资源所创造的价值缺乏透明的安排和明确的指导，给了政府官员操作的空间，通过权钱交易，在为自身谋取私利的同时，也把公共利益转移到某些个人身上，加剧了收入分配格局的扭曲。公共投资领域，由于招投标制度有待完善，招投标领域成为寻租腐败产生的高发区、重灾区，例如高铁项目招投标过程中出现的腐败，政府官员通过寻租、设租的方式，为参与招标的企业提供便利，自身获得高额的回报。土地征管过程中，土地制度和财税制度的缺位，更使得政府官员与房地产商相互勾结，谋求私利，于是公共资金通过非正常的渠道转化为了少数人的非正常收入。

二是监管不力。党的十八大以来，中国共产党将惩治权力寻租导致的贪污腐败问题放到了前所未有的高度，惩戒贪腐行为取得了积极的成效，但是，

---

① Buchanan J M. Rent Seeking and Profit Seeking, Toward A Theory of the Rent-Seeking Society, *Public Choice*, 1980(3):15.

② 王小鲁:《灰色收入与发展陷阱:收入分配研究》,中信出版社 2012 年版,第156 页。

在当前的制度运行过程中,还是存在着监管不力、不到位的问题。全方位的监管是对权力寻租行为的有力震慑,是取缔权力寻租产生的灰色收入的重要途径,但是,当前我国的监管存在着内部监管疲软、外部监管混乱、上级监管缺位、下级监管不足等诸多问题。这就导致权力寻租者违法行为的查处概率较低、违法所付出的代价不高,再加上寻租产生的灰色收入的隐蔽性,往往不易察觉①。与权力寻租的高收益相比,寻租的成本较低,使得作为经济理性人的政府官员在博弈过程中,往往会从增加私人利益的角度出发选择寻租,获得高额的非法收入。

(三)深化收入分配秩序改革,实现发展成果共享的调整路径

深化收入分配秩序改革不能够只就分配而谈分配,必须坚持标本兼治。从"治本"的角度来说,要进一步深化行政体制改革,避免在市场经济过程中政府的过度干预,逐步消除行政垄断,减少权力资本化的机会。从"治标"的角度来说,要采取阶段性的措施,有计划、有步骤、有重点地控制行政垄断行业不合理的高收入,取缔权力寻租产生的灰色收入,优化收入分配格局,保障社会成员公平享有发展成果。

1. 加快行政体制改革步伐

现在,我国仍处于社会经济的转轨时期,全面深化改革进程中,现行的行政管理体制由于路径依赖,制度变迁的步伐不能适应国家治理现代化的要求,影响了资源的优化配置,在一定程度上破坏了收入分配秩序,深化收入分配秩序改革实现规范型共享在本质上就要加快行政体制改革步伐,深化"放管服"改革,逐步消除行政垄断现象,从而解决由此带来收入分配不公的问题。行政垄断是来源于行政权力的干预,因此,在深化行政体制改革的过程中要限制政府的行政干预,形成行政权力的有效约束,明确政府监管者的角色定位,对行政垄断行业,减少政策上的过度保护和财政上的盲目倾斜,打破制度上的保护伞,使政府不再是某个企业、行业的代言人,真正成为全体社会成员利益的保护者。

要消除由权力寻租所产生的灰色收入,必须从制度的源头出发,通过深化行政体制改革,形成规范的收入分配秩序。当前,制度上的缺陷赋予了政府过多干预市场经济的权力,弱化了对公权力的监管,为权力资本化提供了机会,

---

① 陈刚、李树:《中国的腐败、收入分配和收入差距》,《经济科学》2010年第2期。

诱发了寻租腐败的产生。因此,在深化收入分配秩序改革过程中,要转变政府行政职能,从源头上杜绝权力资本化的可能性。弱化政府在公共资源、投资、土地征收等环节中的经济职能,让市场充分发挥资源配置的作用,强化政府在公共秩序维护、公共服务提供等方面的社会职能。

2. 控制行政垄断的高收入

行政垄断是由我国经济体制转轨所产生的,并在一段时期内持续存在的,行政垄断行业的改革不是一蹴而就的,因此在完全打破行政垄断之前,解决行政垄断高收入问题,还需要我们采取一系列"治标"的应对措施。

第一,规范定价机制。控制行政垄断行业高收入很重要的一点就是,规范行政垄断行业的定价机制,避免其为实现超额利润和员工高收入而侵害消费者的合法权益。行政垄断行业的产品定价要在有关部门的监督之下,通过听证会的方式,在广泛听取多方意见、全面协商后决定。对于行政垄断行业中处于市场竞争状态的环节,要通过公平的市场竞争,由市场决定价格,使价格回归到合理的水平,从而改变行政垄断行业的超额利润的现状,打破不合理高收入的基础。

第二,提高利润上交比例。行政垄断行业所获得的利润理论上是归全民所享有的,但是,在实际过程中,由于分配制度的不合理,本应该上交给国家的收益部分却转化为了企业内部的利益。对通过垄断获得的超额利润的部分,国家要加大征税力度,并合理地划分行政垄断行业税后利润上缴财政的比例,使通过垄断带来的红利惠及全体社会成员,实现收入的合理分配。

第三,强化收入宏观指导。首先,对行政垄断行业的工资收入进行宏观指导,政府要充分参考市场经济发展水平、生产率水平、非行政垄断行业相关岗位的工资水平等指标,出台合理的工资指导线,对行政垄断行业员工的工资水平和工资增长进行把控[①]。其次,工资增长要与绩效水平相统一,要充分考虑企业的运营效益,避免出现企业连年亏损、工资逐年增加的现象出现,尤其是要将工资收入与企业实际运营情况挂钩,控制行政垄断行业高层管理人员的收入,限制过高收入。最后,对行政垄断行业的非工资收入进行调控,加大审计部门对工资外收入的监管,避免出现高福利带来的收入不公,确保收入的透明化。

3. 大力打击寻租腐败现象

行政体制的改革是要循序渐进的,在改革过程中要建立打击寻租腐败行

---

① 张本波:《我国公平分配的制度模式选择》,中国计划出版社 2008 年版,第 211 页。

为、取缔灰色收入的相关配套措施,避免收入分配的进一步扩大,实现规范型共享。

一要建立寻租监察体系。建立全面的灰色收入预防、监管、惩处管理体系。行政体制改革不可能一步到位,在推进行政体制改革的同时,要专门针对灰色收入的问题制定系统化的监察体系:(1)建立灰色收入预防机制。逐步推进官员财产申报制度,明确哪些主体、个人需要进行财产申报,划分哪类财产需要进行记录,规范财产申报过程中的流程、机制,明晰违背财产申报制度所应当承担的法律责任。[①] 同时配套以金融实名制度和不动产等级制度,避免出现灰色收入的转移,使灰色收入无处遁形。(2)建全灰色收入监管机制。充分发挥人大代表的监督作用,监督政府行政管理费用等开支,加大社会舆论的监督力度,形成舆论压力。同时可以考虑建立一个独立的审计小组或者部门,避免审计工作受到干扰。(3)完善灰色收入惩处机制。行政机关和事业单位官员以权谋私进行的贪腐寻租行为是对发展成果共享的破坏,故而应当加大惩治力度,提高威慑力。

二要加强法律体系建设。加强法律体系建设、强化监管力度,增加权力寻租的成本。一方面,加强法治建设,完善打击寻租腐败的法律法规,制定相关法律条文对寻租行为主体、违法行为、惩处方式等内容进行明确的界定,从而以法律的强制手段实现对国家公务员和各级领导干部行为的规范,以法律效力来解决腐败问题。另一方面,强化寻租行为打击力度,加大对于权力资本化行为的惩罚力度,对于被列为非法收入的部分,要予以没收和取缔。在加大对寻租的需求方——贪腐的政府官员的惩戒力度的同时,也应加强对寻租的供给方——行贿的企业的法律惩处,从而减少寻租腐败现象。[②]

---

① 易定红、张维闵、葛二标:《中国收入分配秩序:问题、原因与对策》,《中国人民大学学报》2014 年第 3 期。

② 过勇:《当前我国腐败与反腐败的六个发展趋势》,《中国行政管理》2013 年第 1 期。

第七章　结语:寻求经济增长与成果共享平衡的发展政策[①]

20 世纪 90 年代中期以来,我国劳动报酬份额[②]出现了持续下降的趋势,这一现象引起学术界的广泛关注并达成一些共识。一是劳动报酬份额水平偏低,远远低于大部分 OECD 国家 65%～80%的水平。二是劳动报酬份额持续降低的同时,资本要素的比率却不断上升。图 7-1 计算了 1994—2012 年间我国 31 个省市自治区生产总值中劳动报酬(LS)、资本份额(CS)、生产税净额(GS)的各自所占比重。从三者变动的情况看,劳动报酬自 1995 年以后有逐年下降的趋势,2007—2009 年间有较大幅度的上升,2009 年以后再次呈下降态势。与此同时,资本份额此消彼长,2000 年以后逐步上升,甚至一度超过劳动报酬,总体上与劳动报酬的差距在缩小。而生产税净额所占比重最小且变动不大,基本维持在 14%～16%之间。

一、问题提出

劳动收入份额下降的事实引起了党和政府的高度重视。《中华人民共和国国民经济和社会发展第十三个五年规划纲要》指出,共享是中国特色社会主

[①]　本章原载于《福建行政学院学报》2017 年第 4 期,作者:黄新华、沈子美。

[②]　劳动报酬份额具有不同的名称,如劳动收入份额(白重恩、钱震杰:《国民收入的要素分配:统计数据背后的故事》,《经济研究》2009 年第 3 期)、劳动份额(李稻葵、刘霖林、王红领:《GDP 中劳动份额演变的 U 型规律》,《经济研究》2009 年第 1 期)、劳动收入占比(罗长远、张军:《劳动收入占比下降的经济学解释——基于中国省级面板数据的分析》,《管理世界》2009 年第 5 期;陈宗胜、宗振利:《二元经济条件下中国劳动收入占比影响因素研究——基于中国省际面板数据的实证分析》,《财经研究》2014 年第 2 期)、劳动收入比重(黄先海、徐圣:《中国劳动收入比重下降成因分析——基于劳动节约型技术进步的视角》,《经济研究》2009 年第 7 期)、劳动者报酬份额(邵敏、黄玖立:《外资与我国劳动收入份额:基于工业行业的经验研究》,《经济学》2010 年第 4 期)等。此外,计算方法也有差异,主要分歧在于劳动者报酬在国民收入中是否扣除生产税净额所占的比重。

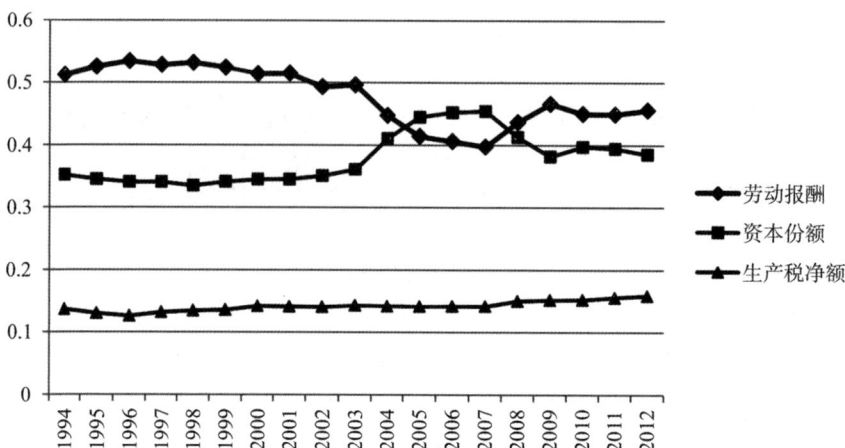

图 7-1 1994—2012 年全国平均的劳动报酬(LS)、资本份额(CS)、生产税净额(GS)

资料来源:国家统计局:《中国统计年鉴(1994—2012 年)》,中国统计出版社 1994—2012 年版。

义的本质要求。必须坚持发展为了人民、发展依靠人民、发展成果由人民共享,作出更有效的制度安排。因此提高劳动报酬在初次分配中的比重,实现劳动报酬增长与劳动生产率同步,寻求经济增长与成果共享的发展政策,是厚植发展优势、推进供给侧结构性改革必须要面对的问题。

对于劳动报酬份额下降可能引发的影响,蔡昉指出,与劳动报酬份额下降现象相伴随的是收入分配格局的恶化,收入差距扩大。[1] 此外,劳动报酬份额的下降也是消费低迷、国家最终消费比重偏低的原因。[2] 在劳动收入和资本收入此消彼长的过程中,劳动收入决定的消费规模和资本收入决定的投资规模产生了结构性的矛盾,导致经济陷入以投资拉动的短期增长模式。

虽然对于劳动报酬份额下降已有共识,但对于该现象的解释却不相同。王晓霞和白重恩认为经济结构转型、有偏技术进步、产品和要素市场扭曲是影响劳动收入份额最根本的因素,其他因素通过这三大因素间接作用于劳动收

① 蔡昉:《探索适应经济发展的公平分配机制》,《人民论坛》2005 年第 10 期。
② 汪同三:《改革收入分配体系,解决投资消费失调》,《金融纵横》2007 年第 12 期;李稻葵:《重视 GDP 中劳动收入比重的下降》,《新财富》2007 年第 9 期。

入份额。[①] 产业结构变动、国有部门改制、全球化等也是学者们关注的因素。[②]
对于劳动报酬份额下降原因的解释直接关系到政策设计,也关系到发展成果
共享,经济的增长方式的转变与供给侧结构性改革,因此有必要进行更深入
探讨。

二、文献回顾

对于劳动报酬份额的研究,最早可以追溯到大卫·李嘉图,古典政治经济
学从生产要素的角度来研究收入分配问题,土地、劳动和资本所有者的分配状
况是主要的研究命题。边际革命之后,新古典政治经济学将边际生产力决定
的要素贡献作为国民收入分配中相应收入的获得依据,在继承古典经济学从
生产要素角度研究收入分配问题的基础上,形成了国民收入的功能性分配。
劳动要素在国民收入中的分配份额保持不变是宏观经济增长的典型事实之
一——"卡尔多事实",并相当长时期内成为具有支配地位的理论共识。在 20
世纪 80 年代后,一些市场经济发达国家出现了不同程度劳动份额的降幅,德
国和法国尤甚,相关研究表明,工业化国家的平均劳动份额由 1995 年的
51.9%下降到 2007 年的 39.7%,"卡尔多事实"不断受到挑战。[③] 罗长远和张
军的研究表明,我国劳动报酬份额的波动性更支持"库兹涅茨事实"而非"卡尔
多事实"。[④]

国内学术界对于劳动报酬份额的关注是从 1990 年代中后期劳动收入份
额不断下降的现象开始的。对于劳动报酬份额下降可能引发的后果及出现变
动的影响因素,学者们从不同角度进行了解释。

---

① 王晓霞、白重恩:《劳动收入份额格局及其影响因素研究进展》,《经济学动态》2014
年第 3 期。
② 白重恩、钱震杰:《国民收入的要素分配:统计数据背后的故事》,《经济研究》2009
年第 3 期;李稻葵、刘霖林、王红领:《GDP 中劳动份额演变的 U 型规律》,《经济研究》2009
年第 1 期;罗长远、张军:《劳动收入占比下降的经济学解释——基于中国省级面板数据的
分析》,《管理世界》2009 年第 5 期等。
③ Guscina, A., Effects of Globalization on Labor's Share in National Income.
International Monetary Fund, IMF Working Paper, 2006, 06.
④ 罗长远、张军:《劳动收入占比下降的经济学解释——基于中国省级面板数据的
分析》,《管理世界》2009 年第 5 期。

1. 资本产出比

在新古典经济学假设市场完全竞争、不存在技术进步的理论分析框架下，劳动报酬份额与资本产出比存在密切关系，并取决于生产函数的形式。当函数为柯布-道格拉斯(C-D)生产函数时，劳动收入份额恒定。但在不满足前提条件的情况下，如存在生产技术进步，劳动份额就会出现变化，具体的变化方向取决于资本与劳动的替代弹性[①]。Bentolila 和 Saint-Paul 通过对 OECD 国家 1972—1993 年间的研究发现，资本产出比对劳动报酬份额具有负向的影响，替代弹性系数大于1，意味着资本相对于劳动的价格下降幅度更小，劳动报酬份额表现为减少。[②] Diwan 对 135 个国家的研究发现，发达国家资本产出比与劳动报酬份额呈正相关关系，发展中国家则相反。[③]

2. 产业结构转型

经济结构对劳动报酬份额的影响最早可以追溯到李嘉图关于要素分配份额与经济发展阶段的认识，他认为不同的经济发展阶段下要素报酬份额是有所差异的，而不同的经济发展阶段产业的贡献度也并不相同。对于产业结构对劳动报酬份额的影响，一般的研究思路从产业结构变化（产业间效应）和产业内劳动报酬份额变动（产业内效应）两个方面进行分解。Solow 以 18 个制造业行业的劳动报酬份额波动对整体劳动报酬份额波动进行解释，研究发现各行业劳动报酬份额对整体的劳动报酬份额呈正相关变化。[④] Young 对 35 个行业进行的研究在借鉴 Solow 的基础上增加了"协方差效应"，得出的结论与 Solow 一致。[⑤] 从产业角度对中国劳动报酬份额的变化进行的研究表明，产业结构变化和不同产业劳动报酬份额以正相关性同时变化，由于整体劳动报酬份额的波动性大于细分产业层面的劳动报酬份额，这就意味着产业结构的变动和产业差异均加剧了劳动报酬份额的波动，并未使得整个经济的劳动

[①] 当劳动和资本的替代弹性大于1时，SK 曲线单调递减；当劳动和资本的替代弹性小于1时，SK 曲线单调递增。

[②] Bentolila, S. & Saint-Paul, G., Explaining Movements in the Labor Share. *Contributions in Macroeconomics*, 2003, 3(1), pp.22-37.

[③] Diwan, I. Labor Shares and Globalization. *World Bank Working Paper*, 2000, (11), pp.23-43.

[④] Solow, R. M., A Skeptical Note on the Constancy of Relative Shares. *The American Economic Review*, 1958, 48(4), pp.618-631.

[⑤] Young, A. T. One of the Things We Know that ain't so: Is US Labor's Share Relatively Stable. *Journal of Macroeconomics*, 2010, 32(1), pp.90-102.

报酬份额趋于稳定。[①] 白重恩等也从产业的角度考察了 1978—2004 年间劳动报酬变动的情况,发现总体劳动报酬份额主要由产业间效应引起,从农业部门向非农业部门的转变过程使劳动报酬份额持续降低,但如果产业结构转型发展到工业部门转向第三产业,鉴于第三产业的劳动报酬份额高于工业部门,将会提高劳动报酬份额。[②]

3. 有偏技术的进步

Acemoglu 指出,技术进步并不是希克斯(Hicks)中性的,而是具有偏向性,并将其分为资本增强型技术进步(劳动节约型)和劳动增强型技术进步,当劳动与资本的要素替代弹性为 1 或两者相对增强速度与相对深化速度相等时,劳动报酬份额保持不变;当替代弹性系数小于 1 时,劳动增强型技术进步为资本偏向型,劳动收入份额会下降。[③] 黄先海等人引入希克斯要素偏向型技术进步的思想,将劳动报酬份额变化率分解为乘数效应、资本深化效应及劳动节约型技术进步,用 1978—2006 年 29 个制造行业的数据研究说明,劳动节约型技术进步对劳动报酬份额影响为负,平均贡献度高达 70.59%。[④]

4. 要素市场扭曲

如果市场偏离完全竞争发生扭曲,边际产出的变化会使劳动报酬发生变动。国有企业作为兼具创造利润与社会责任的一类企业,一方面需要盈利,另一方面还要提供就业岗位,吸纳社会劳动力,承担社会职责。已有研究对于国有比重对劳动报酬的影响方向的结论并不统一。白重恩等利用 38 个工业行业 1998—2005 年的面板数据得出结论,国有化程度对劳动报酬份额具有显著的正向影响,[⑤]罗长远和张军也得出类似结论。[⑥] 但也有研究表明相反的结

---

① 罗长远、张军:《劳动收入占比下降的经济学解释——基于中国省级面板数据的分析》,《管理世界》2009 年第 5 期。

② 白重恩、钱震杰:《国民收入的要素分配:统计数据背后的故事》,《经济研究》2009 年第 3 期。

③ Acemoglu, D. Labor and Capital Augmenting Technical Change. *Journal of the European Economic Association*, 2003, 1(1), pp.1-37.

④ 黄先海、徐圣:《中国劳动收入比重下降成因分析——基于劳动节约型技术进步的视角》,《经济研究》2009 年第 7 期。

⑤ 白重恩、钱震杰、武康平:《中国工业部门要素分配份额决定因素研究》,《经济研究》2008 年第 8 期。

⑥ 罗长远、张军:《劳动收入占比下降的经济学解释——基于中国省级面板数据的分析》,《管理世界》2009 年第 5 期。

论,认为国有企业的盈利能力可能不如其他企业,会降低劳动报酬份额。[1] 因此,国有比重对劳动报酬份额的影响主要取决于国有企业盈利能力和吸纳劳动力两种效应。国有改革初期,国企效率较低,劳动收入份额随国企比重的提高而下降,随着国企改革后效率的提升并承担更多的社会责任,劳动报酬份额上升。[2]

5. 全球化

新古典贸易理论认为,国际贸易是遵循比较优势理论进行国际分工和专业化的,经济开放会使拥有丰裕要素的国家收入份额提高。Harrison 通过对100 多个国家面板数据进行分析后认为,贸易开放及资本管制的放松使资本的谈判力量被强化,劳动与资本的讨价还价能力有所下降,全球化过程中的劳动报酬份额有所下降。[3] 这也得到了 Guscina 研究的支持。[4] 外商直接投资(FDI)对劳动报酬份额的影响可以借鉴贸易理论,各国的优势资源和要素禀赋是吸引外资类型的主要因素。具有劳动力资源优势的国家会吸引劳动密集型外资的进入,资本要素充裕的国家则更能吸引资本密集型外资。这就意味着,FDI 能提高东道国要素丰富部门的份额。

6. 政府行为

政府行为对劳动报酬的影响可以从财政支出规模和税负水平进行考察。作为参与初次分配主体之一的政府部门,通过征税内生于政府的经济目标而作用于要素报酬份额。财政分权改革以来,中国的税收收入占 GDP 的比重在短暂下降后,自 1996 年来有所上升。[5] 根据 Diwan 的研究,贫穷国家的政府财政支出主要用于补偿劳动者收入,能提高劳动报酬份额,而富裕国家的财政

① 李稻葵、刘霖林、王红领:《GDP 中劳动份额演变的 U 型规律》,《经济研究》2009年第 1 期;邵敏、黄玖立:《外资与我国劳动收入份额:基于工业行业的经验研究》,《经济学》2010 年第 4 期。

② 白重恩、钱震杰、武康平:《中国工业部门要素分配份额决定因素研究》,《经济研究》2008 年第 8 期。

③ Harrison,A E. Has Globalization Eroded Labor's Share? Some Cross-country Evidence. Mpra Paper,2005.

④ Guscina,A.,Effects of Globalization on Labor's Share in National Income. *International Monetary Fund*,IMF Working Paper,2006,06.

⑤ 刘新利:《论我国宏观税负的发展趋势》,《税务研究》2007 年第 12 期。

支出则倾向于对利益集团的转移支付,因此会提高资本报酬份额。[①]

　　综上所述,对于劳动报酬份额变动的原因,主要从全球化和结构转型的视角进行解释,这并不难理解。20 世纪中期以后,经济全球化的进程明显加快,新兴经济体不断加入全球市场竞争体系,劳动、资本、技术在国家之间的流动频繁,促进了相互之间的投资贸易活动,经济的开放必然会对各国的劳动力市场产生影响,同时,伴随着各国制度转型和经济结构调整,产业结构和所有制形式的转变也会使得劳动报酬份额发生变动。联系中国二元经济结构的事实,近些年来有学者在二元经济理论模型下,分析了在农村剩余劳动力转移过程中劳动报酬份额变动的情况。[②] 相关研究有助于厘清劳动报酬份额下降的原因及其影响,但是这些研究并没有详细阐明劳动报酬份额下降因素的影响程度和作用方向,本章将资本深化、财政支出规模、全球化、金融深化、产业结构、人力资本等可能影响劳动报酬份额的因素作为解释变量,纳入1996—2012 年的省际面板数据进行实证分析,探讨 1990 年代中期以来影响劳动报酬份额下降的原因,寻求增长与共享平衡发展的政策设计的关键与核心。

三、数据和变量

　　劳动报酬份额(LS):关于劳动报酬份额的度量存在一定的分歧。根据国民经济核算体系,我国国内生产总值按收入法可分为劳动者报酬、生产税净额、固定资产折旧和营业盈余四部分。本书将劳动报酬在 GDP 所占比重作为劳动报酬份额的指标。

　　主要的解释变量包括:

　　资本深化(K-Y)为资本—产出比,根据资本产出比的显著性和回归系数的符号可以判断资本和劳动的替代弹性:当资本深化不显著时,资本与劳动的替代弹性为 1;当回归系数显著且为负时,替代弹性系数大于 1;当回归系数显

　　① Diwan,I. Debt as Sweat:Labor,Financial Crises,and the Globalization of Capital. Mimeo,the World Bank,2001.
　　② 李稻葵、刘霖林、王红领:《GDP 中劳动份额演变的 U 型规律》,《经济研究》2009 年第 1 期;龚刚、杨光:《从功能性收入看中国收入分配的不平等》,《中国社会科学》2010 年第 2 期;龚刚、杨光:《论工资性收入占国民收入比例的演变》,《管理世界》2010 年第 5 期;陈宗胜、宗振利:《二元经济条件下中国劳动收入占比影响因素研究——基于中国省际面板数据的实证分析》,《财经研究》2014 年第 2 期等。

著为正时,替代弹性系数小于 1。资本存量数据来自单豪杰等(2008)已有成果,其计算方法以 1952 年为基年,余下年份按其方法补足。GDP 数据来自《中国统计年鉴》,并以 1952 年为基年进行价格指数的平减。

财政行为采用财政支出规模,即政府财政支出占 GDP 的比重来进行衡量。

开放度用进出口和外商直接投资两个指标,分别为进出口总额占 GDP 的比值以及外商直接投资占 GDP 的比值进行衡量。考虑到进出口总额与 FDI 数据在统计年鉴中以美元形式计算,因此将其按每年的平均汇率换算成人民币。

金融深化为存贷款之和与 GDP 的比重。

产业结构分别用第一、三产业的产值与 GDP 的比值来衡量。

人力资本借鉴陈钊、陆铭等人的计算方法,用人均受教育年限作为表征变量,具体计算方法为各层次教育水平的人数与该教育层次年限相乘,加总之后除以 6 岁以上受教育人口。[①] 即人均受教育年限 $= 6d_1 + 9d_2 + 12d_3 + 16d_4$,其中,$d_i (i = 1, 2, 3, 4)$ 表示小学、初中、高中、大专及以上在 6 岁以上人口中所占比重。

考虑到经济发展水平对劳动报酬份额的影响,本书采用多数文献对经济发展阶段的控制,引入实际人均 GDP,以 1996 年的购买力平价进行价格指数的消减,在回归中对实际人均 GDP 取对数。

面板数据模型。本书选取 29 个省市自治区 1996—2012 年的数据进行分析,考虑到行政区划的调整,重庆是 1997 年以后才成为独立的直辖市,因此将其并入四川省进行合并计算以保持数据的一致性,香港地区、澳门地区、台湾地区不包含在内,西藏由于数据缺失及异常值予以剔除。由于 2008 年是经济普查年,劳动报酬的数据取相邻两年的均值。数据主要来源于《中国统计年鉴》、《人口统计年鉴》、《新中国 60 年统计资料汇编》、各省区市的各期统计年鉴、中国经济与社会发展统计数据库。

上述各变量的基本统计量见表 7-1。

[①] 陈钊、陆铭、金煜:《中国人力资本和教育发展的区域差异:对于面板数据的估算》,《世界经济》2004 年第 12 期。

表 7-1   1996—2012 年变量的基本统计量

变量	观察值	均值	标准差	最小值	最大值
劳动报酬份额	493	0.491	0.079	0.315	0.7
资本深化	476	2.373	1.2	0.112	7.729
财政支出规模	493	0.163	0.079	0.001	0.612
经济增长	493	9.419	0.829	7.625	12.449
进出口	493	0.322	0.41	0.001	1.722
FDI	492	0.033	0.03	0	0.168
金融深化	467	2.425	0.927	0.014	8.091
第一产业	493	0.149	0.08	0.002	0.373
第三产业	493	0.379	0.075	0.003	0.765
人力资本	493	8.014	1.092	4.693	11.836

四、实证分析

基于上述变量和数据,本书利用 1996—2012 年省际面板数据对劳动报酬份额的影响因素进行回归检验,分析全国及分地区劳动报酬份额的影响强度和方向,进一步讨论估计结果对模型设定、变量测度、样本极端值的稳健性分析,从而厘清劳动报酬份额变动的原因。

(一)基本估计

模型设置如下:

$$Y_{it}=\beta_0+\beta_1 X_{it}+\mu_i+\varepsilon_{it}+D\_yr$$

其中,i 代表各个省份,t 代表年份。Y_{it} 为被解释变量劳动报酬份额,X_{it} 主要涉及主要的解释变量包括资本深化、财政支出规模、经济增长、进出口总额以及 FDI 占 GDP 的比重、金融深化、产业结构以及人力资本;μ_i 为地区效应,D_yr 为年份哑变量,ε_{it} 为随机干扰项。对于模型中的地区效应,本书借鉴王小鲁等(2004)中的区域划分,东部地区包括北京、天津、辽宁、河北、山东、江苏、上海、浙江、福建、广东和海南 11 个省市;中部地区包括黑龙江、吉林、河南、安徽、山西、江西、湖北和湖南 8 个省份;西部地区包括内蒙古、广西、四川、贵州、云南、陕西、甘肃、青海、宁夏和新疆10个省区。引入年份哑变量,主要为了剔除如有偏技术进步等与时间有关的因素对劳动报酬份额的影响(见表7-2)。

表7-2 分地区劳动报酬份额的影响因素回归结果

解释变量	(1) 全国 固定效应	(2) 全国 fe_squ	(3) 东部地区 固定效应	(4) 中部地区 固定效应	(5) 西部地区 固定效应
资本深化	−0.0448***	−0.0430***	0.0285*	−0.0490***	−0.00417
	(−7.20)	(−6.96)	(1.67)	(−4.69)	(−0.30)
财政支出	−0.0992	−0.00465	0.202	−0.453	−0.200**
	(−1.61)	(−0.07)	(0.85)	(−1.21)	(−2.12)
经济增长	−0.0399***	−0.271***	−0.323***	−0.366***	−0.230***
	(−3.10)	(−3.70)	(−6.68)	(−3.41)	(−4.63)
f_squ		0.0112***			
		(3.20)			
进出口	0.0494***	0.0435***	0.0209	0.671***	0.235**
	(3.19)	(2.82)	(1.24)	(3.51)	(2.47)
FDI	0.198*	0.256**	0.460***	1.395***	0.331
	(1.68)	(2.17)	(3.50)	(3.57)	(0.91)
金融深化	0.00552	0.00148	−0.0192***	0.0368*	0.0305*
	(0.91)	(0.24)	(−2.88)	(1.76)	(1.86)
第一产业	0.236***	0.0517	0.0795	0.130	0.374*
	(2.72)	(0.50)	(0.50)	(0.55)	(1.95)
第三产业	0.0566	0.0630	−0.112*	0.0515	0.291***
	(1.23)	(1.38)	(−1.69)	(0.45)	(3.40)
人力资本	0.00285	0.00464	0.0106	−0.00241	−0.0116
	(0.33)	(0.55)	(0.85)	(−0.13)	(−0.89)
常数项	0.867***	2.039***	3.416***	4.185***	2.306***
	(6.68)	(5.25)	(7.88)	(3.69)	(4.93)
年份哑变量	有	有	有	有	有
样本容量	449	449	160	115	147
R-squared	0.75	0.76	0.74	0.92	0.85
截面数	28	28	10	8	10

注:括号内为t或z统计量;*、**、***分别代表10%、5%、1%的显著性水平。

本书首先对全样本采用双向固定效应模型进行估计,需要说明的是,固定效应模型相比于混合 OLS 模型,主要差异在于考虑了个体效应,通过加入 n−1 个个体虚拟变量来反映截距项的不同。通过似然比检验(LR test)拒绝了混合 OLS 模型,此外,Hausman 检验的结果显示,拒绝了固定效应模型和随机效应模型不存在系统差异的原假设,P 值在 1% 的显著性水平下拒绝随机效应模型。考虑到篇幅问题,年度虚拟变量的估计结果没有在表 7-2 中列出。由于 Breusch-Pagan 拉格朗日乘数检验拒绝同方差的原假设,表中括号内是和异方差一致的标准差假设下的 t 统计量。从第一列的估计结果看,资本深化、经济发展水平对劳动报酬份额在 1% 的水平上具有显著的负向作用;财政支出规模系数为负,但未通过显著性水平;进出口、FDI、金融深化、第一产业占比、第三产业占比、人力资本均显示回归系数为正,且进出口、FDI、第一产业占比通过显著性水平。

模型 2 加入了经济发展水平的平方项,目的在于验证经济发展阶段对劳动报酬份额是否存在非线性关系。估计结果表明,经济发展水平的一次项系数为负,而平方项的系数则为正,均通过 1% 的显著性水平;其余变量对劳动报酬份额的影响与模型 1 相比,无论是回归系数的正负或是显著性水平都不存在太大的差异。模型 3 至模型 5 是东中西部地区的回归结果,根据 Hausman 检验采用固定效应模型进行估计。其中,资本深化在中西部地区均具有负向影响,但中部地区通过 1% 的显著性水平且对劳动报酬份额的影响高于西部地区,而东部地区的资本深化对劳动报酬则是促进作用且通过 10% 的显著性水平;财政支出在同样在中西部地区具有负向作用而东部地区为正,但只有西部地区的回归系数显著;经济发展水平在三个地区对劳动报酬份额的影响均显著为负,且通过 1% 的显著性水平;金融深化、第三产业占比在中西部地区均是正向影响而东部地区则阻碍劳动报酬份额的提升;进出口、FDI、第一产业占比、人力资本在各个地区影响方向均是正向的,但影响因素的显著性水平存在较大的地区差异,说明各个因素对劳动报酬份额的作用机制存在较大的地区差异。

面板数据由于兼具截面和时间的特征,需要考虑异方差和序列相关的问题,可以考虑采用广义最小二乘法(FGLS)进行处理,适用条件是大 T 小 N 型的数据结构,在截面数大于时间跨度时,可以用带有 Driscoll-Kraay 标准误的固定效应进行稳健性估计。表 7-3 是经过剔除异方差、序列相关以及截面相关影响后的参数估计值,表中对全国范围以及分地区进行了分析。固定效应模型需要做异方差和序列相关以及截面相关的检验。以下模型分别是全国样本、加入经济发展水平平方项的全国样本估计。根据 Hausman 检验结果,全国样本的两个模型、东中西部地区均采用固定效应模型。

表 7-3　分地区稳健性回归结果

解释变量	(5) 全国 固定效应	(6) 全国 f_squ	(7) 东部 固定效应	(8) 中部 固定效应	(9) 西部 固定效应
资本深化	−0.0448***	−0.0430***	0.0285**	−0.0490***	−0.00417
	(−4.87)	(−5.03)	(3.06)	(−5.47)	(−0.23)
财政支出	−0.0992**	−0.00465	0.202	−0.453	−0.200**
	(−2.42)	(−0.08)	(1.04)	(−1.46)	(−3.09)
经济增长	−0.0399	−0.271***	−0.323***	−0.366***	−0.230***
	(−1.21)	(−4.64)	(−8.06)	(−4.05)	(−4.78)
f_squ		0.0112***			
		(3.73)			
进出口	0.0494***	0.0435***	0.0209	0.671**	0.235***
	(3.73)	(3.53)	(1.47)	(3.14)	(3.88)
FDI	0.198	0.256**	0.460***	1.395***	0.331
	(1.68)	(2.60)	(3.87)	(3.82)	(1.65)
金融深化	0.00552	0.00148	−0.0192**	0.0368*	0.0305**
	(1.07)	(0.31)	(−2.44)	(1.99)	(2.99)
第一产业	0.236**	0.0517	0.0795	0.130	0.374
	(2.27)	(0.52)	(0.67)	(0.53)	(1.52)
第三产业	0.0566*	0.0630**	−0.112	0.0515	0.291***
	(1.93)	(2.18)	(−1.37)	(0.54)	(4.39)
人力资本	0.00285	0.00464	0.0106	−0.00241	−0.0116
	(0.58)	(0.97)	(1.02)	(−0.15)	(−1.18)
常数项	0.867***	2.039***	3.852***	4.185***	2.632***
	(2.90)	(5.92)	(9.91)	(4.44)	(4.87)
年份哑变量	有	有	有	有	有
样本容量	449	449	160	115	147
R-squared	0.754	0.7603	0.743	0.9225	0.8459
截面数	28	28	10	8	10

注:括号内为 t 或 z 统计量,*、** 和 *** 分别代表 10%、5% 和 1% 的显著性水平。

　　从全国范围内的估计结果看,资本深化、财政支出规模、经济发展水平对劳动报酬份额具有显著的负向影响;经济发展水平对劳动报酬份额的影响存在 U 形关系;进出口、FDI、第一产业占比、第三产业占比对劳动报酬份额具有正向影响;金融深化、人力资本没有通过显著性水平。分地区的参数结果显示,东部地区资本深化、FDI 对劳动报酬份额的影响显著为正,经济发展水平、金融深化对劳动报酬份额在 1% 的水平下具有显著的负向影响,其余变量没有通过显著性水平。中西部地区各影响因素对劳动报酬份额的影响作用方向上存在较大程度的一致性。资本深化、财政支出、经济发展水平在中西部地区回归系数均为负,且经济发展水平均在 1% 的水平线统计显著,进出口、金融深化对劳动报酬份额的影响均显著为正,FDI 在中西部地区的回归系数均为正,西部地区未通过统计显著,值得注意的是,人力资本在两个地区的系数均为负。

　　比较地区间的劳动报酬份额影响因素差异可以发现,资本深化的系数虽然在中西部地区为负,但有意思的是在东部地区的系数为正,说明东部地区资本与劳动存在互补关系;财政支出在中西部为负但东部地区为正,已有的研究大多支持政府支出规模能够改善劳动报酬份额,本书中出现政府支出阻碍劳动报酬份额提升的结果也并不难理解,可以联系政府财政支出结构偏好、官员的晋升机制和动机等得到解释;经济增长的系数在东中西部地区的系数均为负值且通过 1% 的统计显著,表明经济发展水平对各地区的劳动报酬份额具有负向影响,参数估计值显示在东中西部对劳动报酬份额的影响差异不大;进出口和 FDI 对劳动报酬份额的影响在中部地区都具有显著性,说明中部地区劳动报酬份额受全球化程度作用明显。金融深化、产业结构、人力资本在三个地区作用的机制存在较大的地区差异。

　　资本深化的系数为负且在 1% 的显著性水平上通过检验,表明资本深化不利于劳动报酬份额的提高。这一结果意味着资本与劳动之间存在替代而非互补关系,且要素的替代弹性大于 1。这与罗长远、陈宗胜等人的估计结果不一致。[1]

　　财政支出规模与劳动报酬份额在模型 5 中显示存在显著的负相关,这与多数文献认为的财政支出有利于发展中国家劳动者收入提高相悖,对此本书

---

　　[1]　罗长远、张军:《劳动收入占比下降的经济学解释——基于中国省级面板数据的分析》,《管理世界》2009 年第 5 期;陈宗胜、宗振利:《二元经济条件下中国劳动收入占比影响因素研究——基于中国省际面板数据的实证分析》,《财经研究》2014 年第 2 期。

认为,这与政府的财政支出结构有关,在财政分权与垂直的行政管理体制紧密结合的现实中,由于不同类型的财政支出对推动地区经济增长(尤其是地方官员任期内的增长)作用不同,地方政府在财政支出结构上必然偏向见效快、增长效应明显的基础设施建设,忽视人力资本和公共服务的投入。[①] 在地方政府将财政重心流向基础设施领域时,劳动报酬份额的比重会下降。

经济发展水平无论是全国范围还是分地区来看,对劳动报酬份额的影响都显著为负,从数值上看,人均实际 GDP(1996 年价格)每提高 1 个百分点,劳动报酬份额下降约 4%,这从数据上说明经济增长可能是导致劳动报酬份额下降的一个重要因素。随着经济发展水平的提高,产业结构发生变化,农业的比重逐渐下降,而农业的劳动报酬份额要高于工业,在服务业还没高度发达的情况下,工业占比的提高将使得劳动报酬份额下降。这与李稻葵等人研究的跨国经验相一致。[②]

全球化程度的两个度量指标进出口贸易和 FDI 对劳动报酬份额的影响方向为正,说明全球化有利于劳动报酬份额的提高。根据 Stolpher-Samuelson 定理,中国劳动力资源丰富,在劳动密集型产品上具有比较优势,通过出口劳动密集型产品有利于提高劳动者的收入。外资的进入有利于缓解早期外汇的缺口,劳动者的地位和谈判能力会有所提高,劳动报酬份额也会随之提高。需要引起注意的是,近年来中国的人口红利在逐渐消失,劳动力成本的不断上升使得依靠廉价劳动力从事制造业低端贸易行为会受到很大的挑战。

金融深化反映的是政府对市场和金融体系的干预程度,在放松管制的情况下,利率和汇率能根据市场供求关系做出真实反映从而增进储蓄和投资;产业结构中,第一产业占比、第三产业占比与劳动报酬份额存在正向关系,但在经过第二产业阶段时,劳动报酬份额会有所下降;人力资本对劳动报酬份额也具有正向影响,但从结果来看并不显著。

(二)稳健性分析

本章接下来从不同的情形,即滞后期、内生性问题、变量的度量和样本容

---

① 傅勇、张晏:《中国式分权与财政支出结构偏向:为增长而竞争的代价》,《管理世界》2007 年第 3 期。

② 李稻葵、刘霖林、王红领:《GDP 中劳动份额演变的 U 型规律》,《经济研究》2009年第 1 期。

量考察对模型 5 估计结果的影响,首先是滞后期的问题。考虑到各影响因素的当期项并不必然对当期的劳动报酬份额产生作用,因此采用滞后一期进行估计,模型 10 为估计结果。在考虑解释变量对于劳动报酬份额影响的时间滞后性情况下,资本深化、财政支出、经济增长、进出口、FDI、金融深化、第一产业占比、人力资本的影响与模型 5 在影响方向及显著性水平上都相差不大。其次是内生性问题。固定效应或是随机模型中隐含的假设条件是所有的解释变量与随机干扰项不相关,当假设不满足时会产生内生性问题。合适的工具变量,即与内生变量之间存在较强的相关性而与个体效应不存在明显的相关性是解决内生性问题的一个方法。由于变量的滞后一期项与当前期存在较强的相关性,多数文献采用滞后期作为内生变量的工具变量。本章对模型 5 进行内生性检验(endogprob),该检验的理论假设是所有解释变量都是外生的。已有文献认为,资本深化、经济发展水平是可能的内生变量,通过 Hausman 检验和 Davidson-MacKinnon(1993)检验,确定资本深化、第一产业占比以及金融深化为模型的内生变量,将其滞后一期作为内生变量的工具变量,采用面板工具变量法进行估计。模型 11 是 FE-IV 估计的结果、消除异方差后获得的稳健性回归结果。结果显示,资本深化、财政支出、经济增长的估计系数为负,且均在 1% 的显著性水平下显著;进出口、FDI 还是具有显著性并且系数的差异不大;金融深化、人力资本、产业结构虽然保持系数符号一致,但未通过显著性水平。

变量不同度量也会导致稳健性问题,劳动报酬份额的度量,对于是否扣除地区生产总值中生产税净额有一定的分歧,用劳动报酬在地区生产总值中扣除生产税净额的比重作为解释变量劳动报酬份额的度量进行回归得到模型 12 的结果。在考虑计量模型的随机干扰项可能存在的异方差、序列相关或自相关等问题后采用 Driscoll-Kraay 标准误进行稳健性估计。估计结果和模型 5 在资本深化、进出口、FDI、金融深化、产业结构、人力资本几个变量上无论是显著性还是作用方向保持一致。

模型 13 和模型 14 考察了劳动报酬份额极端值对估计结果的影响,分别是剔除劳动报酬份额两端 1% 和 5% 样本后的回归结果。从估计结果看,资本深化、财政支出规模、经济发展水平、进出口、FDI 几个解释变量的符号或是系数绝对值并没有太大差异。

模型 15 是用出口代替进出口进行的估计,结果显示,在其他变量不改变方向的情况下,出口对劳动报酬份额具有显著的正向作用,这可能与出口产品中劳动密集型产品仍然占据较大的比重有关,也使得包括进出口在内的贸易对于劳动报酬份额的提升具有一定的作用。当然,值得注意的是,随着国内劳动力成本提升,包括产业结构在内的经济结构转型会使得依靠劳动密集型出口产品处于不利地位,资本密集度较高的出口产品会有所提升(见表7-4)。

表7-4 基于模型5的稳健性分析

解释变量	模型 10	模型 11	模型 12	模型 13	模型 14	模型 15
资本深化	−0.0406***	−0.0330***	−0.0484***	−0.0454***	−0.0412***	−0.0460***
	(−5.69)	(−4.67)	(−5.20)	(−5.01)	(−5.21)	(−5.07)
财政支出	−0.0776**	−0.174***	−0.124***	−0.0894**	−0.0872**	−0.0878**
	(−2.11)	(−2.68)	(−2.94)	(−2.22)	(−2.28)	(−2.10)
经济增长	−0.214***	−0.220***	−0.0444	−0.0391	−0.0337	−0.0403
	(−10.30)	(−7.35)	(−1.27)	(−1.21)	(−1.19)	(−1.19)
进出口	0.0477**	0.0334*	0.0540***	0.0561***	0.0240	
	(2.48)	(1.65)	(4.33)	(3.79)	(1.26)	
出口						0.0996***
						(4.62)
FDI	0.267**	0.277**	0.408***	0.143	0.223**	0.181
	(2.18)	(2.24)	(3.02)	(1.35)	(2.56)	(1.63)
金融深化	0.00444**	0.00429	0.000984	0.00453	0.00255	0.00508
	(2.07)	(0.53)	(0.16)	(0.92)	(0.58)	(0.96)
第一产业	0.111	0.140	0.356***	0.234**	0.139	0.242**
	(1.50)	(0.63)	(3.65)	(2.38)	(1.57)	(2.24)
第三产业	−0.00576	0.0350	0.0134	0.0416	0.102***	0.0618*
	(−0.20)	(0.54)	(0.38)	(1.34)	(2.86)	(1.96)
人力资本	0.00786	0.000965	0.00262	0.00363	0.00114	0.00141
	(1.46)	(0.11)	(0.44)	(0.76)	(0.16)	(0.29)
常数项	2.406***	2.800***	0.982***	0.862***	0.827***	0.878***
	(11.58)	(8.78)	(3.07)	(2.95)	(3.11)	(2.87)
年份变量	有	有	有	有	有	有
样本容量	422	369	449	441	405	449
R-squared	0.7966	0.7813	0.7406	0.7461	0.7391	0.7561
截面数	28	28	28	28	28	28

注:括号内为 t 或 z 统计量,*、** 和 *** 分别代表 10%、5% 和 1% 的显著性水平。

五、结论与建议

本书基于 2000—2012 年省际面板数据分析了劳动报酬份额变化的原因,并从内生性问题、变量的度量和样本容量对结果做了稳健性检验,基本结论如下:

资本深化对劳动报酬份额的影响,在回归结果中显著为负,说明现阶段劳动—资本的替代弹性系数小于 1,从这个角度判断技术进步的偏向性,意味着劳动增强型技术进步转向资本偏向型,劳动报酬份额下降。但从分地区的结果看,资本深化对于东部地区劳动报酬份额提高是有利的,说明在东部地区资本和劳动之间存在互补关系,劳动报酬份额会随着资本积累而有所提高。这与罗长远(2009)的结论一致。但白重恩等人的研究表明,近年来资本和劳动的替代弹性系数已接近 1,意味着资本深化对劳动报酬份额的正向作用会逐渐减弱。[1]

政府财政支出对劳动报酬份额的影响(从全国样本来看)系数为负,这与政府的财政支出结构相关,在分税制以后,地方政府在财政上获得较大的剩余收益权,在与官员职务晋升挂钩的 GDP 锦标赛中,地方政府支出结构会出现"重基本建设、轻人力资本投资和公共服务"的现象。[2] 但分地区的情况显示,地方政府财政支出在东部地区对劳动报酬份额具有正向影响,说明东部地区的财政在人力资本和公共服务方面的投入较大,对劳动报酬份额起到了较为明显的提升作用。

经济发展水平对劳动报酬份额具有显著的负向影响,现阶段正处于"U"形曲线的下行段。这与李稻葵、罗长远和张军的结论相一致。[3] 李稻葵等从劳动力在二元经济中的部门转移角度提供了劳动报酬份额"U"变化的理论解释,在经济发展的早期阶段,劳动力的转移产生的摩擦力大于资本运动受到的

---

[1]　白重恩、钱震杰、武康平:《中国工业部门要素分配份额决定因素研究》,《经济研究》2008 年第 8 期。

[2]　已有研究发现,财政分权与地区经济增长存在关系,本章在剔除内生变量对模型设定的影响后,用财政分权指标对劳动报酬份额的影响进行了分析,估计结果显示分权水平在 1% 的水平下对劳动报酬份额具有显著的负向影响。

[3]　李稻葵、刘霖林、王红领:《GDP 中劳动份额演变的 U 型规律》,《经济研究》2009 年第 1 期;罗长远、张军:《劳动收入占比下降的经济学解释——基于中国省级面板数据的分析》,《管理世界》2009 年第 5 期。

阻力,因此劳动力的转移速度低于资本,造成其所获得的回报低于劳动边际产出,而资本正好相反;随着劳动力逐渐完成转移,劳动报酬份额会有所上升。从劳动报酬份额的产业部门差异也能得到支持,农业部门的劳动报酬份额高于工业部门,因此在以农业作为主要产业的经济发展早期,劳动报酬份额较高,随着工业的比重逐渐提高,而服务业发展并不充分的情况下,劳动报酬份额会有所下降。财产性收入相比劳动收入逐渐显示其重要性也是一个解释,在后工业时代,服务业的发展将重新拉动劳动报酬份额的上升。

进出口和外商直接投资对于劳动报酬份额具有积极的促进作用,支持了Heckscher-Ohlin 定理,经济开放会提高丰裕要素的收入份额,中国劳动资源丰富,出口劳动密集度较高的产品有助于劳动报酬份额的提升。但需要引起注意的是,随着中国的"人口红利"的逐渐消失,劳动力成本的不断上升使得依靠廉价劳动力从事制造业低端贸易行为会受到很大的挑战。

基于上述结论,本书认为提高劳动报酬份额,推动经济增长与成果共享的发展政策设计必须关注以下几个要点:一是要调整优化产业结构,充分发展服务业,促进经济从工业化阶段迈向第三产业,推动劳动力的部门转移。二是要调整地方政府公共财政的支出结构,加大人力资本和公共服务方面的投入。三是要根据比较优势进行贸易活动,已有的数据显示劳动密集型产业对劳动报酬份额的提高做出了贡献,但"人口红利"的逐渐消失使得依靠廉价劳动力优势的劳动密集型产品出口会不断受限,因此在继续发展劳动力相对密集的产业活动时,需要重视对劳动力的教育和培训,积累人力资本。四是要加强劳动者的权益保障,提高其在资本谈判过程中的谈判能力。

参考文献

于国安：《我国现阶段收入分配问题研究》，中国财政经济出版社 2010 年版。

厉以宁：《西方福利经济学述评》，商务印书馆 1984 年版。

李实、赖德胜、罗楚亮：《中国收入分配研究报告》，社会科学文献出版社 2013 年版。

《关于深化收入分配制度改革的若干意见》，人民出版社 2013 年版。

中国改革发展研究院：《中国收入分配改革路线图》，国家行政学院出版社 2010 年版。

中国改革发展研究院：《收入分配改革的破题之路》，中国经济出版社 2012 年版。

迟福林：《破题收入分配改革：推进收入分配改革实现公平与可持续发展的第二次转型》，中国经济出版社 2011 年版。

李新宽：《国家与市场：英国重商主义时代的历史解读》，中央编译出版社 2013 年版。

徐平华：《政府与市场：看得见的手和看不见的手》，新华出版社 2014 年版。

曹沛霖：《政府与市场》，浙江人民出版社 1998 年版。

张五常等：《国家与市场》，译林出版社 2013 年版。

向书坚：《中国收入分配格局研究》，中国财政经济出版社 2000 年版。

蔡昉、张车伟：《中国收入分配问题研究》，中国社会科学出版社 2016 年版。

魏众、王震、邓曲恒：《中国收入分配及其政策思考》，广东经济出版社 2015 年版。

曾国安、胡晶晶：《国民收入分配中的公平与效率：政策演进与理论发展》，人民出版社 2013 年版。

陈宗胜：《收入差别、贫困及失业》，南开大学出版社 2000 年版。

高霖宇:《社会保障对收入分配的调节效应研究》,经济科学出版社 2009 年版。

王小鲁:《灰色收入与发展陷阱:收入分配研究》,中信出版社 2012 年版。

苏海南:《收入分配之我见》,中国财政经济出版社 2011 年版。

林原:《经济转型期最低工资标准决定机制研究》,知识产权出版社 2012 年版。

汪晖、陶然:《中国土地制度改革:难点、突破与政策组合》,商务印书馆 2013 年版。

彭升:《我国收入分配差距与公平问题研究》,中南大学出版社 2008 年版。

杨虹:《调节居民收入分配的税收制度研究》,中国税务出版社 2010 年版。

李迎生:《社会保障与社会结构转型》,中国人民大学出版社 2001 年版。

杨团:《中国慈善发展报告 2016》,社会科学文献出版社 2016 年版。

《中国基金会透明度发展研究报告(2015)》,社会科学文献出版社 2015 年版。

于良春:《反行政性垄断与促进竞争政策前沿问题研究》,经济科学出版社 2008 年版。

张本波:《我国公平分配的制度模式选择》,中国计划出版社 2008 年版。

陈映:《论共同富裕与区域经济非均衡协调发展》,人民出版社 2011 年版。

刘洲:《参与式预算法治化研究》,北京科学出版社 2015 年版。

刘明波:《中外财产申报制度述要》,中国方正出版社 2001 年版。

翟继光:《财政法学原理》,经济管理出版社 2011 年版。

李德国:《理解公共服务:基于多重约束的机制选择》,中国社会科学出版社 2017 年版。

樊丽明、石绍宾等:《城乡基本公共服务均等化研究》,经济科学出版社 2010 年版。

张汝立等:《外国政府购买社会公共服务研究》,社会科学文献出版社 2014 年版。

吕学静:《当代国外社会保障制度》,中国劳动保障出版社 2010 年版。

郑功成:《中国社会保障发展报告:2016》,人民出版社 2016 年版。

刘小楠:《追问政府的钱袋子——中国公共预算改革的理论与实践》,社会科学文献出版社 2011 年版。

中国社会科学院"政治发展比较研究"课题组:《国外公职人员财产申报与公示制度》,中国社会科学出版社 2013 年版。

崔军:《调节居民收入分配的财政制度安排》,经济科学出版社 2011 年版。

何宪:《改革完善公务员工资制度研究》,中国人事出版社 2015 年版。

李爽:《实现公平分配的制度与政策选择》,经济科学出版社 2007 年版。

李升:《现代税收制度》,经济科学出版社 2015 年版。

吕洪业:《新中国慈善制度发展研究》,中国社会出版社 2014 年版。

全国人大财经委专题调研组:《国民收入分配若干问题研究》,中国财政经济出版社 2010 年版。

宋士云:《新中国社会保障制度结构与变迁》,中国社会科学出版社 2011 年版。

余斌、陈昌盛:《国民收入分配困境与出路》,中国发展出版社 2011 年版。

张东生等:《国居民收入分配年度报告(2013)》,中国财政经济出版社 2013 年版。

亚当·斯密:《国民财富的性质和原因的研究》,商务印书馆 2011 年版。

马歇尔:《经济学原理》(下卷),商务印书馆 1964 年版。

马克思等:《马克思恩格斯选集》(第一卷),人民出版社 1972 年版。

马克思:《资本论》(第 1 卷),人民出版社 1975 年版。

阿瑟·塞尔西·庇古:《福利经济学》,华夏出版社 2013 年版。

约翰·梅纳德·凯恩斯:《就业利息和货币通论》,华夏出版社 2005 年版。

道格拉斯·诺斯:《交易费用政治学》,中国人民大学出版社 2010 年版。

托马斯·皮凯蒂:《21 世纪资本论》,中信出版社 2014 年版。

格泽戈尔兹·W.科勒德克:《从休克到治疗》,上海远东出版社 2000 年版。

马丁·L.威茨曼:《分享经济:用分享制代替工资制》,中国经济出版社 1986 年版。

维托·坦茨:《政府与市场》,商务印书馆 2014 年版。

苏珊·斯特兰奇:《国家与市场》,上海人民出版社 2012 年版。

赫尔曼·M.施瓦茨:《国家与市场》,江苏人民出版社 2008 年版。

阿瑟·刘易斯:《二元经济论》,北京经济学院出版社 1989 年版。

西蒙·库兹涅茨:《现代经济增长:速度、结构与扩展》,北京经济学院出版社 1989 年版。

速水佑次郎、神门善久:《发展经济学——从贫困到富裕》,社会科学文献出版社 2009 年版。

安东尼·B.阿特金森、弗兰科伊斯·布吉尼翁等:《收入分配经济学手册》,经济科学出版社 2009 年版。

罗兰·贝格、大卫·格伦斯基等:《破解收入分配难题:欧美政治、商业、工会领袖解析国民收入差距》,新华出版社 2012 年版。

亚历山大·别兹戈多夫:《地球合作计划:从可持续发展转向受控和谐》,上海交通大学出版社 2016 年版。

琳达·麦奎格、尼尔·布鲁克斯:《顶层社会:被超级富豪操控的世界》,东方出版社 2016 年版。

亚当·普沃斯基:《国家与市场》,格致出版社 2015 年版。

埃莉诺·奥斯特罗姆:《公共事物的治理之道:集体行动制度的演进》,上海三联书店 2000 年版。

爱伦·鲁宾:《公共预算中的政治:收入与支出:借贷与平衡》,中国人民大学出版社 2001 年版。

艾伦·希克:《联邦预算——政治、政策、过程》,中国财政经济出版社 2011 年版。

弗兰茨·克萨韦尔·考夫曼:《社会福利国家面临的挑战》,商务印书馆 2004 年版。

威廉·贝弗里奇:《贝弗里奇报告——社会保险和相关服务》,中国劳动社会保障出版社 2004 年版。

华莱士·E.奥茨:《财政联邦主义》,译林出版社 2012 年版。

迈克尔·麦金尼斯:《多中心体制与地方公共经济》,上海三联书店 2000 年版。

和志蓉:《为构建和谐社会我国收入分配政策必须向低收入群体倾斜》,《改革与战略》2005 年第 8 期。

岳希明、蔡萌:《垄断行业高收入不合理程度研究》,《中国工业经济》2015 年第 5 期。

唐文倩:《完善税收体制机制　促进优化国民收入分配格局》,《中国财政》2016 年第 3 期。

常兴华、李伟:《扩大中等收入者比重的实证分析和政策建议》,《经济学动态》2012 年第 5 期。

李培林:《中产阶层成长和橄榄型社会》,《国际经济评论》2015 年第 1 期。

杨宜勇、池振合:《我国收入分配面临的主要问题及其对策》,《税务研究》2010 年第 9 期。

尹焕三:《初次分配中效率与公平关系的扭曲与矫正》,《经济研究》2010

年第 4 期。

郭庆旺、陈志刚、温新新、吕冰洋：《中国政府转移性支出的收入再分配效应》，《世界经济》2016 年第 8 期。

唐龙：《深化收入分配制度改革　推进经济发展方式转变》，《经济纵横》2012 年第 1 期。

李培林、朱迪：《努力形成橄榄型分配格局——基于 2006—2013 年中国社会状况调查数据的分析》，《中国社会科学》2015 年第 1 期。

史瑞杰、韩志明：《收入分配制度改革的反思》，《政治学研究》2014 年第 3 期。

易培强：《收入初次分配要保障人民共享发展成果》，《湖南师范大学社会科学学报》2013 年第 2 期。

杨承训、李怡静：《共享发展：消除两极分化，实现共同富裕——新常态下优化公有制经济"主体"功能探析》，《思想理论教育导刊》2016 年第 3 期。

王维平、张娜娜：《"共享"发展理念下的社会分配》，《西南民族大学学报》（人文社科版）2016 年第 6 期。

王大树：《财税政策与共享发展》，《北京大学学报》（哲学社会科学版）2016 年第 2 期。

张贤明、杨博：《改革发展成果共享视域下的行政性行业垄断与规制》，《中国行政管理》2013 年第 12 期。

胡志平、甘芬：《国内共享发展若干问题研究述评》，《当代世界与社会主义》2016 年第 4 期。

李雪娇、何爱平：《政治经济学的新境界：从人的全面自由发展到共享发展》，《经济学家》2016 年第 12 期。

陈斌开、曹文举：《从机会均等到结果平等：中国收入分配现状与出路》，《经济社会体制比较》2013 年第 6 期。

张贤明、陈权：《论改革发展成果共享的三项原则》，《理论探讨》2014 年第 5 期。

肖潇：《共享发展成果须处理好劳动力市场中的三组矛盾》，《山东社会科学》2016 年第 2 期。

陈秀梅、韩克勇：《我国资本市场发展对居民收入分配结构的影响分析》，《价格理论与实践》2013 年第 8 期。

韩海燕、姚金伟：《要素市场对构建合理有序居民收入分配格局的影响研究》，《现代经济探讨》2015 年第 11 期。

张军、龙少波:《中国资本市场监管制度演变与展望》,《经济研究参考》2014 年第 4 期。

张立先、郑庆昌:《保障农民土地财产权益视角下的农民财产性收入问题探析》,《福建论坛》(人文社会科学版)2012 年第 3 期。

付文林:《最低工资、调整成本与收入分配效应的结构差异》,《中国人口科学》2014 年第 1 期。

白重恩、钱震杰:《国民收入的要素分配:统计数据背后的故事》,《经济研究》2009 年第 3 期。

蔡昉:《中国收入分配:完成与未完成的任务》,《中国经济问题》2013 年第 5 期。

李婷、李实:《中国收入分配改革:难题、挑战与出路》,《经济社会体制比较》2013 年第 5 期。

马国强、王椿元:《收入再分配与税收调节》,《税务研究》2002 年第 2 期。

吴应运、谭静:《我国财政转移支付制度探析》,《人民论坛》2016 年第 5 期。

周秋光、王猛:《当代中国慈善发展转型中的抉择》,《上海财经大学学报》2015 年第 1 期。

周雪光:《"关系产权":产权制度的一个社会学解释》,《社会学研究》2005 年第 2 期。

陈刚、李树:《中国的腐败、收入分配和收入差距》,《经济科学》2010 年第 2 期。

易定红、张维闶、葛二标:《中国收入分配秩序:问题、原因与对策》,《中国人民大学学报》2014 年第 3 期。

过勇:《当前我国腐败与反腐败的六个发展趋势》,《中国行政管理》2013 年第 1 期。

赵兴罗:《扩大内需背景下的国民收入分配格局调整》,《中南财经政法大学学报》2010 年第 2 期。

《居民收入分配差距与低收入群体问题研究》,《经济学动态》2003 年第 6 期。

夏兴园、樊刚:《论我国当前收入分配格局》,《当代财经》2002 年第 5 期。

徐慧:《转型期中国三大居民收入差距的变化及趋势》,《统计与决策》2010 年第 2 期。

沈家文、王元地、白静:《产权制度改革与收入分配差距关系的实证分析》,《国家行政学院学报》2009 年第 4 期。

孙覃玥等:《论所有制结构的经济增长效应与收入分配效应——以苏南模式和温州模式为例的实证研究》,《江海学刊》2010 年第 4 期。

何磊、王宇鹏:《谁在抑制居民的消费需求?——基于国民收入分配格局的分析》,《当代经济科学》2010 年第 6 期。

任重、周云波:《垄断对我国行业收入差距的影响到底有多大》,《经济理论与经济管理》2009 年第 4 期。

刘扬:《对近年来我国国民收入分配格局的研究——兼论税收在国民收入分配过程中的作用》,《税务研究》2002 年第 9 期。

崔军、朱志钢:《构建橄榄型收入分配格局与个人所得税改革》,《税务研究》2011 年第 9 期。

孙正、李学军:《基于"营改增"视角的流转税改革优化了国民收入分配格局吗?》,《上海经济研究》2015 年第 2 期。

王培暄:《收入差距扩大与社会结构失衡》,《南京大学学报》2012 年第 5 期。

彭爽、叶晓东:《论 1978 年以来中国国民收入分配格局的演变、现状与调整对策机》,《经济评论》2008 年第 2 期。

白重恩、钱震杰:《谁在挤占居民的收入——中国国民收入分配格局分析》,《中国社会科学》2009 年第 5 期。

施发启、张琦:《当前我国宏观收入分配格局研究》,《调研世界》2015 年第 11 期。

李清华:《国国民收入分配格局变迁研究》,《经济问题》2013 年第 8 期。

梁兆国:《工业化进程中初次分配格局演变规律的比较与探索》,《经济纵横》2011 年第 10 期。

黄俊立、何二龙:《M2 扩张与收入差距关系实证分析》,《现代管理科学》2017 年第 6 期。

周明海、姚先国、肖文:《功能性与规模性收入分配:研究进展和未来方向》,《世界经济文汇》2012 年第 3 期。

张璇、杨灿明:《行政腐败与城乡居民收入差距——来自中国 120 个地级市的证据》,《财贸经济》2015 年第 1 期。

吴建军、刘郁:《国民收入分配格局对中国经济失衡的影响》,《财政研究》2012 年第 2 期。

程名望、史清华、Jin Yanhong、盖庆恩:《市场化、政治身份及其收入效应——来自中国农户的证据》,《管理世界》2016 年第 3 期。

金晓彤、崔宏静、李茉:《新生代农民工教育型文化消费对务工收入的逆向作用机制分析——基于全国 31 省份 4268 份调查问卷》,《农业技术经济》2014 年第 9 期。

靳涛、邵红伟:《最优收入分配制度探析——收入分配对经济增长倒"U"形影响的启示》,《数量经济技术经济研究》2016 年第 5 期。

程恩富、高建昆:《论市场在资源配置中的决定性作用——兼论中国特色社会主义的双重调节论》,《中国特色社会主义研究》2014 年第 1 期。

权衡:《经济新常态与收入分配:影响机制、发展趋势和应对措施》,《中共中央党校学报》2017 年第 5 期。

孙涛:《收入分配差距与教育不均等经验研究》,《财经问题研究》2015 年第 8 期。

陈家付:《包容性增长与社会公平》,《学术界》2011 年第 1 期。

孙明慧:《共享发展的思想源流科学内涵与衡量标准》,《江西社会科学》2017 年第 11 期。

何影、韩致宁:《基于联动思维的共享发展理念与实现机制》,《行政论坛》2017 年第 6 期。

曾国安、胡伟业:《居民收入差距:影响社会稳定的最直接因素》,《汉江论坛》2013 年第 8 期。

文雯:《现阶段我国收入分配不公的来源及其经济社会影响》,《上海经济研究》2013 年第 2 期。

葛继红:《农民收入与文化消费牵扯:江苏 364 个样本》,《改革》2012 年第 3 期。

李子联、朱江丽:《收入分配与经济增长:中国经济增长模式的再解读》,《上海财经大学学报》2015 年第 4 期。

唐文进、应斌、高楠、龚强:《财政收支与中国可持续增长——财政支出、收入分配与中国经济新常态学术会议综述》,《管理世界》2016 年第 5 期。

刘辉煌、李峰峰:《动态耦合视角下的收入分配、消费需求与经济增长》,《中国软科学》2013 年第 12 期。

陈斌开:《收入分配与中国居民消费——理论和基于中国的实证研究》,《南开经济研究》2012 年第 1 期。

陈建宝、李坤明:《收入分配、人口结构与消费结构:理论与实证研究》,《上海经济研究》2013 年第 4 期。

刘穷志:《税收竞争、资本外流与投资环境改善——经济增长与收入公平分配并行路径研究》,《经济研究》2017 年第 3 期。

刘绮霞、王志伟:《经济转型期基于制度要素的收入分配差距与经济增长的相关性研究——以日本"国民收入倍增计划"为鉴》,《中央财经大学学报》2017 年第 9 期。

朱长存、马敬芝:《我国城镇居民收入分配格局演进的阶段性分析》,《经济问题》2014 年第 5 期。

李稻葵、刘霖林、王红领:《GDP 中劳动份额演变的 U 型规律》,《经济研究》2009 年第 1 期。

黄先海、徐圣:《中国劳动收入比重下降成因分析——基于劳动节约型技术进步的视角》,《经济研究》2009 年第 7 期。

李琦:《中国劳动份额再估计》,《统计研究》2012 年第 10 期。

吕冰洋、郭庆旺:《中国要素收入分配的测算》,《经济研究》2012 年第 10 期。

吕光明、李莹:《中国劳动报酬占比变动的统计测算与结构解析》,《统计研究》2015 年第 8 期。

罗长远、张军:《劳动收入占比下降的经济学解释——基于中国省级面板数据的分析》,《管理世界》2009 年第 5 期。

张车伟、张士斌:《中国初次收入分配格局的变动与问题——以劳动报酬占 GDP 份额为视角》,《中国人口科学》2010 年第 5 期。

伍山林:《劳动收入份额决定机制:一个微观模型》,《经济研究》2011 年第 9 期。

徐蔼婷:《劳动收入份额及其变化趋势》,《统计研究》2014 年第 4 期。

蔡昉:《探索适应经济发展的公平分配机制》,《人民论坛》2005 年第 10 期。

常兴华、李伟:《我国国民收入分配格局的测算结果与调整对策》,《宏观经济研究》2009 年第 9 期。

贾康、刘微:《提高国民收入分配"两个比重"遏制收入差距扩大的财税改革建议》,《行政管理改革》2011 年第 4 期。

谭晓鹏、钞小静:《中国要素收入分配再测算》,《当代经济科学》2016 年第 6 期。

谢冬水:《农地转让权、劳动力迁移与城乡收入差距》,《中国经济问题》2014 年第 1 期。

王小华、温涛、王定祥:《县域农村金融抑制与农民收入内部不平等》,《经济科学》2014 年第 2 期。

张立军、湛泳:《金融发展影响城乡收入差距的三大效应分析及其检验》,《数量经济技术经济研究》2006 年第 12 期。

李志阳、刘振中:《中国金融发展与城乡收入不平等:理论和经验解释》,《经济科学》2011 年第 6 期。

陈刚:《腐败与收入不平等——来自中国的经验证据》,《南开经济研究》2011 年第 5 期。

吴一平、芮萌:《制度差异、地区腐败与收入不平等》,《经济社会体制比较》2013 年第 2 期。

刘国光:《关于国富、民富和共同富裕问题的一些思考》,《经济研究》2011 年第 10 期。

韩军、刘润娟、张俊森:《对外开放对中国收入分配的影响——"南方谈话"和"入世"后效果的实证检验》,《中国社会科学》2015 年第 2 期。

曹博:《贸易开放度、FDI、财政分权对收入分配的影响》,《经济问题探索》2015 年第 1 期。

刘国晖、张如庆:《贸易开放如何影响了我国居民收入分配——一个马克思主义的解说》,《经济问题探索》2017 年第 5 期。

徐瑾:《国民收入分配格局演化对跨越中等收入陷阱的影响研究》,《经济问题探索》2016 年第 11 期。

刘尚希、傅志华、韩晓明等:《"十三五"期间提高居民收入和调整国民收入分配格局的方向和重点政策研究》,《经济研究参考》2015 年第 62 期。

朱富强:《市场博弈、权力结构与收入分配机制——剖解中国收入差距扩大的深层原因》,《社会科学辑刊》2015 年第 4 期。

高培勇:《论完善税收制度的新阶段》,《经济研究》2015 年第 2 期。

蔡蕾、苏文兵、李心合:《税率调整、公司避税与企业价值的关系研究——基于 2008 年企业所得税改革的经验证据》,《当代财经》2017 年第 6 期。

胡文骏:《中国个人所得税逆向调节收入分配的 PVAR 分析》,《山西财经大学学报》2017 年第 1 期。

万莹:《我国税收政策与社会保障政策收入再分配效应比较》,《税务研究》2016 年第 9 期。

张桂文、孙亚南:《二元经济转型中收入分配的演变》,《中国人口科学》2013 年第 5 期。

何玉长、史玉:《论新常态经济下的收入分配制度改革》,《深圳大学学报》(人文社会科学版)2015 年第 3 期。

蒋含明:《要素价格扭曲与我国居民收入差距扩大》,《统计研究》2013 年第 12 期。

林雪、林可全:《中国要素价格扭曲对经济失衡的影响研究》,《上海经济研究》2015 年第 8 期。

李子联:《中国收入分配格局:从结构失衡到合理有序》,《中南财经政法大学学报》2015 年第 3 期。

龚刚、杨光:《从功能性收入看中国收入分配的不平等》,《中国社会科学》2010 年第 2 期。

邹蕴涵:《我国居民消费率发展趋势分析》,《宏观经济管理》2017 年第 9 期。

刘瑞明、白永秀:《晋升激励、宏观调控与经济周期:一个政治经济学框架》,《南开经济研究》2007 年第 5 期。

程仲鸣、夏银桂:《控股股东、自由现金流与企业过度投资》,《经济与管理研究》2009 年第 2 期。

吴建军、刘郁:《国民收入分配格局对中国经济失衡的影响》,《财政研究》2012 年第 2 期。

怀仁、李建伟:《我国实体经济发展的困境摆脱及其或然对策》,《改革》2014 年第 2 期。

黄昌利、王艳萍:《改革开放 30 年中国 M2/GDP 比率问题研究:基于货币供给的视角》,《宏观经济研究》2012 年第 8 期。

陈宗胜、高玉伟:《论我国居民收入分配格局变动及橄榄形格局的实现条件》,《经济学家》2015 年第 1 期。

李强:《社会分层与社会空间领域的公平、公正》,《中国人民大学学报》2012 年第 1 期。

邓金钱:《政府主导、人口流动与城乡收入差距》,《中国人口·资源与环境》2017 年第 2 期。

杨菊华:《中国流动人口的社会融入研究》,《中国社会科学》2015 年第 2 期。

朱高林、邢立维:《新常态下我国居民收入分配格局的新变化》,《上海经济研究》2016 年第 11 期。

张慎霞、耿国华、朱艳红:《经济新常态下收入分配改革的挑战、机遇与对策》,《经济纵横》2016年第2期。

李培林、朱迪:《努力形成橄榄型分配格局——基于2006—2013年中国社会状况调查数据的分析》,《中国社会科学》2015年第1期。

张明斗、王姿雯:《新型城镇化中的城乡社保制度统筹发展研究》,《当代经济管理》2017年第5期。

王珺红、唐满、张磊:《中国社会保障制度真的"失灵"了吗?——初次分配、再分配与城乡收入差距的关系研究》,《首都经济贸易大学学报》2014年第6期。

于海峰、崔迪:《规范收入分配秩序 推进收入分配改革》,《税务研究》2011年第3期。

王首元、王庆石:《灰色收入测算新模型:中国的应用——基于比例效用理论视角》,《财贸研究》2014年第5期。

王小鲁:《灰色收入与国民收入分配:2013年报告》,《比较》2013年第5期。

王少国、张捷:《灰色收入形成机理及其对收入分配的影响研究》,《学习与探索》2017年第11期。

张晓雯、马万里:《中国的国民收入分配:格局新测与对策选择》,《经济与管理评论》2014年第1期。

谢攀、李文溥、龚敏:《经济发展与国民收入分配格局变化:国际比较》,《财贸研究》2014年第3期。

孙迎联:《以慈善捐助为视角的收入分配社会机制研究》,《江苏行政学院学报》2013年第3期。

曲顺兰、张莉:《税收调节收入分配:对个人慈善捐赠的激励》,《税务研究》2011年第3期。

吕光明、李莹:《我国收入分配差距演变特征的三维视角解析》,《财政研究》2016年第7期。

田卫民:《测算中国国民收入分配格局:1978—2006》,《财贸研究》2010年第1期。

林毅夫:《政府与市场的关系》,《国家行政学院学报》2013年第6期。

任太增:《政府主导、企业偏向与国民收入分配格局失衡——一个基于三方博弈的分析》,《经济学家》2011年第3期。

邱海平、李民圣:《马克思的资本流通理论与政府经济职能》,《经济学家》2015年第1期。

刘世锦：《"新常态"下如何处理好政府与市场的关系》，《求是》2014 年第 18 期。

程恩富、孙秋鹏：《论资源配置中的市场调节作用与国家调节作用——两种不同的"市场决定性作用论"》，《学术研究》2014 年第 4 期。

宋晓梧：《政府对初次分配大有可为》，《求是》2011 年第 2 期。

蔡继明：《我国当前分配不公的成因和对策》，《中共中央党校学报》2010 年第 3 期。

王晓丹、金喜在：《我国收入分配格局存在的问题及对策研究》，《当代经济研究》2011 年第 3 期。

陈理：《十八大以来习近平关于民生建设的新思想新举措》，《党的文献》2015 年第 3 期。

程恩富、胡靖春、侯和宏：《论政府在功能收入分配和规模收入分配中的作用》，《马克思主义研究》2011 年第 6 期。

陈享光：《论建立公平与效率协调统一的收入分配制度》，《经济理论与经济管理》2013 年第 1 期。

陈志舟：《十八大报告在调整收入分配关系方面提出的基本原则、具体要求、基本思路和新亮点》，《财经科学》2013 年第 1 期。

崔军、朱志钢：《中国个人所得税改革历程与展望——基于促进构建橄榄型收入分配格局的视角》，《经济与管理研究》2012 年第 1 期。

高祖林：《更加注重社会公平积极促进社会和谐——党的十六大以来处理收入分配问题政策取向的几点思考》，《毛泽东邓小平理论研究》2006 年第 6 期。

刘承礼：《改革开放以来我国收入分配制度改革的路径与成效——以公平与效率的双重标准为视角》，《北京行政学院学报》2009 年第 1 期。

戎生贤、洪远朋、陶友之：《我国当前收入分配中的问题与治理探析》，《复旦学报》（社会科学版）2014 年第 5 期。

吴敬琏：《中国的发展方式转型与改革的顶层设计》，《北京师范大学学报》（社会科学版）2012 年第 5 期。

谢旭人：《深化收入分配制度改革努力形成合理有序的收入分配格局》，《中国财政》2008 年第 5 期。

杨斌：《我国收入分配状况的纠正：公共服务均等化还是税收调节——兼论改变经济全球化中生产要素流动的非对称性对纠正收入分配的作用》，《税务研究》2013 年第 1 期。

张怀民、杨丹:《我国收入分配差距扩大问题研究》,《理论探讨》2013 年第
1 期。

张贤明、邵薪运:《改革发展成果共享与政府责任》,《政治学研究》2010 年
第 6 期。

张贤明、邵薪运:《共享与正义:论有尊严地共享改革发展成果》,《吉林大
学社会科学学报》2011 年第 1 期。

郭广银、王月清:《论坚持"以人民为中心"的发展思想》,《理论学刊》2017
年第 7 期。

李德章、梁尚敏、范亚骏:《中国非税收入改革及规范化管理研究》,《经济
参考研究》1999 年第 18 期。

李玲:《当前中国调节收入分配差距的公共政策:存在的问题与完善路
径》,《社会主义研究》2015 年第 2 期。

杨雄:《经济"新常态"下中国社会发展面临的挑战及政策涵义》,《社会科
学》2015 年第 7 期。

杨雷:《国家治理现代化中的预算制度:美国预算改革的经验和教训》,
《财政研究》2015 年第 7 期。

华国庆:《地方债危机:中央政府"救"与"不救"的权衡》,《武汉大学学报》
(哲学社会科学版)2014 年第 3 期。

王永友、史君:《"文化共享"理念的理论演进与实践逻辑》,《南京社会科
学》2016 年第 1 期。

辛鸣:《论当代中国发展战略的构建》,《中国特色社会主义研究》2016 年
第 1 期。

田杨群、曹顺霞:《提高劳动报酬在初次分配中的比重若干问题探析——
基于完善收入分配制度的视角》,《学术交流》2013 年第 1 期。

马桑:《国外公共服务均等化研究的经济学路径》,《天津社会科学》2012
年第 1 期。

张国清:《分配正义与社会应得》,《中国社会科学》2015 年第 5 期。

阎建军:《国际基本医疗保障制度改革趋同:对"三条道路"的解析》,《金
融评论》2013 年第 3 期。

余益伟:《再分配制度的结构、关系与功能:瑞美德三国比较与镜鉴南》,
《当代经济管理》2017 年第 11 期。

郑功成:《社会保障与国家治理的历史逻辑及未来选择》,《社会保障评
论》2017 年第 1 期。

郑功成:《当代社会保障发展的历史观与全球视野》,《经济学动态》2011年第 12 期。

王秀云:《借鉴国际经验缩小我国收入分配差距的思考》,《中央财经大学学报》2010 年第 8 期。

朱恒顺:《慈善组织分类规制的基本思路——兼论慈善法相关配套法规的修改完善》,《中国行政管理》2016 年第 10 期。

党生翠:《慈善组织信息公开的新特征:政策研究的视角》,《中国行政管理》2015 年第 2 期。

游祥斌、刘江:《从双重管理到规范发展——中国社会组织发展的制度环境分析》,《北京行政学院学报》2013 年第 4 期。

安体富、蒋震:《影响我国收入分配不公平的若干产权制度问题研究》,《财贸经济》2012 年第 4 期。

曹志瑜:《当代中国既得利益集团形成的内在机理及防治思路》,《领导科学》2013 年第 5 期。

陈维涛、彭小敏:《户籍制度、就业机会与中国城乡居民收入差距》,《经济经纬》2012 年第 2 期。

陈斌开、林毅夫:《金融抑制、产业结构与收入分配》,《世界经济》2012 年第 1 期。

陈新、周云波、陈岑:《中国收入分配中的主要问题及收入分配制度改革》,《学习与探索》2014 年第 3 期。

褚初敏、靳涛:《政府悖论、国有企业垄断与收入差距——基于中国转型特征的一个实证检验》,《中国工业经济》2013 年第 2 期。

郭庆旺、吕冰洋:《论要素收入分配对居民收入分配的影响》,《中国社会科学》2012 年第 12 期。

赖文燕:《要素市场配置与我国城乡居民收入差距研究》,《当代财经》2012 年第 5 期。

庞圣民:《城乡高等教育机会不平等(1977—2008)》,《社会》2016 年第 5 期。

邵红伟、靳涛:《收入分配的库兹涅茨倒 U 曲线是必然还是或然——力量对比决定的一般趋势和特殊演变》,《经济管理》2016 年第 6 期。

薛宝贵、何炼成:《公共权力、腐败与收入不平等》,《经济学动态》2015 年第 6 期。

张国献:《利益协调视域下城乡生产要素双向自由流动机制研究》,《当代经济科学》2012 年第 5 期。

张曙光、程炼:《中国经济转轨过程中的要素价格扭曲与财富转移》,《世界经济》2010 年第 10 期。

章上峰、陆雪琴:《中国劳动收入份额变动,技术偏向抑或市场扭曲》,《经济学家》2016 年第 9 期。

赵卓:《利益集团、行政性垄断与规制改革》,《理论探讨》2009 年第 3 期。

朱金霞、吕康银、李盛基:《我国城乡居民收入差距及其分解》,《技术经济与管理研究》2014 年第 12 期。

Simon Smith Kuznets, Economic growth and income inequality, *The American Economic Review*, 1955, 45(1), pp.1-28.

Lewis W A., Economic Development with Unlimited Supplies of Labour, *The Manchester School*, 1954(2), pp.139-191.

Davoodi H R, Gupta S, Chu K., Income Distribution and Tax and Government Social Spending Policies in Developing Countries, *Research Paper*, 2000(2), pp.1-46.

Cornia G A., *Inequality, Growth and Poverty in an Era of Liberalization and Globalization*, Knala Lunpur: Oxford University Press, 2004.

Kappel V., The Effects of Financial Development on Income Inequality and Poverty, *Ssrn Electronic Journal*, 2010(2), pp.1-35.

Kyriacou A, Muinelogallo L, Rocasagalés O., On the redistributive efficiency of fiscal policy, *Mpra Paper*, 2015(8), pp.1-24.

Olivier Blanchard, Francesco Giavazzi., Rebalancing Growth in China: A Three-Handed Approach, *China & World Economy*, 2006(4), pp.1-20.

Buchanan J M., Rent seeking and profit seeking, Toward a theory of the rent-seeking society, 1980(3), p.15.

Abner D.Soares, Newton J.Moura, Marcelo B.Riberio., Tsallis statistics in the income distribution of Brazil, Chaos, *Solitions & Fractals*, 2016(88), pp.158-171.

Bogdan Oancea, Tudorel Andrei, Dan Pirjol., Income inequality in Romania: The exponential-Pareto distribution, *Physical A: Statistical Mechanics and its Applications*, 2017(469), pp.486-498.

Donatella Baiardi, Claudio Morana., Financial development and income distribution inequality in the euro area, *Economic Modelling*, 2017(45), pp. 352-363.

Dustin Chambers, Shatakshee Dhongde., Convergence in income distributions: Evidence from a panel of countries, *Economic Modelling*, 2016 (59), pp.262-270.

Emiliano Brancaccio, Nadia Garbellini., Structural labour market reforms, GDP growth and the functional distribution of income, Structural Change and Economic Dynamics, 2017(21), pp.245-258.

Galor.O., Zeira., Income Distribution and Macroeconomics, Review of Economic Studies, 1993, pp.35-52.

Kate E.Pickett, Richard G.Wilkinson., Income inequality and health: A causal review, *Social Science & Medicine*, 2015(128), pp.316-326.

Klaus Grundler, Sebastian Kollner., Dereminants of governmental redistribution: Income distribution, development levels, and the role of perceptions, *Journal of Comparative Economics*, 2017, 45(4), pp.930-962.

Stefan Baumgartner, Moritz A. Drupp, Jasper N. Meya., Income inequality and willingness to pay for environmental public goods, *Journal of Environmental Economics and Management*, 2017(85), pp.35-61.

Yemane Wolde-Rufael, Samuel Idowu., Income distribution and CO_2 emission: A comparative analysis for China and India, Renewable and Sustainable Energy Review, 2017(74), pp.1336-1345.

Yue Liu., The impact of income distribution on structural transformation: the role of extensive margin, *Economic Modelling*, 2017 (64), pp.357-364.

Alesina A, Perottio R., Income Distribution, Political Instability, And Investment, *European Economic Review*, 1993, 40(1995_22), pp.1203-1228.

Jakobsen T G., Education And The Zeitgeist: Government Positions And Public Opinion On Income Distribution, *European Political Science Review*, 2011, 3(1), pp.103-124.

Jongl Y, Dutt A K., Government Debt, Income Distribution And Growth, Cambridge Journal Of Economics, 1996, 20(3), pp.335-351.

Coase R H. The Nature Of The Firm, Economica, 1937, 4(16), pp.386-405.

Leibfritz W. Generational Accounting Around The World, *American Economic Review*, 2000, 89(89), pp.161-166.

Richard W. Tresch. Public Sector Economics, Business publication Inc. 2008.

Takashi Oshio. Income inequality. perceived happiness. and self-rated health: evidence from nationwide surveys in Japan, *Social science & medicine*. 2010(5). Volume 70. Issue 9, pp.1358-1366.

Guscina. A. Effects of Globalization on Labor's Share in National Income, IMF Working Papers. 2006, 06(294).

Simon Kuznets., Economic Growth and Income Inequality, *The American Economic Review*. 1955, 45(1), pp.1-28.

Nicholas Kaldor., Alternative Theories of Distribution. *The Review of Economic Studies*. 1955, 23(2), pp.83-100.

Davoodi H. Zou H., Fiscal Decentralization and Economic Growth. A Cross Country Study. Journal of Urban Economics. 1998, 43(2), pp.244-257.

Hassan. F. M. A., Effects of Personal Income Tax on Income Distribution; Example from Bulgaria. *Contemporary Economic Policy*. 1996, 14(4), pp.17-28.

Clark. T. & Leicester. A. Inquality and Two Decades of British Tax and Benefits Reform, Fiscal studies. 2004, 25(2), pp.129-158.

Danzigen S. & Haveman. R. & Plotnick. R., How Income Transfer Programs Affect Work. Savings. and The Income Distrbution. A Critical Review, Journal of Economic literature. 1981. 19, pp.975-1028.

Cashion. P. & Sahay., Regional Economic Growth and Convergence in India. Finance and Development, 1996. 33, pp.49-52.

Caminada. K.. K. Goudswaard & C. Wang., Disentangling income inequality and the redistributive effect of taxes and transfers in 20 LIS countries over time, LIS Working Paper Series. NO. 581.

Bach S. Grabka M. Tomasch E., Tax and Transfer System. Considerable Redistribution Mainly Via Social Insurance, DIW Economic Bulletin. 2015(3).

Francisco Bastida and Bernardino. Central Government Budget Practices and Transparency. An International comparison, Public Administration, 2007 (8).

Fisher, Anthony C., *Environmental and Natural Resource Economics*. Cambridge: Cambridge University Press, 1981.

M.G..J. den Elzen, A.P.G.. de Moor. The Bonn Agreement and Market under the Marrakech Accords: An updated analysis. RIVM report, 2001(9), pp.31-32.

Webb, Sidney and Beatrice, *Industrial Democracy*, Longman, London, 1897.

Bamber, G., & Sheldon, P., Collective Bargaining: An International Analysis, in Blanpain (eds), Comparative Labour Law and Industrial Relations in Industrialied Market Economies. Kluwer Law International, 2007.

Barry D.Karl and stanley N. Katz, The Ameriean Private Philanthropic Foundations and the Public sphere, 1890—1930, Minerva, 1981.

附录　构建橄榄型分配格局研究①

　　收入分配格局指一个国家或地区的政府、企业和居民三者在国民收入初次分配和再分配中的分配比例关系。收入分配格局是否合理，对一个国家或地区投资消费比例、协调统筹发展、效率和公平认知等具有重要影响。改革开放以来，我国经济发展取得了举世瞩目的成就，居民收入水平显著提高，但与此同时，收入分配差距扩大，居民收入在国民收入分配中的比重持续下降，收入分配秩序不规范，宏观收入分配格局失衡。《中共中央关于全面深化改革若干重大问题的决定》指出，必须以促进社会公平正义、增进人民福祉为出发点和落脚点，加快社会事业改革，解决好人民最关心最直接最现实的利益问题，努力缩小城乡、区域、行业收入分配差距，逐步形成橄榄型分配格局，实现发展成果更多更公平惠及全体人民。② 这为我国完善收入分配制度、形成合理有序的分配格局明确了方向。

一、坚持共享发展与构建橄榄型分配格局

　　坚持共享发展是构建橄榄型分配格局的理念指导。党的十八届五中全会提出创新、协调、绿色、开放、共享的发展理念，集中体现了今后我国的发展思路、发展方向、发展着力点，是我国经济社会发展必须长期坚持的重要遵循。共享发展要求"发展为了人民、发展依靠人民、发展成果由人民共享，作出更有效的制度安排，使全体人民在共建共享发展中有更多获得感，增强发展动力，增进人民团结，朝着共同富裕方向稳步前进"③，这也是构建橄榄型分配格局所必须坚持的理论指导。橄榄型分配格局指低收入者和高收入者相对较少，中等收入者占多数的收入分配结构。构建橄榄型分配格局，应扩大中等收入

---

①　原文发表于《中国高校社会科学》2016 年第 4 期，作者：黄新华。

②　《中共中央关于全面深化改革若干重大问题的决定》，《人民日报》2013 年 11 月 16 日。

③　《中共十八届五中全会在京举行》，《人民日报》2015 年 10 月 30 日。

者的比重,增加低收入者的收入,使低收入群体通过共享发展成果实现向上流动,上升为中等收入群体,这是构建橄榄型分配格局的关键环节,也是落实共享发展理念所必须坚持的政策取向。毋庸讳言,之所以提出共享发展成果,是因为我国现阶段的诸多社会矛盾和冲突,在很大程度上由未能实现发展成果由人民共享所致。2000 年我国的基尼系数就已超过 0.40 的警戒线,2016 年国家统计局发布的数据显示,2015 年我国基尼系数已达 0.462。[①] 如果不能有效地解决收入差距问题,实现发展成果由人民共享,社会风险将因积累而不断放大。因此,缩小差距、协调利益分配、促进社会和谐发展,必须充分认识坚持共享发展的战略意义。只有坚持共享发展,才能找到促进合理有序分配格局形成的良方;只有让全体国民共享国家改革开放的成果,才能逐步建立健全橄榄型分配格局。

构建橄榄型分配格局是坚持共享发展的必然要求。党的十八大报告明确提出:"实现发展成果由人民共享,必须深化收入分配制度改革。"[②]在橄榄型分配格局中,低收入阶层在社会安全网的支持下改善消费状况,接近中等收入阶层的生活,高收入阶层在一系列再分配政策调控下,缩小其与其他阶层之间的收入差距。[③] 从经济分析的角度看,发展成果共享体现了公平分配社会物质财富、形成合理有序的分配格局、逐步消除贫富差距、最终实现共同富裕的物质追求。构建橄榄型分配格局的目标,就是要合理分配社会财富,扶持低收入、限制过高收入、取缔非正常收入,促进社会阶层良性流动。一个由全体人民共享发展成果的社会,能够激励社会成员发展生产、创造财富的热情。如果发展成果共享不足,就会削弱人们创造财富的积极性。改革开放以来,我国经济持续增长,财富不断累积,但是经济高速发展的成果还没有完全实现全体人民共享,收入差距的扩大与实现社会主义共同富裕的目标不相符,必须加大再分配调节力度,使发展成果更多更公平惠及全体人民,建立合理有序的橄榄型分配格局。

总的来说,坚持共享发展与构建橄榄型分配格局是内在一致的。不能实现人民共享发展成果,就谈不上构建橄榄型分配格局。这是因为发展成果共享意味着收入差距合理,社会和谐稳定。在市场经济条件下,收入差距是不可

---

① 《基尼系数降至 13 年来最低》,《第一财经日报》2016 年 1 月 20 日。

② 胡锦涛:《坚定不移沿着中国特色社会主义道路前进 为全面建成小康社会而奋斗》,《人民日报》2012 年 11 月 8 日。

③ 李培林、张翼:《建成橄榄型分配格局问题研究》,《江苏社会科学》2014 年第 5 期。

避免的,然而差距过大则易引发社会不满。强调共享发展,实质是对发展成果进行更加公平的分配,使每一个劳动者都能够享有与自己贡献相应的回报。通过构建橄榄型分配格局,消除城乡、区域、行业之间的收入差距,实现发展成果更多更公平地惠及全体人民,可以把个体利益与整体利益有机地结合起来,建立一种新型的利益协调分配机制,鼓励每一个个体在共享发展成果中努力追求自己的经济社会利益,使每一个劳动者充分发挥自己的聪明才智,从而促进经济不断增长和国民财富增加。

二、构建橄榄型分配格局面临的深层次问题

收入分配格局调整涉及重大的利益关系变革。从初次分配来看,需要破除垄断对收入分配的影响,调整资本与劳动的基本利益关系;从再分配来看,需要调整政府、企业和居民的分配关系。在坚持共享发展的理念下构建橄榄型分配格局,实质上是基本利益关系格局的调整,这需要处理好劳动与资本、城市与农村、政府与市场等重大关系,推动相关领域改革向纵深发展,这也必然会受到既得利益的阻碍和干扰,因此必须对制约收入分配格局调整的各种因素或障碍进行深入分析,厘清构建橄榄型分配格局所面对的深层次矛盾和问题。

1. 城乡二元经济结构

计划经济时期形成的户籍制度人为地将城市和农村分割开来,阻碍了劳动力的自由流动,造成劳动力市场的分割。改革开放以后,尽管户籍制度改革有所推进,农民可以进入城市寻找工作,但户籍制度所形成的许多障碍并未消除,农民工在与城市居民的竞争中处于不利地位,大部分农民工只能从事城市居民不愿意从事的脏累险工作且收入微薄。即便农民工与城市居民从事同样的工作也同工不同酬,农民工的工资及福利待遇远低于城市居民。因为就业、社会保障、教育等相关政策都是建立在户籍制度的基础上,具有明显的城乡二元特征,城乡居民享受的基本公共服务不均等,导致城乡居民之间的收入差距呈累积性扩大趋势。与此同时,国家积极扶持城市发展,对于农村农业虽然也很重视,但投入相对不足。为了转化农业剩余,价格"剪刀差"曾经成为政府经常使用的手段,这实质上是一种不等价交换,使得工农产品在交换过程中,工业品价格高于其价值,农产品价格低于其价值。[①] 在此情况下,农产品难以在

---

① 于国安:《我国现阶段收入分配问题研究》,中国财政经济出版社 2010 年版,第112 页。

市场交易中反映出其应有的价值,农民难以从农产品中获取较高利润,这就严重制约了农业的发展。因此,实现发展成果共享,构建橄榄型分配格局,必然要求城市乡居民享有同等的待遇,为破除城乡二元体制作出合理的制度安排。

2. 要素市场的缺陷

完善的要素市场可以促进资源配置依据市场规则、市场价格、市场竞争实现效率最大化和效益最优化,但是经济体制改革至今,我国的要素市场依然不完善。在要素市场中,劳动力是最基本的生产要素,但是目前我国劳动力市场不健全,劳资关系尚未完全理顺,劳动收入占比在初次分配中的比重持续下降。与此同时,企业也未建立职工工资正常增长机制,压低、拖欠工人工资的情况时有发生。从资本市场来看,居民财产性收入偏低,这与利率管制、资本市场监管不力密切相关,因为我国居民财产性收入主要来源于利息收入和房产收入。就利息收入而言,较高的存贷利差使银行可以轻易地集聚大量资本,但也意味着社会其他资本收益会相应减少。从房产收入上看,居民的房产收入获得并不稳定,房地产市场波动较大,通过房产获得收入的群体只是少部分人。此外,我国资本市场中,上市公司的治理结构尚未形成完整的法律规范,侵害中小股东利益的现象并不少见,居民难以通过资本市场获得更多的财产性收入。[①] 偏低的资源定价不能反映市场供求关系与资源稀缺程度,反而导致要素价格的扭曲和低效率使用。尤其是在土地资源的定价中,在不完全的土地交易市场和不明晰的产权制度下,农民无法分享土地非农化的增值收益,土地财产收益被侵蚀。

3. 行政性垄断的存在

改革开放以来,在计划经济体制向市场经济体制转轨的进程中,行政权力介入经济资源配置导致了行政性垄断的产生,政府依靠行政手段和行政组织对宏观经济变量和微观经济活动加以控制。这种行政性垄断主要源自相关行业依据行政权力通过各种市场准入规则及国家法律对劳动力定价施加影响,并对劳动力市场均衡产生影响。[②] 20 世纪 90 年代以来,电信、电力、金融、保险、民航、铁路等行业,由于存在行政垄断而获取了高额利润。行政性垄断的收入分配效应加剧和固化收入分配的不公平。垄断行业拥有有利的市场优势,使其在价格制定上享有绝对控制权,出于企业利益最大化的考虑,垄断行

[①] 余斌、陈昌盛:《国民收入分配困境与出路》,中国发展出版社 2011 年版,第 76 页。

[②] 崔友平:《行业行政垄断对收入分配的影响及对策》,《中共中央党校学报》2015 年第 6 期。

业往往通过提价来获取超额利润,进而将成本转嫁给消费者。

4. 税制结构的问题

税收不仅是财政收入的主要形式,在收入分配方面也发挥着重要的调节作用。但是我国税制结构不合理,致使税收在调节收入分配方面的力度受到限制。我国现行税制结构主要以间接税为主,直接税的比重较小。但是一般来说,在调节收入分配方面,直接税能发挥更大效用,间接税则在增加财政收入方面的效用比较突出。与发达国家相比,我国直接税的占比过低,间接税占比过高,导致整体税制调节收入分配的效果较差。我国的个人所得税虽然是直接税的典型税种,但调节收入差距的效果甚微,从表面上看,高收入阶层缴纳的个税绝对数额相对较高,但其所得税税率却并不是很高。[1] 在个人所得税之外,绝大多数间接税并没有调节收入差距的能力,甚至扩大了收入差距,因为间接税更容易转嫁给低收入人群,[2]使得他们的间接税税率相对较高,加上我国目前尚未开征遗产税、财产税等,个人所得税仅能调节收入增量,不能调节财富存量。

5. 财政支出作用有限

近年来,虽然政府对教育、医疗卫生和社会保障等方面的支出保持较快增长,但这些支出占财政总支出的比重并没有发生太大的变化,这说明财政支出还难以有效发挥调节收入分配的职能。[3] 更重要的是,现阶段我国各级政府之间财权与事权划分不对称,进一步制约了财政支出在调节收入分配方面的作用。在中央财力集中的同时,地方各级也逐次对基层政府进行财力集中,省级政府通过分税增量分成、地方税按比例集中等形式,对市县和乡镇既得财力进行集中,而社会管理和公共服务责任却逐级下放,基层政府的财政收支矛盾日益突出,基层财政负债快速上升。[4] 财权和事权的不匹配导致公共服务供给扭曲,公共服务不均等化进一步加剧了收入分配的不公平,不能保障人民共享经济发展成果。此外,财政转移支付制度不健全,专项转移支付规模过大、种类繁多、透明性差、分配公式不完善、资金投向分散等问题,也在一定程度上

---

[1] 谷成:《财政分权与中国税制改革研究》,北京师范大学出版社 2012 年版,第120 页。

[2] 徐建炜、马光荣、李实:《个人所得税改善中国收入分配了吗——基于对 1997—2011 年微观数据的动态评估》,《中国社会科学》2013 年第 6 期。

[3] 余斌、陈昌盛:《国民收入分配困境与出路》,中国发展出版社 2011 年版,第 66 页。

[4] 谷成:《财政分权与中国税制改革研究》,北京师范大学出版社 2012 年版,第72 页。

扩大地区间收入水平和公共服务水平差距。[1]

6. 收入分配秩序不规范

改革开放以来,在按劳分配与按要素分配相结合的收入分配政策作用下,人们的收入趋向多元化,除了劳动收入、货币收入、财产性收入,还包括金融资产以及各种其他经营性财产收入、保障性收入、转移性收入。但是在收入来源多元化的同时,收入分配秩序的不规范也形成了一些不合理不透明的非法收入,以及由权力寻租、腐败滋生等非市场因素产生的隐性收入和灰色收入(非正常收入)。非法收入指在现行法律条件规定下不合法,但利用制度不完善获取的收入;非正常收入指表面合法但不合理的收入,如集团消费转化为个人消费、回扣等。[2] 收入分配秩序的不规范导致了收入差距的非正常扩大,在收入分配初次环节存在不公平的情况下,这就进一步制约了再分配的调节功能。因为税收作为再分配领域重要调节工具,只能对合法收入差距起到调控作用,对于非法和非正常收入则是无能为力。换言之,非法和非正常收入的存在使得初次分配不均,再次分配失效,收入分配差距进一步扩大。

三、构建橄榄型分配格局的路径

在共享发展的理念指导下构建橄榄型分配格局,需要改善初次分配结构,提高劳动报酬在分配中的比重;需要调整政府、企业、居民在国民收入中的分配关系,提高居民收入在国民收入中的比重;需要加快垄断行业改革,完善以税收、社会保障、转移支付为主要手段的再分配调节机制,规范收入分配秩序。

1. 提高劳动报酬在初次分配中的比重

从理论上说,在市场主导的初次分配中,劳动者作为独立的经济主体,其收入的多寡应由市场决定,而不应由政府干预。但是劳动报酬较为特殊,其高低不仅是简单的经济问题,更是影响收入分配差距的深层次社会问题。马克思主义认为,劳动报酬的保障需要在初次分配中得到强化,因为生产要素收益与劳动报酬支付的关系是最基本的初次分配关系,收入分配改革要不断提高

---

[1] 于国安:《我国现阶段收入分配问题研究》,中国财政经济出版社 2010 年版,第113 页。

[2] 陈宗胜、周云波:《非法非正常收入对居民收入差别的影响及其经济学解释》,《经济研究》2001 年第 4 期。

劳动报酬在初次分配中的比重。[①]一要健全企业职工收入保障机制,进一步完善由最低工资标准、最低福利津贴以及社保缴费等构成的企业职工收入保障机制,根据国家经济发展、企业利润增加、人民生活水平的提高,相应提升最低工资的标准,提高劳动者劳动保障和福利待遇水平,扭转劳动报酬偏低、初次分配比重失衡的格局。二要形成合理的工资增长机制,使工资增长幅度与企业经济效益、劳动生产率以及物价水平相吻合,尤其是要加大力度解决中小企业劳动者的工资收入及增长问题,建立进城务工人员工资增长机制,保障企业退休职工的收入水平,对于落实工资增长机制的企业给予相应的税收减免,形成劳资双方共创、共享企业财富的新模式。三要探索建立劳动者利益协调机制,构建由政府、工会、职工组成的三方谈判机制,为劳资双方提供利益诉求途径,解决职工工资、福利和社保等利益协调问题,通过制度化的协商,最大限度地满足各方基本利益,使劳动者通过合理、合法的途径提高劳动报酬。四要健全劳动者职业技能培训制度,因为提高劳动者的职业技能是提高劳动生产率的重要途径,劳动生产率提高了,劳动报酬自然水涨船高,因此政府要创设条件,制定优惠政策,支持并促进社会力量办学,大力发展职业培训学校,积极推动就业创业培训,逐步形成"市场引导培训,培训促进就业"的良性机制。

2. 提高居民收入在国民收入中的比重

20 世纪 90 年代中期以来,政府、企业和居民的收入分配比例关系中,居民收入持续下降,因此实现发展成果共享,构建橄榄型分配格局,必须调整政府、企业与居民之间的分配关系。要着力改革财政税收体制,从收支两方面调整政府和居民的收入分配关系。在政府收入上,要取消不合理收费,把国有企业上缴利润、土地出让金收入等纳入财政预算收入。在政府支出上,要建立公共服务型预算,逐步提高用于社会保障和其他民生建设的额度和比例,加强对党政公务和行政性管理支出的控制。[②]鉴于初次分配利益关系复杂,推进改革要积极稳妥、统筹处理和平衡各方面利益关系。在此基础上,要积极发展和建立健全土地、资本、劳动力、资源等要素市场,从广度和深度上推进要素市场化改革,大幅度减少政府对资源的直接配置,发挥市场在资源配置中的决定性作用,促使要素价格的形成趋于合理。与此同时,要拓宽投资渠道,创造条件让更多群众拥有财产性收入。在农村,必须积极探索建立土地、林权、房产等

---

① 厉以宁:《收入分配制度改革应以初次分配改革为重点》,《经济研究》2013 年第 4 期。

② 苏海南:《收入分配之我见》,中国财政经济出版社 2011 年版,第 47 页。

资产要素市场化的机制,推进农村金融和土地管理制度的改革创新,增加农民的资产性收入,并通过培育农民新型合作经济组织,积极拓宽富民渠道,鼓励集体经济组织和农民投资标准厂房和物业,推进宅基地流转、置换方式创新,努力增加农民财富积累。在城镇,关键是要深化金融体系改革,加快建立健全多层次金融市场,积极开展财富管理活动,扩展居民金融投资渠道,提高居民的股息、利息、红利、土地租金等财产性收入。

3. 完善税收、社会保障、转移支付等再分配调节机制

收入再分配作为宏观调控的主要手段,是深化收入分配改革的重点,对于实现发展成果共享和构建橄榄型分配格局具有重要意义。必须完善以税收、社会保障、转移支付为主要手段的再分配调节机制。第一,加大税种改革力度,增强税收调节收入分配功能。税收在收入分配调节中具有不可替代的作用,构建橄榄型分配格局,必须建立分类所得与综合所得相结合的个人所得税制,将工资薪金所得、财产性收入、金融资产所得等各种收入统筹考虑。必须建立健全财产税体系,根据实际情况稳步推进房产税,择机开征遗产税和赠与税。必须调整消费税征收范围,取消对部分生活必需品的征税,扩展奢侈消费品或高档服务的税基,适当增设新税目,考虑将高档别墅、私人飞机等超越大众生活水平高消费项目列入增税范围,在完善现有税种的基础上,建立包括收入、消费、财产等多环节全方位的税制体系。第二,完善社会保障制度,建立健全社会安全网。社会保障制度不健全已成为低收入阶层共享发展成果的一个瓶颈,也成为阻碍阶层流动的一个重要原因。实现发展成果共享必须加大社会保障投入,建设覆盖城乡居民的社会保障体系,在完善"补救型"模式的基础上,逐渐向"普救型"模式转变,建立人人享有的社会保障制度,扩展保障内容,逐步建立有利于提升公众能力的社会福利制度,形成相对公平的养老保险制度、医疗保障制度和城乡一体化的社会救助制度。第三,完善财政转移支付制度,促进基本公共服务均等化。应尽快出台《财政转移支付法》,以法制化保障转移支付的科学性和有效性,逐步形成以一般性转移支付为主的财政转移支付模式,将部分财力性转移支付和专项转移支付整合归并到一般性转移支付中,从而增强基层政府统筹安排财力、提供公共服务的能力。为确保转移支付的公正合理,可以考虑设立专门的财政转移支付机构,在中央政府和地方政府之间设置一个缓冲区,赋予该机构一定的管理职责,提高转移支付资金的使用效率。

4. 建立不合理不合法收入的限制性机制

规范收入分配秩序,形成合理有序的橄榄型分配格局,实现发展成果共享还必须建立不合理不合法收入的限制性机制,通过制度建设规范收入分配秩序。限制性机制主要体现在两个方面:一是限制过高的不合理收入;二是规范政府权力,削弱行政权力对经济活动的干预和对资源的垄断与控制,抑制权力寻租,形成公开透明、公正合理的收入分配秩序。从限制过高收入上看,必须深化垄断行业改革,切断垄断企业与政府部门的特殊联系,消除行政性垄断的体制基础,规范市场准入条件,强化竞争机制,完善企业法人治理结构,促进垄断行业竞争机制的建立。垄断行业的高收入来源于垄断利润和对所有者剩余的占用,对此必须提高资源税税率和垄断企业上缴利润的比例,通过上调垄断利润和加大税收征管力度,限制行政性垄断行业的过高收入,政府应统一核定垄断行业的工资总额和工资水平,实行分级分类管理,加强对企业财务和收入分配的审计和监督检查,规范垄断行业薪酬制度。① 从抑制非法收入上看,必须控制权力寻租,因为寻租会导致资源配置扭曲。权力寻租在世界各国都是一个严重的社会问题,我国由于法律尚不健全,制度仍未完备,权力寻租现象仍然突出。我国收入分配的各种问题背后,似乎都有权力运行不规范的因素。② 因此抑制权力寻租,取缔非法收入,是我国收入分配改革的一项重要任务。从根本上而言,必须通过制度创新,加大寻租成本,降低寻租收益,使寻租者不愿为、不敢为、不能为,因此必须全面深化经济体制和行政体制改革,创造公平、开放、透明的市场竞争环境,清理不必要的行政审批,消除租金存在的土壤,通过健全和完善法律法规,惩治和预防寻租行为,维护正常的分配秩序。

---

① 王琳、宋守信:《新常态下收入分配制度改革的价值取向与对策》,《山东社会科学》2016 年第 2 期。

② 陈龙:《中国收入分配改革深层破冰》,云南教育出版社 2013 年版,第 52 页。

后　记

实现发展成果由人民共享与形成合理有序的收入分配格局之间有着深刻的内在联系。改革开放以来,我国经济发展取得了举世瞩目的成就,居民收入水平显著提高,但与此同时,收入分配差距扩大,居民收入在国民收入分配中的比重持续下降,收入分配秩序不规范,宏观收入分配格局失衡。《中共中央关于全面深化改革若干重大问题的决定》因此明确提出,必须以促进社会公平正义,增进人民福祉为出发点和落脚点,加快社会事业改革,解决好人民最关心最直接最现实的利益问题,形成合理有序的收入分配格局,实现发展成果更多更公平惠及全体人民。本书通过理论研究、实证研究和对策研究,厘清政府与市场在收入分配格局形成中的作用,改革开放以来收入分配格局变化趋势与失衡的内在原因,借鉴国际经验,选择合适的突破口和推进方式,探讨全面深化改革进程中形成发展成果共享的合理有序收入分配格局的制约因素和实现路径,这对转变以单纯物质增长为核心内容的经济发展方式,让人民从发展中分享红利,逐步实现共同富裕,全面建成小康社会具有重要的理论意义和实践价值。

由于收入分配问题既是一个经济问题,也是一个政治问题,国内外学者关于收入分配格局问题的研究差异较大,关注的重心不同。国外研究梳理了影响收入分配差距的因素,探讨了收入分配不平等影响经济增长的作用机制,并就如何促进分配公平进行了深入分析。在国内,改革开放以来的收入分配问题一直是学者们关注的焦点之一,尤其是中国共产党第十八次全国代表大会提出"实现发展成果由人民共享,必须深化收入分配制度改革"后,学者们对如何规范收入分配秩序,缩小城乡、区域、行业收入分配差距,逐步形成合理有序的收入分配格局进行了有益的探索和研究。国外研究对于理解收入分配不平等的成因、收入分配与经济增长的关系和政府政策能否促进收入分配公平具有重要价值。国内研究对我国国民收入分配格局的现状作出了一定的合理解释,并就优化宏观收入分配格局提出了若干意见或建议。但是国外研究较少从政府、企业和居民在国民收入初次分配和再分配中的比例关系探讨收入分配格局问题,相关成果对我国具有参考意义而没有指导价值。国内学者重视基于发展成果共享的收入分配格局问题研究,但缺乏对政府和市场影响收入分配格局系统的理论探讨,理论研究与实践需要存在较大的差距。

本书通过理论探讨分析发展成果共享与形成合理有序收入分配格局之间的关系,阐明实现发展成果更多更公平惠及全体人民必须重视深化收入分配制度改革,形成合理有序的收入分配格局的原因,厘清导致收入分配秩序不规范、宏观收入分配格局失衡的内在机理。通过实证分析阐明现阶段收入分配格局的现状与成因,描述改革开放以来收入分配格局的变化趋势,系统总结市场经济发达国家调节收入分配格局的制度安排与启示。基于理论研究与实证分析,梳理全面深化改革进程中制约形成合理有序收入分配格局的深层次因素,提出基于发展成果共享的合理有序收入分配格局的实现路径。本书在写作过程中,作者参阅了国内外学者大量的相关文献,这些文献奠定了本书写作的基础。在本书的形成过程中,田贺(第一章)、鲁小雯、孙雨晴、王希(第二章)、孟丰智、沈子美、孙婷(第三章)、郑炜、张晓会(第四章)、翟文康、王留峰、邹宜吟(第五章)、李俊霖(第六章)等参与了相关章节的讨论,并提供了部分内容的初稿,因此本书也凝聚了他们的努力和贡献。

黄新华

2019 年 12 月